Le Grand Guide
des
Chiens

Le Grand Guide des Chiens

Rino Falappi

Traduction française de
Giusi Dupont-Furno

SAND

ISBN : 2-7107-0655-5
Dépôt légal : juin 2003

Crédits photographiques : Archives de l'Istituto Geografico De Agostini (2P, Action Press, A. De Gregorio, C. Ferrari, D. Fracchia, S. Gomez-Toldra, Info Hund-E. Kramer, G. Lacz, G. Leone, G. Negri, R. Panier, C. Pozzoni, F. Simoni, Simon, S. A. Thompson, S. Vannini, W. Weisse, R. Willbie) ; S. Gómez-Toldrà, 160, 165, 166 ; Granata Press-R. Willbie Animal Photography, 141 b ; Granata Press-Sally Anne Thompson Animal Photography, 11, 45 b, 46, 52, 53, 56, 57 b, 85, 106, 123, 141 h, 154, 182 ; Jacana, 47, 66, 135, 140, 153, 168, 208, 209 h, 215 h ; Jacana-E. Lemoine, 90 ; Info Hund-E. Kramer, 183.

Photographie de couverture :
Bouvier bernois
Hubert Klein/Bios

Sommaire

Préface

On ne peut mieux introduire un livre sur les chiens qu'en rappelant la boutade de F. Méry, ancien président de l'Académie Vétérinaire de France : «... L'homme est un animal qui a eu de la chance... et d'abord, cette chance de rencontrer le chien ! » Lorsqu'en effet, l'Homo sapiens fit son apparition sur la Terre, à l'ère quaternaire, le chien, sous des formes primitives, l'y avait précédé depuis le miocène, c'est-à-dire depuis environ une « vingtaine » de millions d'années.

Le chien fut sans doute l'un des premiers animaux domestiqués, car il se montra rapidement le plus merveilleux des auxiliaires pour la chasse. Et, progressivement, le chien s'adjoignit d'autres fonctions comme la garde du lieu d'habitation et celle du troupeau. Si garde et chasse restèrent longtemps ses emplois classiques, s'y ajoutèrent au fil du temps, à la suite de dressages adéquats, des spécialités mettant à profit diverses aptitudes du chien : au premier rang le flair, mais aussi la capacité d'apprendre pour obéir au maître, reconnu comme « chef de meute ». Ainsi les chiens furent utilisés comme chiens de guerre, chiens de défense, chiens de secours et de recherche à la suite de catastrophes diverses, sans parler des chiens d'attaque dont les « exploits » défraient de temps en temps la chronique au point d'avoir suscité des lois et des règlements spéciaux.

Tout au long des siècles, le chien s'est révélé utile à l'homme. Mais, au cours du XXe siècle, la notion d'utilité, sans disparaître, loin de là, s'est trouvée complétée par une notion plus familière. Comme le chien qui, depuis le début des temps, recherchait la compagnie de l'homme, l'homme, à son tour, rechercha en dehors de tout aspect utilitaire la présence d'un chien, sa compagnie. Ainsi apparut à la fin des années vingt le chien de compagnie qui n'a qu'un seul rôle : être là et faire plaisir à son maître.

Une certaine dérive, comme toujours en pareil cas, n'a pas tardé à se faire jour. Les marques d'amitié réciproque entre le maître et son chien ne suffirent plus. Et, la mode aidant, des races extraordinaires prirent naissance. Affinées par la sélection, elles permirent au maître de se singulariser et de pouvoir « snober » l'entourage.

Avec plus de neuf millions de sujets, la population canine de la France paraît être la première d'Europe. Les races sont maintenant très nombreuses, et varient en fonction de la mode. Une étude récente sur les races répertoriées en France montre que les classiques, labradors, golden-retrievers, west highland white terriers, caniches, cockers, bergers allemands voient arriver, ou revenir, le cavalier king charles, le bouledogue français, le rottweiler, sans parler du jack russel terrier, des bichons – frisé ou bolognais –, du mastiff et du welsh corgi, voire du shar pei ou du lhassa apso...

Le choix est grand. Qu'importe la race ! Seule compte l'envie... Et vous avez envie d'avoir un compagnon de jeu, un camarade, un ami ! Vous avez envie d'un chien ! Que ce livre vous y aide.

Professeur Jean Ferney
Directeur honoraire de l'École
nationale vétérinaire de Toulouse

Avant-propos

Les races canines reconnues sont au nombre d'environ quatre cents : un très vaste univers, donc, peuplé d'animaux partageant une origine zoologique commune, mais qui se différencient les uns des autres par leurs caractéristiques morphologiques, leurs comportements et leurs aptitudes.
Fruit de sélections, en partie naturelles et en partie guidées par l'homme afin d'améliorer certaines caractéristiques, ces races se sont répandues et affirmées un peu partout dans le monde.
Ce guide se propose de faire connaître au lecteur le plus grand nombre possible de races et de l'orienter dans le choix de l'une d'elles. Nous avons sélectionné les races qui ont une diffusion internationale, sans toutefois négliger celles qui représentent traditionnellement la culture cynophile de certains pays.
Après une introduction contenant des informations sur les aspects morphologiques et physiologiques des chiens en général, une grande partie de cet ouvrage est consacrée à la description des races. Il s'agit en quelque sorte d'une petite encyclopédie composée de fiches brèves mais exhaustives, où sont décrites toutes les caractéristiques des races, les raisons de leur utilité, leur tempérament et leur habitat idéal.
Les appendices, qui comprennent également un glossaire et un index alphabétique des races traitées, se proposent de fournir au lecteur tous les renseignements utiles pour élever et soigner un chien : on examine d'abord le comportement de l'animal, pour décrire ensuite ses besoins alimentaires, sa santé, son toilettage, les expositions canines et bien d'autres aspects pratiques (le chien en ville, en voyage, etc.).
Le livre est également richement illustré. Les photographies choisies présentent le chien dans son intégralité, très souvent dans ses différentes colorations, et avec des gros plans qui permettent d'en apprécier le regard.

Introduction

Le chien *(Canis familiaris)* est certainement l'animal domestique le plus répandu et celui qui occupe un rôle bien particulier au sein de la société humaine. Depuis presque 20 000 ans, il a établi un rapport très étroit avec l'homme, pour lequel il a été un compagnon fidèle et une aide précieuse dans de nombreux aspects de la vie. En effet, le chien a accompli aux côtés de l'homme une grande variété de tâches qui, au fil des siècles et en fonction de l'évolution de l'animal et de son environnement, se sont élargies et spécialisées. De nos jours, en plus de la garde, la défense et la chasse, le chien est également utilisé comme guide pour aveugles et pour handicapés, auxiliaire des forces de police et de l'armée, aide pour secourir les personnes ensevelies sous les décombres ou les avalanches. Sans oublier son rôle fondamental de compagnon.

En effet, au-delà de la race, de l'aspect physique et des aptitudes, ce dont il faut tenir compte d'abord lorsqu'on pense à un chien, ce sont ses qualités d'ami fidèle qui nous aide mais qui nous offre aussi son amour et son dévouement total. Il ne demande, en échange, qu'à pouvoir vivre de façon conforme à sa nature et à ses besoins, qui ne comprennent pas seulement la nourriture, l'eau et une bonne niche, mais aussi et avant tout un rapport affectif avec son maître. Un chien est un être vivant doté d'une grande sensibilité ; un comportement agressif, méfiant, « méchant » de la part d'un chien est, dans la plupart des cas, le résultat d'un comportement violent ou inadéquat de la part de l'homme.

Un chien que l'on tient toujours attaché, qui ne peut se déplacer que dans un rayon de quelques mètres, et qui est obligé de faire ses besoins à côté de l'assiette où il mange, seul, sans affection, perd son équilibre psychique, souffre beaucoup et a très peur, car il ne comprend pas pourquoi celui qui, dans sa mémoire atavique, est censé être son ami, est devenu un ennemi.

Ci-dessous, un couple de grand bleu de Gascogne. Page 9 : un berger des Abruzzes.

Le bon chien au bon endroit

S'il est négligé par son maître, le mastiff, ou mâtin anglais, souffre de solitude.

Le choix d'un chien ne doit pas se fonder sur des critères esthétiques. Au moment d'acquérir ou d'adopter un chien, il faut surtout savoir quel type de vie on peut offrir à l'animal et ce qu'on attend de lui. Un chien courant qui reste enfermé dans un appartement, en ne faisant que quelques promenades, tenu en laisse, en ville, deviendra nerveux et sera très insatisfait de son maître. En revanche, un boxer ne sera point heureux dans un jardin, s'il se sent exclu de la vie de famille et s'il ne peut pas partager l'espace où vit son maître. Les représentants des diverses races ont été sélectionnés depuis des décennies non seulement pour leurs caractéristiques morphologiques, mais aussi pour leurs aptitudes ; un chien de défense a besoin de vivre près des personnes qu'il doit protéger, un chien de chasse doit vivre à la campagne, où il peut débusquer le gibier ou avoir des activités proches de la chasse, un chien de garde doit avoir une propriété à surveiller. Toutefois, un rapport affectif très fort entre le chien et son maître peut en partie démentir ces règles.

Les origines et la domestication

Il y a environ soixante millions d'années, dans les forêts préhistoriques, un petit mammifère très semblable au putois ou à la belette, grimpait aux arbres : c'était l'ancêtre de la famille des Canidés, connu sous le nom de *Miacis.* Cependant, cet animal ne marchait pas encore en appuyant sur les doigts, comme le chien d'aujourd'hui ; il était plantigrade, comme les ours, c'est-à-dire qu'il marchait sur la plante des pieds. Il avait une denture de carnivore et un cerveau de petites dimensions, mais il était plus intelligent que les Créontidés, des carnivores primitifs, dont

Un mâtin du Tibet, descendant typique du mythique molosse tibétain, qui fut le compagnon des Sumériens, des Babyloniens, des Assyriens, des Phéniciens et des Grecs.

le nombre diminua progressivement, jusqu'à leur disparition définitive il y a vingt millions d'années.

Au fil des millénaires, du *Miacis* naquirent les premiers Canidés primitifs : il y a trente-cinq millions d'années, il en existait quarante types différents, dont certains ressemblaient à l'ours, d'autres aux hyènes, d'autres encore au chat et, évidemment, au chien. Le *Cynodictis* d'Europe et le *Pseudocynodictis* d'Amérique du Nord, par exemple, présentaient des caractéristiques morphologiques proches de celles des Canidés d'aujourd'hui.

Le chien, tel que nous le connaissons, se développa en Eurasie, il y a douze à quatorze mille ans. Au début, les zoologues crurent qu'il descendait d'une forme de chacal ou de loup ; de nos jours, on attribue son origine à la lignée méridionale du loup gris *(Canis lupus pallipes),* plus petit et avec une robe de différentes couleurs (en dépit de son nom). À l'époque, ce loup était répandu en Europe, en Asie et en Amérique du Nord (de nos jours, il vit aussi en Inde). La race la plus ancienne que nous connaissions est le *Canis familiaris putjani*, aujourd'hui disparu, qui vécut il y a dix à douze mille ans, mais nous ne savons pas s'il était domestiqué ou s'il vivait encore à l'état sauvage. En revanche, nous savons avec certitude que le chien des marais *(Canis familiaris palustris)* était déjà domestiqué, qu'il partageait avec l'homme la vie dans les palafittes et qu'il ressemblait au spitz actuel (vulpinoïde). À l'époque du néolithique vivaient aussi le *Canis familiaris leineri,* ancêtre des lévriers (graioïdes), et le *Canis familiaris inostranzewi,* beaucoup plus grand que le chien des marais et probablement originaire d'Asie centrale, duquel descendraient les molossoïdes. À l'âge du bronze, l'on trouve les *Canis familiaris metris-optimae*, d'aspect semblable au berger allemand, et le *Canis familiaris intermedius,* plus petit : on suppose que les races européennes de bergers (lupoïdes) sont issues du premier et que la plupart des chiens de chasse, y compris les barbets (braccoïdes), descendent du second.

Dans les diverses parties du monde, la domestication du chien se développa avec des modalités différentes, mais sans doute sur le fondement d'un échange réciproque : le chien se nourrissait des restes d'animaux que l'homme jetait près de ses

implantations, et l'homme, lorsqu'un groupe de chiens restait couché près de son campement en attente de la nourriture, se sentait protégé des attaques des animaux féroces.
Des os et des restes fossiles, retrouvés sur des continents différents et remontant à six mille cinq cents ans environ, indiquent la présence de différents types de chiens qui vivaient là où l'homme s'était établi. Il semblerait, notamment, que les molossoïdes furent les premiers chiens à être nourris par les hommes, qui voulaient ainsi s'assurer leur protection. Depuis, des milliers de races – dont un grand nombre a disparu au fil des siècles – se sont développées, à travers des processus de sélection naturelle et artificielle (celle-ci effectuée par l'homme afin d'obtenir des chiens « spécialisés » dans diverses tâches). Les premiers Européens arrivés en Amérique au XVe et au XVIe siècles, y trouvèrent au moins une vingtaine de races canines différentes.

Morphologie et anatomie

Même si, en apparence, les chiens sont très différents les uns des autres (pensez à un basset comparé à un dogue de Bordeaux, ou à un lévrier afghan), leur structure fondamentale est presque identique. Le chien est essentiellement un carnivore prédateur : résistant, patient, intelligent et rapide, avec une denture adaptée pour déchirer la proie. De plus, c'est un animal social, capable d'organiser une activité de groupe, comme on peut le constater en observant des troupeaux sauvages de chiens qui s'en vont chasser après s'être assurés que, pendant l'absence de leurs parents, les chiots sont gardés et protégés par d'autres chiens adultes. La famille des Canidés, à laquelle appartiennent également les renards, le chacal, le lycaon, le coyote et les loups, ne possède pas une haute spécialisation biologique : au contraire, les principaux facteurs qui ont permis leur survie et leur diffusion sur la planète sont leur haut degré d'adaptabilité et leur capacité à accomplir les tâches les plus diverses.

Le greyhound, ou lévrier anglais à poil ras, a la structure typique d'une race sélectionnée pour la course.

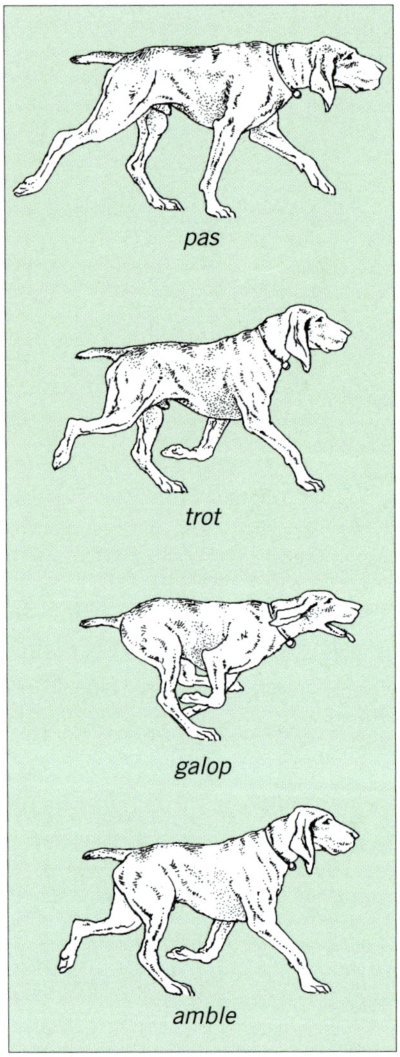

Chaque race a sa démarche. Par exemple, les bergers sont des trotteurs et les lévriers, des galopeurs.

• La locomotion

Le type de chasse pratiqué par les loups et par les chiens est un travail de groupe qui demande la capacité à accomplir de longs déplacements à la recherche d'une proie, et une certaine rapidité dans la poursuite finale : le loup peut atteindre une vitesse d'environ 56 km/h, tandis que le borzoï (ou lévrier russe) et le greyhound (ou lévrier anglais), sélectionnés pour la course, approchent les 70 km/h. Mais la qualité fondamentale est l'endurance, qui chez certains Canidés est extraordinaire. Dans les troupeaux de chiens sauvages africains, par exemple, les individus se relèvent pour garder le rythme de la course : certains vont au pas et d'autres courent devant eux. Lorsque ces derniers sont fatigués, les premiers les remplacent en courant au même rythme. Grâce à ce système, lors de leurs battues de chasse, ils peuvent parfois abattre un lion. Le chien doit donc faire preuve d'agilité et doit pouvoir changer rapidement de direction pendant la course. C'est un digitigrade, c'est-à-dire qu'il appuie au sol les doigts des pattes, qui sont dotés de coussinets plantaires robustes et élastiques. Dans l'eau, le chien est un nageur médiocre et avance en agitant les pattes pour rester à flot. Il existe toutefois des races qui sont particulièrement habiles à nager.
C'est grâce à son appareil musculaire robuste et puissant, bien développé chez toutes les races, que le chien est très endurant à la course et également habile au saut. Le chien peut se déplacer au pas, au trot, au galop ou à l'amble (c'est-à-dire en levant en même temps les deux jambes du même côté) ; toutefois, chaque race manifeste une aptitude particulière pour l'un ou l'autre des types de locomotion rapide : les bergers préfèrent, par exemple, le trot, alors que les lévriers sont des galopeurs.

• La peau et le poil

La plupart des chiens muent deux fois par an : au printemps et en automne. Chaque mue dure environ un mois. Pendant cette période, le vieux poil tombe pour faire place au nouveau, qui pousse plus dense lors de la mue d'automne, et plus « léger » au printemps. Chez les animaux qui vivent à l'état sauvage ce changement est réglé par les conditions climatiques. Certains chiens domestiqués à poil ras, comme, par exemple, le boxer ou le danois, renouvellent constamment de petites quantités de poil pendant

toute l'année : c'est pourquoi, ils ont besoin d'un lieu chaud où s'abriter en hiver. En revanche, les barbets ne muent jamais.
En ce qui concerne la transpiration, les chiens possèdent des glandes sudoripares réparties sur tout le corps et, notamment, dans les coussinets plantaires. Les sécrétions de ces glandes ont pour fonction de lubrifier la peau, mais elles n'interviennent que très peu dans le phénomène de la thermorégulation. Il vous est sûrement arrivé d'observer un chien qui laisse des empreintes mouillées sur le sol (par exemple, dans la salle d'attente du vétérinaire) : c'est le symptôme d'une tension nerveuse qui a provoqué une augmentation de la sudation. Toutefois, ce facteur ne revêt que peu d'importance pour le refroidissement du corps. En effet, lorsque le chien a chaud, il respire la bouche ouverte et en sortant la langue, provoquant ainsi, à travers les voies respiratoires et sur la langue, une forte évaporation des liquides, qui contribue à faire baisser la température du sang qui circule dans les vaisseaux de ces surfaces muqueuses.

Le spitz japonais.

• L'ODORAT

On sait que le chien est doté d'un flair extraordinaire. Bien que variable d'une race à l'autre et parmi les différents sujets de la même race, l'odorat du chien est nettement plus développé que celui de l'homme ; dans le règne animal, la capacité olfactive du chien n'a d'égal que celle des papillons – qui l'utilisent toutefois sur des distances plus longues – et elle n'est dépassée que par celle des anguilles. C'est grâce à cette particularité que les chiens peuvent être dressés pour différentes tâches, parmi lesquelles la détection d'explosifs, de drogue et de personnes disparues. Outre la poursuite des traces du gibier, en France et en Italie, on dresse les chiens pour la recherche des truffes, qui poussent sous terre, jusqu'à 30 cm de profondeur.
L'odeur est formée de molécules de substances chimiques qui se dégagent dans l'air et qui, lorsqu'elles atteignent la muqueuse olfactive située à l'intérieur du nez, la stimulent en provoquant des impulsions nerveuses qui transmettent l'infor-

Le standard du bull terrier admet diverses colorations pour la robe : blanc avec des taches noires ou bringées sur la tête et les oreilles ; fauve, bringé clair ou foncé, tricolore.

mation à une zone donnée du cerveau. Chez le chien, l'ensemble des centres olfactifs est plus développé et étendu que chez l'homme. En effet, dans le nez de l'homme, la muqueuse olfactive recouvre une surface de 3 cm^2, alors que dans le nez du chien elle est formée de plis internes et atteint une surface de presque 130 cm^2. C'est pourquoi, le chien a généralement un nez assez long (à l'exception de certaines races récentes « artificielles »). De plus, sa muqueuse olfactive possède un nombre de cellules sensorielles plus élevé que celui de l'homme. La perception des odeurs est également renforcée par l'humidité du nez, qui rend solubles les molécules présentes dans l'air, permettant un meilleur contact avec la muqueuse olfactive. Grâce à cette subtilité olfactive, le chien est capable de distinguer une odeur parmi d'autres, et si les chiens de chasse reconnaissent l'odeur du gibier, les chiens policiers peuvent reconnaître l'« image olfactive » d'une personne et en suivre les traces.

• Le goût

Comparé à celui de l'homme, le sens du goût du chien est peu développé. Ceci est dû peut-être au fait que, depuis ses origines, l'homme a eu à sa disposition une nourriture plus variée, tandis que le chien était un carnivore qui se nourrissait presque exclusivement des proies animales qu'il réussissait à capturer.

Toutefois, en vivant au contact de l'homme, le chien a appris à reconnaître des mets différents et, de nos jours, il montre assez souvent des préférences assez précises.

• La vue

Le sens de la vue chez le chien n'est pas particulièrement développé. À l'exception de quelques espèces, le chien se sert en général, et notamment pour la chasse, de son odorat (en effet, l'animal n'arrive à percevoir ses proies que si celles-ci sont immobiles). En revanche, sa vue perçoit nettement mieux tout ce qui se déplace rapidement (et notamment les insectes). Contrairement à ce que l'on croyait encore récemment, le chien voit certaines couleurs, et il distingue le rouge, le bleu et le violet dans les diverses tonalités. De plus, il voit mieux que l'homme dans le noir, car son œil est doté d'une cellule, appelée *tapetum lucidum,* capable de refléter la lumière.
Le champ visuel du chien est plus ou moins large suivant la position des orbites au devant du crâne. Les races à chanfrein court (brachycéphale), comme le boxer, ont une zone de vision binoculaire plus large qui leur permet d'évaluer les distances avec précision. Cependant leur champ visuel est plus réduit que celui des races à chanfrein long (dolicocéphales), dont la vision binoculaire est moins étendue.

Le cirneco de l'Etna.

• L'ouïe

Les chiens possèdent une ouïe très développée. Leurs pavillons auriculaires sont assez grands et dotés de dix-sept muscles qui permettent différents mouvements d'orientation vers la source des sons. Les oreilles d'un chien peuvent percevoir des fréquences de son allant jusqu'à trente-cinq cycles par seconde (vingt cycles par seconde pour l'homme et vingt-cinq pour le chat), et sont suffisamment sensibles pour percevoir la différence entre un métronome qui bat à cent coups par minute et un autre qui bat à quatre-vingt-seize. En outre, l'oreille du chien peut filtrer, du bruit d'ensemble, les sons sur lesquels elle veut se concentrer. C'est en exploitant cette capacité de perception sonore qu'on a fabriqué des sifflets à ultrasons pour rappeler l'animal.

En gros plan, la denture en ciseaux typique du berger allemand.

• La denture

Un chien adulte possède généralement entre quarante-deux et quarante-quatre dents ainsi distribuées :

– **mâchoire supérieure :** six incisives, deux canines, huit prémolaires, quatre à six molaires.

– **mâchoire inférieure :** six incisives, deux canines, huit prémolaires, six molaires.

Comme pour l'homme, la première dentition du chiot est constituée de dents de lait, qui sont remplacées par une dentition adulte après le sevrage.

Selon le type de fermeture de la bouche, on distingue :

– **denture en ciseaux :** si les incisives de la mâchoire supérieure chevauchent les incisives de la mâchoire inférieure. C'est la plus courante.

– **denture en tenaille :** si les incisives des deux mâchoires se joignent en coïncidant parfaitement, comme les deux pinces d'une tenaille.

– **denture énognathe** : si la mâchoire inférieure est plus courte que la mâchoire supérieure.

– **denture prognathe** : si la mâchoire supérieure est plus courte que la mâchoire inférieure.

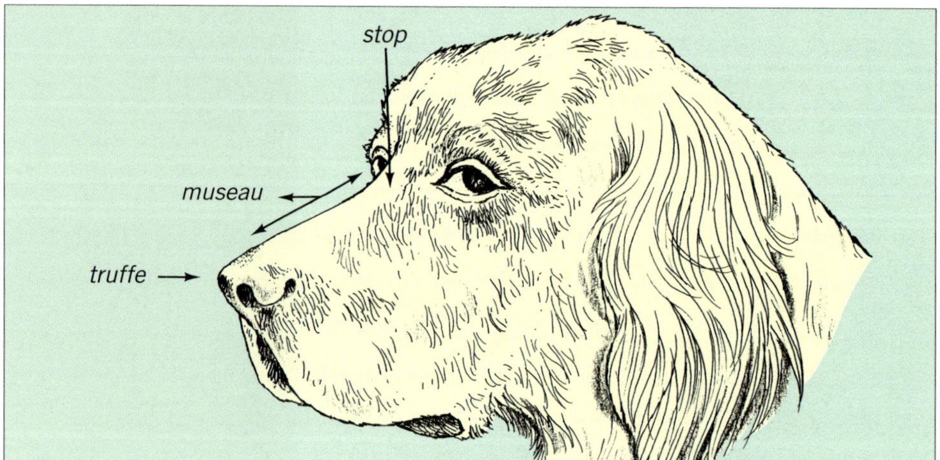

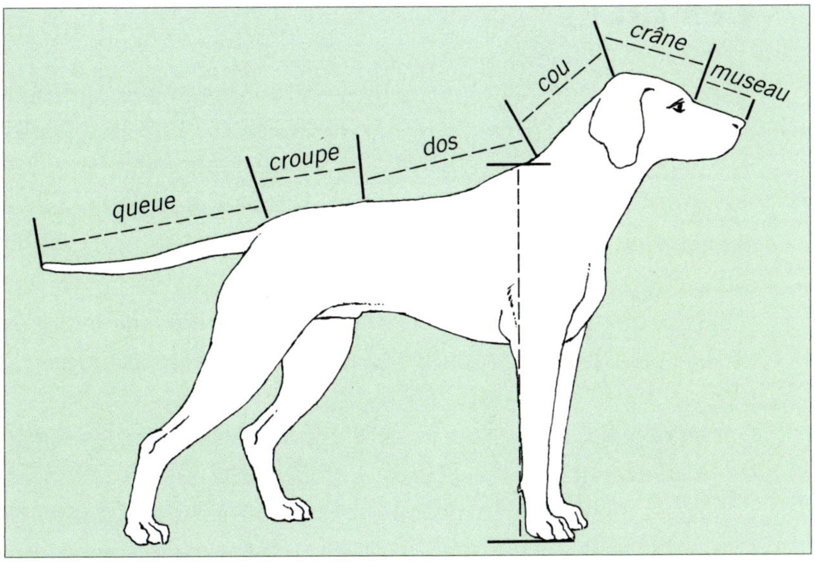

Le corps d'un chien, du garrot à la croupe, peut être inscrit dans un carré ou dans un rectangle, dont les côtés horizontaux sont le dos et le sol, tandis que les côtés verticaux sont représentés par les lignes qui descendent, respectivement, du garrot et de la croupe.

• Qualités particulières

Tout comme le chat, le chien est très sensible aux vibrations et il est capable, par exemple, de sentir un séisme bien avant que l'homme ne perçoive le mouvement tellurique.

Le chien possède aussi une arme très puissante, les dents. Ses puissants muscles mandibulaires lui permettent d'infliger des morsures très vigoureuses : un bâtard de 20 kg peut exercer une morsure d'une pression de 165 kg, tandis que la morsure d'un homme adulte de taille moyenne ne dépasse pas une pression de 29 kg, et celle d'un homme plutôt fort atteint 73 kg.

Quoiqu'on le conteste, le chien est doté également d'une perception extrasensorielle. Des essais très rigoureux semblent prouver que le chien possède réellement des capacités télépathiques : par exemple, souvent le chien sait que son maître s'apprête à sortir, bien avant d'apercevoir le moindre signe qui lui indique cette intention. De même, il sait qu'il devra prendre un bain dès que son maître en a formulé la pensée.

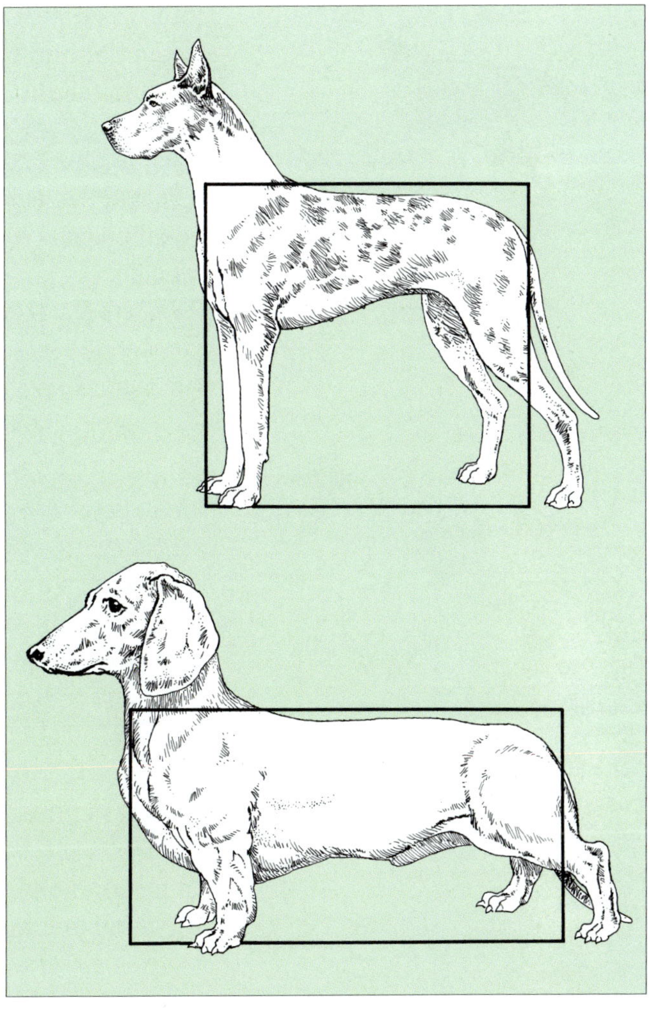

Les races

Molossoïde

Lupoïde

Levriéroïde

Depuis les temps les plus anciens, les cynophiles ont formulé certains critères d'évaluation pour distinguer les différentes races de chiens, et ont élaboré des systèmes de classification pour les regrouper. Pour chaque race, cynophiles et éleveurs ont rédigé un **standard**, sorte de description détaillée d'un chien, qui précise ses caractères distinctifs : robe, couleur, forme de la tête, du museau, des oreilles, des yeux ; structure du corps, de la queue et ainsi de suite. Le standard indique également les aptitudes, le type de travail et les caractéristiques psychologiques.

Dans l'élevage d'une race, il est important de suivre les règles de la sélection des caractères. Le but n'est pas d'obtenir un chien beau ou capable d'avoir d'excellents résultats dans une compétition, mais d'élever un chien possédant tous les caractères de bonne santé et de bonne aptitude au travail, et surtout, les qualités d'équilibre psychique qui garantissent la totale fiabilité de l'animal. Des croisements entre des chiens ayant des liens de parenté trop étroits, ou avec des reproductrices, ou avec des étalons psychiquement instables ou non conformes aux standards, ont fait beaucoup de tort à la réputation de certaines races. Il est important de connaître les races canines, lorsqu'on décide d'adopter un bâtard : en effet, même chez un demi-sang, on peut reconnaître des caractéristiques utiles pour choisir le chien le plus adapté à ses besoins et à l'habitat qu'on peut lui offrir. En plus, si on a des informations sur les parents, on sera mieux renseigné sur les comportements futurs du chiot. Parmi les nombreuses races canines, ou leurs croisements, chacun peut trouver le chien idéal, celui qui correspond le mieux au goût, aux habitudes et aux conditions financières de son futur maître. Peu importe qu'il soit gros ou petit, bâtard ou pur-sang, athlétique ou paresseux, s'il est traité et dressé correctement, le chien choisi saura récompenser les attentions de son maître avec son affection et sa compagnie. Et il n'est pas rare qu'il devienne réellement son meilleur ami.

• Tailles et dimensions

La mesure la plus importante pour la classification d'un chien est la **hauteur au garrot**, c'est-à-dire la mesure de la distance entre le sol et le point de jonction de l'omoplate et de la base

du cou. C'est par rapport à la hauteur au garrot que l'on détermine la taille du chien (d'après Mégnin). Le standard indique la hauteur au garrot, en tolérant quelques centimètres de plus ou de moins, tandis que le **poids** est rarement précisé : c'est pourquoi les valeurs qui paraissent dans le présent ouvrage ne sont données qu'à titre indicatif.
Par convention, on classifie les chiens selon les tailles suivantes :
- **Grande** : plus de 65 cm de hauteur au garrot ;
- **Taille moyenne** : 50-65 cm ;
- **Petite taille** : 35-50 cm ;
- **Taille naine** : en dessous de 35 cm.

Braccoïde

• Les types

Suivant la structure du corps et de la tête, les chiens sont regroupés en six types différents : molossoïdes, lupoïdes, levriéroïdes, braccoïdes, bassetoïdes et vulpoïdes, suivant qu'ils ressemblent à l'ancien molosse, au loup, au lévrier, au braque, au basset, au renard, etc.
Voici les caractéristiques fondamentales des six types :

Vulpoïde

Molossoïdes : une tête massive, ronde ou en forme de cube, un museau plutôt court, des lèvres épaisses et longues, un stop bien accusé ; un corps massif, puissant, souvent très grand.
Lupoïde : une tête en forme de pyramide horizontale, un museau allongé et étroit, des lèvres fines et bien collées, un stop léger, un corps bien proportionné et athlétique.
Levriéroïde (graioïde) : une tête en forme de cône allongé avec un crâne étroit, des oreilles petites et portées vers l'arrière, parfois dressées, un museau long et fin, mais avec une prise puissante, un stop presque inexistant, un nez proéminent par rapport à la bouche, des lèvres fines et collées. Un corps élancé avec des membres minces, et un ventre très rentré.

Bassetoïde

Braccoïde : une tête en forme de prisme, avec un museau aussi large à la base qu'à l'extrémité, de grandes oreilles tombantes, des lèvres longues et pendantes, un stop prononcé ; un corps robuste.
Vulpoïde : une robe au poil assez long, une queue complètement recourbée sur le dos, une tête de type lupoïde, mais avec le crâne plus large et le museau plus fin, un peu comme le renard ; des oreilles petites et dressées ; un corps court et ramassé.

Bassetoïde : des jambes extrêmement petites par rapport au corps ; tant à pattes courtes (pékinois) que droites (corgi), le type bassetoïde peut se fixer (par rachitisme ou malformation) sur tout autre type. On peut rencontrer une tendance au bassetisme chez les molossoïdes (pékinois), les vulpinoïdes (corgi), le lupoïde (cairn terrier), le braccoïde (basset), et ainsi de suite. En effet, même si les races canines sont déterminées sur le fondement de caractères bien fixés, les frontières entre un type et l'autre sont parfois très labiles, et il arrive souvent qu'à l'intérieur d'une race donnée certains sujets présentent des caractéristiques morphologiques typiques d'autres races. Ainsi, par exemple, on peut remarquer une tendance au lévrisme chez les dobermanns, une lourdeur typique des braques chez les bergers allemands, ou un crâne de type vulpoïde chez certains mâtins. L'effort des éleveurs consiste à éliminer, dans la mesure du possible, à travers la sélection, les sujets dont la morphologie s'éloigne trop de celle du type recherché.

• Les bâtards

En toute logique, tous les chiens sont bâtards, car même les représentants des races « pures » ont été obtenus à partir de croisements de chiens de types différents, ou de chiens du même type, mais dont les caractères n'étaient pas encore fixés. Cependant, de nos jours, nos chiens de race sont généralement croisés avec des chiens de la même race, afin d'obtenir des chiots qui puissent être inscrits au *Livre des origines*, tandis que les métis sont les résultats de croisements casuels entre chiens de races différentes ou entre bâtards.
Si on laissait aux chiens de race la possibilité de s'accoupler librement, on parviendrait peu à peu, par l'effet des lois de la sélection naturelle, à la création d'un chien aux caractéristiques moyennes, dépourvu de qualités spécifiques, tant dans sa morphologie que dans ses aptitudes. Cependant, l'homme a tout intérêt à continuer à sélectionner des chiens ayant des caractéristiques bien définies, pour accomplir telle ou telle autre tâche. Lorsqu'on achète un chien de race, on est sûr d'acheter un animal dont les aptitudes sont pour ainsi dire « certifiées ». En revanche, si l'on adopte un bâtard, on a seulement la certitude d'acquérir un ami fidèle et dévoué. Certes, de nombreux métis peuvent s'avérer d'excellents chasseurs, gardiens ou bergers, mais il est difficile de le savoir *a priori*.

Malheureusement, le sort d'un bâtard est beaucoup plus triste que celui d'un chien de race : puisque, normalement, il coûte moins cher, on le prend et on l'abandonne plus facilement qu'un chien de race, et on a tendance à le négliger ou à le maltraiter. Cette attitude est sans aucun doute à condamner car tout chien, qu'il soit bâtard ou de race, est un être vivant doté de sensibilité, capable d'aimer et qui a le droit d'être aimé.
Le « bâtard » récupéré dans un chenil, peut montrer envers son maître, une dévotion et un amour inconditionnés, s'adapter aux exigences de la famille, et s'avérer parfois plus sain et robuste qu'un chien de race.
Aussi, on ne doit jamais laisser un chien se reproduire si, ensuite, on est obligé d'abandonner les chiots dans un chenil ou de les confier à des personnes qui s'en lasseront et qui les abandonneront à leur tour. La souffrance d'un chien est réelle, grande et profonde, surtout lorsqu'il s'attache à son maître et se sent « trahi » par celui-ci. Il est important de savoir qu'un chien stérilisé (mâle ou femelle) ne souffre pas, car la sexualité n'a pas pour lui la même importance que pour les êtres humains, mais qu'un chien délaissé ou maltraité souffre intensément.
Ainsi, si l'on choisit d'adopter un bâtard, on doit lui offrir l'amour, les soins et le respect qu'on offrirait à un chien de race.

Même s'il peut avoir l'aspect d'un petit nounours, comme les charmants yorkshire terriers (ci-dessus), le chien n'est pas un jouet, mais un être vivant capable d'éprouver de vrais sentiments.

Le choix du chien

La décision d'adopter un chien doit être soigneusement pesée : bien sûr, il sera un compagnon dévoué, fidèle et affectueux, mais il aura aussi besoin de beaucoup de soins et d'attentions.
Il est donc très important, pour réussir la relation maître/chien, de tenir compte des besoins et des exigences de l'animal. Si vous n'avez aucune expérience en la matière, n'hésitez pas à demander conseil aux éleveurs, qui connaissent la race sur laquelle vous porterez votre choix, ou à un cynophile.

Il n'est pas vrai que tous les chiens souffrent dans un appartement : ceci dépend de la race ; mais il est presque toujours vrai qu'un chien souffre s'il n'arrive pas à instaurer une relation étroite avec son maître, s'il est tenu attaché ou s'il reste tout seul à garder la propriété.
Lors du choix d'un chien, il faut certes savoir ce qu'on attend de lui, mais aussi combien coûtera son entretien (type et quantité de nourriture, toilettage, soins vétérinaires, sorties) en termes de temps et d'argent. Il est toujours absolument nécessaire de comparer ses propres habitudes de vie quotidienne avec les caractéristiques physiques du chien, son tempérament et ses besoins spécifiques.
Toutefois, la question la plus importante qu'il faut se poser est la suivante : est-on prêt à assumer un engagement d'une douzaine d'années ? Seulement lorsqu'on aura donné une réponse affirmative à cette question, l'on pourra se décider sur l'âge, les dimensions et le sexe du chien, et évaluer si l'on adopte un bâtard ou un chien de race. Il faut savoir que les chiens de petite taille vivent plus longtemps que les chiens de grande taille, à l'exception des chiens de manchon.

• Les troubles du comportement

Parfois les chiens peuvent manifester des troubles du comportement plus ou moins graves, qui peuvent aller du refus du chiot à assumer certaines habitudes hygiéniques, jusqu'à des comportements extrêmement agressifs (des chiens qui mordent violemment, qui aboient, qui simulent partout un accouplement ou qui présentent des phobies particulières). Les troubles du comportement du chien sont la conséquence d'erreurs commises dans la sélection, dans le dressage ou dans l'éducation. C'est pourquoi il est important de choisir son chien chez un éleveur (que ce soit un particulier ou un éleveur homologué) qui soit un véritable passionné de la race (évitez les éleveurs qui offrent des chiens de races différentes). Si possible, il est bien de voir les parents du chiot et d'observer la relation qu'ils ont avec leur maître. Si l'on achète un chien de race, il est conseillé de demander le pedigree des parents.
Tout maître doit apprendre à comprendre le caractère de son chien. Si ce dernier révèle un comportement atypique, on devra consulter un vétérinaire, et, éventuellement un spécialiste du comportement animal, ou un « psychologue canin ».

• **Chiot ou adulte ?**

Lorsqu'on adopte un chiot, on doit pouvoir lui offrir la même chaleur et la même protection que sa mère. Ci-dessus, des chiots de berger écossais.

Le chiot est vraiment tendre et doux, il est une source de satisfaction, mais il a besoin de quelqu'un qui remplace sa mère, qui le soigne, le nourrisse (trois à quatre fois par jour pendant les premiers mois de vie), qui lui apprenne la propreté et lui consacre du temps pour l'aider à établir une bonne relation avec le monde et les êtres humains. Il faut être conscient du fait que le chiot que l'on amène à la maison a été séparé de sa maman et de ses frères, de leur chaleur et de la sécurité que lui offre le corps maternel. Si l'on adopte un chiot, il est donc important de lui offrir tout de suite la même chaleur et la même sécurité, si l'on veut qu'il devienne un chien adulte gai, docile et obéissant.

Dans la nouvelle maison, il doit passer ses premières nuits, dans la pièce où dort son maître, pour que celui-ci puisse le rassurer et le calmer s'il se met à pleurer.

On ne grondera pas le chien la première fois qu'il fera pipi par terre, mais on essuiera le pipi avec de vieux journaux que l'on rangera dans un coin de la pièce à côté de la porte. Lorsque le chiot fera pipi une deuxième fois, on l'amènera gentiment sur les journaux en lui disant "pipi" ; le chiot s'efforcera de comprendre le désir de son nouvel ami, et lorsqu'il aura compris il essaiera de le satisfaire. Rappelons qu'il est très important que le chiot soit poussé à l'obéissance par le désir de satisfaire son maître et non par la peur d'être puni : cela affecterait son équilibre psychologique. En effet, un chien qui craint son maître peut devenir agressif, ou manifester d'autres troubles du comportement.

Il faut également savoir qu'un chiot souffre du froid plus qu'un chien adulte, et il ne pourra donc rester dehors trop longtemps ; il souffre aussi beaucoup de la solitude. C'est pourquoi, si vous désirez un chien que vous pouvez amener tout de suite dehors

et qui a déjà l'habitude de ne pas salir à la maison, choisissez un chien adulte. De même, un chien plus mûr est plus indiqué pour les personnes âgées, pour lesquelles il peut se révéler très fatiguant de s'occuper d'un chiot plein d'énergie. Lorsqu'on adopte un chien adulte, il faut s'assurer qu'il a déjà acquis de bonnes habitudes hygiéniques : un chien qui a vécu dans un chenil aura plus de mal à apprendre à être propre qu'un chien qui a vécu longtemps dans une maison.
Si vous passez une grande partie de la journée à l'extérieur, ou si vous avez déjà un autre chien qui peut servir « d'ami » au nouvel arrivé, évitez de prendre un chiot. Il n'est pas vrai qu'un chien de huit à quatorze mois ne peut plus s'attacher à un autre maître ; il est vrai, en revanche, que son comportement et son caractère dépendent en grande partie de l'expérience vécue dans les premiers mois de sa vie. C'est en effet dans cette période qu'a lieu ce que Konrad Lorenz appelle le *imprinting*, c'est-à-dire l'empreinte du code de base du comportement.
En général, les chiens pris dans des chenils ou dans des élevages, qui n'ont pas eu de véritable maître auparavant, s'adaptent plus facilement à la nouvelle situation et offrent leur dévotion à la famille sans problème. En revanche, les chiens adultes qui sont parfois cédés à d'autres personnes doivent changer l'objet de leur amour : ils ont donc besoin de plus d'attentions et de compréhension.

• Mâle ou femelle ?

Le choix du sexe est tout à fait subjectif. Excepté pour ceux qui ont l'intention d'avoir des chiots, il est évident que l'un des inconvénients majeurs des femelles est leur cycle de reproduction qui a lieu deux fois par an. Pendant les périodes de chaleurs, les femelles attirent les mâles et peuvent essayer de s'échapper pour s'accoupler. De plus, elles présentent l'inconvénient d'avoir des pertes cycliques, aggravées parfois par de fausses grossesses. Toutefois, pour les chiens qui vivent à la maison, il existe dans le commerce des « culottes » hygiéniques qui permettent de remédier à ce problème. En outre, la stérilisation ou l'utilisation périodique d'un contraceptif sont deux solutions très efficaces. Les femelles sont toutefois plus douces, dociles et « casanières », et elles sont également des gardiennes très efficaces, parfois plus que les mâles. Elles sont plus « maternelles » avec les enfants, et ne marquent pas le territoire.

Les mâles ont un tempérament qui est souvent moins émotif que celui des femelles et peuvent être plus actifs et disponibles pour le jeu ou pour le dressage. Toutefois, les chiens ne résistent pas à l'attrait de l'accouplement s'il y a une femelle en chaleur dans les parages, et ils se montrent alors moins tolérants avec les autres animaux de la maison.

Une femelle de chien d'Artois et sa vorace portée.

• Où et comment acheter ?

Tout d'abord, évitez les magasins ou les élevages qui débitent des fournées de chiots, car ils peuvent être de véritables foyers de maladies graves et, de plus, ils offrent des chiots qui n'ont pas été correctement élevés dans les premiers mois de leur vie. Avant d'aller visiter la nouvelle portée et de confirmer votre achat, renseignez-vous auprès d'experts cynophiles, ou grâce à des revues ou des livres spécialisés sur la race choisie ; et auprès d'un vétérinaire sur d'éventuels problèmes de santé (certaines races, par exemple, peuvent souffrir de dysplasie de la hanche). Si vous n'êtes pas un connaisseur de la race, lors du choix du chiot, faites-vous accompagner par une personne expérimentée. Cela vous évitera d'acheter le sujet le plus faible de la portée ou un chien avec une denture défectueuse, ou présentant des caractéristiques différentes de celles décrites par le standard. Au moment de l'achat, il est important de voir au moins la mère du chiot (l'idéal est de voir les deux parents) pour vous faire une idée du développement futur des petits, et surtout de leur caractère.

• Que faut-il contrôler ?

Lorsqu'on achète un chien, il faut s'assurer qu'il est sain. Mettez-vous d'accord avec l'éleveur pour pouvoir le restituer si vous vous rendez compte par la suite qu'il ne l'est pas, et faites-le

Une portée d'épagneuls bretons blanc et orange.

examiner par un vétérinaire au plus vite.

Il est important de vérifier que le chiot :

– est vif et gai ;

– a un corps robuste, avec un belle robe dense, et qu'il n'ait pas mal lorsqu'on le touche ;

– a le nez, les yeux et les oreilles propres, sans traces de sécrétions (une goutte de liquide clair et limpide aux narines est tout à fait normale) ;

– a les gencives, la langue et l'intérieur des paupières de couleur rose ;

– ne manifeste aucun signe de diarrhée (si possible, examinez les excréments et assurez-vous que la zone périanale et les poils des pattes ne présentent pas de traces d'excréments) ;

– n'a aucune trace de parasite (ascaris ou ténias) dans les excréments (si l'abdomen est gonflé alors que le chiot n'a pas encore fini de manger, cela peut signifier qu'il n'a pas été vermifugé) ;

– n'a pas de taches, ni de blessures ou de pellicules sur la robe ou sur la peau ;

– ne tousse pas.

Il faut demander au vendeur si et comment le chiot a été vermifugé, et vérifier si son livret sanitaire certifie qu'il a été vacciné. On ne doit pas rapporter à la maison un chiot qui n'a pas encore eu la première vaccination obligatoire (le mieux serait qu'il ait aussi la deuxième, et qu'il ait donc soixante jours). Si l'on achète un chiot de race, il faudra l'inscrire aux LOF (*Livre des origines* français) ; dans le quatrième mois suivant sa naissance il doit être enregistré auprès de la SCC (Société centrale canine) par le maître de la reproductrice, avec le numéro attribuée par la SCC. On reçoit le pedigree six mois après que la portée a été inscrite.

Concluons ce chapitre avec les mots de l'écrivain Piero Scanziani, cynophile passionné qui a eu, entre autres, le mérite de la « reconstruction » de la race du mâtin napolitain : « N'achetez pas chez ceux qui vendent toutes sortes d'animaux... N'achetez pas chez celui qui a placé la mère et les chiots dans une caisse dans la salle de bains : il a fait couvrir la femelle par le premier mâle venu, et veut se débarrasser de toute cette marmaille qui salit sa maison... N'achetez pas parce que l'envie vous a pris de vouloir tout de suite un chien. Pensez que vous êtes en train de choisir un aide, un collaborateur, un travailleur, un élève, un ami, un nouveau membre de la famille, motif d'orgueil et source de joie. Vous passerez avec lui des heures et des jours agréables, et il restera à vos côtés dans les moments tristes, même si vous étiez abandonné de tous... »

Une meute de chiens courants italiens prêts pour la traque.

Liste des races de chiens reconnues

Il existe actuellement dans le monde entier, environ 400 races canines domestiquées différentes. Depuis la fin du XIXe siècle, on a adopté un système de classification qui sert de référence aux juges dans les expositions canines.
Nous reportons ici la liste des races canines reconnue et approuvée par la FCI (Fédération Canine Internationale).

Groupe 1

• **CHIENS DE BERGER ET BOUVIERS**

Chiens de berger

Berger australien kelpie (kelpie)
Berger belge grœnendael (grœnendaler)
Berger belge laekenois (lakense)
Berger belge malinois (mechelaar)
Berger belge tervueren (tervurense)
Schipperke
a) 3-5 kg, b) 5-8 kg
Berger slovaque (slovensky cuvac)
Berger allemand (deutscher Shäferhund)
Berger espagnol de Majorque (perro de pastor mallorquín, cão de bestiar)
a) à poil court, b) à poil long
Chien de berger catalan
(gos d'atura – perro de pastor catalán)
a) à poil court, b) à poil long
Berger de Beauce – beauceron
a) noir et feu, b) arlequin
Berger de Brie – briard
a) noir ardoise, b) fauve-gris
Berger picard
Chien de berger des Pyrénées à face rase
Chien de berger des Pyrénées à poil long
Colley à poil court (collie smooth)
Colley à poil long (collie rough)
Colley barbu (bearded collie)
Border collie
Bobtail (old english sheepdog)
Welsh corgi cardigan
Welsh corgi pembroke
Berger des Shetland (Shetland sheepdog)
Berger de Bergame
(cane de pastore bergamasco)
Berger de Maremme et des Abruzzes
(cane de pastore maremmano-abruzzese)
Kuvasz (berger hongrois)
Mudi (berger hongrois)
Puli (berger hongrois)
Pumi (berger hongrois)
Schapendoes (berger hollandais)
Berger australien shepherd
(australian shepherd)
Berger de Croatie (hrvatski ovcar)
Berger de Russie méridionale
(ioujonrusskaia ovtcharka)
Berger du bassin de Kras (krazski ovcar)
Berger hollandais à poil court
(hollandse herdershond)
Berger hollandais à poil dur
(hollandse herdershond)
Berger hollandais à poil long
(hollandse herdershond)
Berger polonais de plaine
(polski owczarek nizinny)
Berger portugais (cão da serra de Aires)
Cão fila de são Miguel
Chien de berger de Podhale
(tatra – polski owczarek podhalanski)
Chien de berger yougoslave de Charplanina
(sarplaninac)
Chien-loup de Saarloos
(berger hollandais – Saarloos wolfhond)

Chien-loup tchécoslovaque
(ceskoslovensky vlcak)
Komondor (berger hongrois)

Bouviers

Bouvier australien (australian cattledog)
Bouvier des Ardennes
Bouvier des Flandres
(vlamse koehond)

Groupe 2

- **Chiens de type pinscher et schnauzer, molossoïdes et chiens bouviers suisses**

Type pinscher et schnauzer

Pinscher
Doberman
a) noir feu, b) marron feu, c) bleu feu
Affenpinscher
Harlekinpinscher
Pinscher autrichien à poil court
(oesterreichischer kurzhaariger pinscher)
Pinscher moyen
Pinscher nain (zwergpinscher)

Schnauzer
Schnauzer géant (riesenschnauzer)
poivre et sel
Schnauzer géant (riesenschnauzer) noir
Schnauzer moyen (mittelschnauzer)
poivre et sel
Schnauzer moyen (mittelschnauzer) noir
Schnauzer nain (zwergschnauzer) noir
Schnauzer nain (zwergschnauzer) noir-argent
a) blanc
Schnauzer nain poivre et sel

Smoushound
Smous des Pays-Bas – hollandse
smoushound

Molossoïdes

Type mâtin
Dogue argentin (dogo argentino)
Fila brasileiro
Shar pei
Boxer
a) fauve, b) bringé
Broholmer
Dogue allemand (deutsche Dogge)
a) fauve, b) bringé, c) noir, d) arlequin,
e) bleu
Rottweiler
Dogue de Bordeaux
Bulldog
Bullmastiff
Cane corso
Tosa
Mâtin de Naples (mastino napoletano)

Type chien de montagne
Chien de Terre-Neuve (newfoundland)
a) noir, b) bronze, c) blanc et masque noir
Hovawart
Landseer
Leonberger (leonberger)
Mâtin des Pyrénées (mastín de los Pirineos)
Mâtin espagnol (mastín español)
Presa majorquin (perro de presa mallorquin)
Chien de montagne des Pyrénées
Chien de l'Atlas (aidi)
Chien de montagne portugais
(cão da serra da estrela) à poil court
Chien de montagne portugais
(cão da serra da estrela) à poil ondulé
Cão de castro laboreiro
Rafeiro de Alentejo
Saint-bernard (saint bernardshund)
à poil court
Saint-bernard (saint bernardshund) à poil long
Berger du Caucase (kavkazskaia ovtcharka)

Berger d'Asie centrale (sredneasiatskaia ovtcharka)
Berger d'Anatolie (coban kopegi)
Dogue du Tibet (do khyi)
Mastiff

Bouviers suisses

Bouvier bernois (berner sennenhund)
Bouvier d'appenzell (appenzeller Sennenhund)
Bouvier de l'entlebuch (entlebucher Sennenhund)
Grand bouvier suisse (grosser schweizersennenhund)

Groupe 3

• **Terriers**

Terriers de taille grande et moyenne

Terrier de chasse allemand (deutscher jagdterrier)
Airedale terrier
Bedlington terrier
Border terrier
Fox terrier à poil lisse
Fox terrier à poil dur
Lakeland terrier
Terrier de Manchester (manchester terrier)
Terrier gallois (welsh terrier)
Glen of Imaal terrier irlandais (irish glen of imaal terrier)
Terrier irlandais (irish terrier)
Kerry blue terrier
Terrier irlandais à poil doux (irish soft coated wheaten terrier)
Terrier japonais (nihon teria)
Terrier noir russe (tchiorny terrier)

Terriers de petite taille

Terrier australien (australian terrier)
Terrier tchèque (cesky terrier)
Cairn terrier
Dandie dinmont terrier
Terrier de Norfolk (Norfolk terrier)
Terrier de Norwich (Norwich terrier)
Terrier écossais (Scottish terrier)
Sealyham terrier
Skye terrier
Terrier blanc de West Highland (west highland white terrier)

Terriers de type bull

Staffordshire bull terrier
Bull terrier anglais standard
Bull terrier anglais miniature
Staffordshire bull terrier américain

Terriers de compagnie

Silky terrier
Toy terrier noir et feu – terrier d'agrément anglais
Black and tan toy terrier
Yorkshire terrier

Groupe 4

• **Bassets**

Teckel standard à poil ras (kurzhaar)
Teckel standard à poil long (langhaar)
Teckel standard à poil dur (rauhaar)
Teckel nain à poil ras (kurzhaar)
Teckel nain à poil long (langhaar)
Teckel nain à poil dur (rauhaar)
Teckel kaninchen à poil ras (kurzhaar)
Teckel kaninchen à poil long (langhaar)
Teckel kaninchen à poil dur (rauhaar)

Groupe 5

• **Chiens de type spitz et de type primitif**

Chiens nordiques de traîneau

Chien du Groenland (Grönlandshund)
Samoyède (samoiedskaia sabaka)
Husky sibérien (Siberian husky)
Malamute d'Alaska (Alaskan malamute)

Chiens nordiques de chasse

Chien d'élan norvégien gris (norsk elghund grä)
Chien d'élan norvégien noir (norsk elghund sort)
Chien norvégien de Macareux (norsk lundehund)
Laika russo-européen (laika russo-européenne)
Laika de Sibérie occidentale (zapadno sibirskaia laika)
Laika de Sibérie orientale (vostotchno sibirskaia laika)
Spitz de Norbotten (norrbottenspets)
Chien d'ours de Carélie (karjalankarhukoira-karelischer barenuhund)
Spitz finlandais (suomenpystykorva)
Chien d'élan suédois (jamthund)

Chiens nordiques de garde et de berger

Chien finnois de Laponie (lapinkoira)
Spitz des Wisigoths (västgötaspets)
Chien suédois de Laponie (lapphund – lapplandsk spets)
Chien de berger d'Islande (islandsk farehund)
Berger finnois de Laponie (lapinporokoira)
Norsk buhund

Spitz européens

Spitz allemands
Spitz loup (wolfspitz)
Grand spitz (grosspitz)
a) blanc, b) marron
Grand spitz noir
Spitz moyen (mittelspitz)
a) blanc, b) marron
Spitz moyen noir
Spitz moyen orange
Spitz moyen gris
Petit spitz
a) blanc, b) marron
Petit spitz noir (kleinspitz)
Petit spitz orange
Petit spitz gris
Spitz nain (zwergspitz)
a) blanc, b) marron, c) noir, d) orange, e) gris
Spitz italien (volpino italiano)

Spitz asiatiques et races affines

Chow-chow
a) rouge, b) noir, c) bleu
Eurasier

Spitz japonais
Akita
Hokkaido
Kai
Kishu
Spitz japonais
(nihon supittsu)
Shiba inu
Shikoku

Type primitif

Chien de Canaan
Chien du pharaon
(pharaon hound)
Basenji

Type primitif de chasse

Podenco canario
Podenco ibicenco
Cirneco de l'Etna
Podengo portugais
(podengo portugues)

Groupe 6

• **Chiens courants et chiens de recherche au sang**

Chiens courants

Chiens courants de grande taille
Chien saint-hubert (bloodhound)

France
Poitevin
Billy
Chien français blanc et noir
Chien français tricolore
Français blanc et orange
Grand anglo-français blanc et noir
Grand anglo-français blanc et orange
Grand anglo-français tricolore
Grand bleu de Gascogne
Grand gascon saintongeois

Races à poil long
Grand griffon vendéen

Grande-Bretagne
Foxhound anglais
Otterhound

États-Unis
Foxhound américain
Coonhound noir et feu
(black and tan coonhound)

Chiens courants de taille moyenne
Chien courant slovaque (slovensky kopov)
Chien courant espagnol (sabueso español)

France, races à poil ras
Anglo-français de petite vénerie
Ariégeois
Beagle-harrier
Chien d'Artois
Porcelaine
Petit bleu de Gascogne
Petit gascon saintongeois

France, races à poil long
Briquet griffon vendéen
Griffon bleu de Gascogne
Griffon fauve de Bretagne
Griffon nivernais

Grande-Bretagne
Harrier

Grèce
Chien courant hellénique
(hellenikos ichnilatis)

Italie
Chien courant italien (segugio italiano) à poil ras
Chien courant italien (segugio italiano) à poil dur

Yougoslavie
Chien courant des Balkans (balkanski gonic)
Chien courant de Bosnie à poil dur (bosanski ostrodlaki gonic-barak)
Chien courant d'Istrie à poil ras (istarski kratkodlaki gonic)
Chien courant d'Istrie à poil dur (istarski ostrodlaki gonic)
Chien courant de montagne yougoslave (jugoslavenski planinski gonic)
Chien courant yougoslave tricolore (jugoslavenski trobojni gonic)
Chine courant de Posavz (posavski gonic)

Hongrie
Chien courant de Transylvanie (erdelyi kopo)

Norvège
Chien courant de Halden – haldenstover
Chien courant de Hygen – hygenhund
Dunker

Autriche
Chien courant autrichien
Chien courant tyrolien (tiroler Bracke)
Chien courant de Styrie à poil dur (peintinger bracke)

Pologne
Chien courant polonais (ogar polski)

Suisse
Chien courant bernois (berner laufhund)
Chien courant du Jura a) type brun, b) type saint-hubert
Chien courant de Lucerne (luzerner laufhund)
Chien courant suisse (schweizer laufhund)

Finlande
Chien courant finnois – suomenajokoira (finsk stövare)

Suède
Hamilton stövare
Schiller stövare
Smalandsstövare

Chiens courants de petite taille
Allemagne
Chien courant allemand (deutsche Bracke)
Chien courant de Westphalie (westfallische Dachsbracke)

France
Basset artésien normand
Basset bleu de Gascogne
Basset fauve de Bretagne
Grand basset griffon vendéen
Petit basset griffon vendéen

Grande-Bretagne
Basset hound
Beagle

Autriche
Basset des Alpes (alpenlaendische Dachsbracke)

Suisse
Petit chien courant bernois (berner niederlaufhund)

Petit chien courant du Jura (Jura niederlaufhund)
Petit chien courant lucernois (luzerner niederlaufhund)
Petit chien courant suisse (nieder schweizer laufhund)

Suède
Drever

Chiens de recherche au sang

Chien courant de Bavière (bayrischer gebirgsschweisshund)
Chien courant de Hanovre (hannoverischer schweisshund)

Groupe 7

• **CHIENS D'ARRÊT**

Chiens d'arrêt continentaux

TYPE BRAQUE
Ancien chien d'arrêt danois (gammel dansk honsehund)
Braque allemand à poil court (kurzhaariger deutscher vorstehhund)
Drahthaar (drahthaariger deutscher vorstehhund)
Pudel-pointer
Stabyhoun stichelhaar (stichelhaariger deutscher vorstehhund)
Braque de Weimar à poil court (weimaraner Kurzhaarig)
Braque de Weimar à poil long (weimaraner langhaarig)
Braque de Burgos (perdiguero de Burgos)
Braque de l'Ariège
Braque d'Auvergne
Braque du Bourbonnais
Braque du Puy
Braque français type Gascogne
Braque français type Pyrénées
Braque saint-germain
Braque italien
a) blanc-orange, b) rouan-marron
Spinone italiano
a) blanc-orange, b) rouan-marron
Braque hongrois à poil court (drotzörü magyar vizsla)
Braque hongrois à poil dur (rovidszörü magyar vizsla)
Braque portugais (perdigueiro portugues)

TYPE ÉPAGNEUL
Petit münsterländer (kleiner münsterländer vorstehhund)
Grand münsterländer (grosser münsterländer vorstehhund)
Chien d'arrêt allemand à poil long – langhaar (langhaariger deutscher vorstehhund)
Épagneul bleu de Picardie
Épagneul breton (blanc et orange – autres coloris)
Épagneul de Pont-Audemer
Épagneul français
Épagneul picard
Épagneul à perdrix de Drente (drent'sche patrijshond)
Stabyhoun

TYPE GRIFFON
Griffon d'arrêt tchèque (cesky fousek)
Braque slovaque à poil dur (slovensky hruborsty ohar)
Griffon à poil laineux (griffon boulet)
Griffon à poil dur (korthals)

Chiens d'arrêt britanniques

POINTER
Pointer anglais

Setter
Setter anglais (English setter – setter gordon)
Setter irlandais rouge (Irish red setter)
Setter irlandais rouge et blanc (irish red and white setter)

Groupe 8

• **Retrievers, chiens leveurs de gibier et chiens d'eau**

Retrievers

Retriever de la Nouvelle-Écosse (Nova Scotia duck tolling retriever)
Retriever à poil bouclé (curly-coated retriever)
Retriever à poil plat (flat-coated retriever)
Retriever du Labrador (Labrador retriever)
Golden retriever
Retriever de la baie de Chesapeake (Chesapeake Bay retriever)

Chiens leveurs de gibier

Chien d'Oysel allemand (deutscher Wachtelhund)
Clumber spaniel
Cocker anglais (english cocker spaniel)
a) fauve, b) noir, c) autres couleurs
Field spaniel
Sussex spaniel
Springer anglais (english springer spaniel)
Springer gallois (welsh springer spaniel)
Petit chien hollandais de chasse au gibier d'eau (koolkerhondje)
Rhodesian ridgeback
Cocker américain (american cocker)
a) noir, b) autres couleurs

Chiens d'eau

Barbet
Lagotto romagnolo
Chien d'eau irlandais (irish water spaniel)
Chien d'eau frison (wetterhoun)
Chien d'eau portugais (cão de agua)
Chien d'eau américain (american water spaniel)

Groupe 9

• **Chiens de compagnie**

Bichons et affines

Bichon à poil frisé
Bichon havanais
Bichon bolonais
Bichon maltais
Coton de Tulear
Petit chien lion (lowchen)

Caniches

Caniche de grande taille
a) blanc, b) marron, c) noir
Caniche de grande taille
a) gris, b) abricot
Caniche de taille moyenne
a) blanc, b) marron, c) noir
Caniche de taille moyenne
a) gris, b) abricot
Caniche nain
a) blanc, b) marron, c) noir
Caniche nain
a) gris, b) abricot
Caniche miniature (toy)

Chiens belges de petite taille

Griffon belge
Griffon bruxellois
Petit brabançon

Chiens nus

Chien chinois à crête (chinese crested dog)
Chien du Pérou à peau nue
(perro sin pelo del Perú) moyen
Chien du Pérou à peau nue
(perro sin pelo del Perú) petit
Chien mexicain à peau nue
(xoloitzcuintle) grand
Chien mexicain à peau nue
(xoloitzcuintle) miniature

Chiens du Tibet

Lhassa apso
Shih tzu
Épagneul tibétain
Terrier tibétain

Chihuahua

Chihuahua à poil court
Chihuahua à poil long

Dalmatien

Dalmatien

Épagneuls anglais de compagnie

Cavalier king charles spaniel
a) black and tan, b) ruby, c) blenheim,
d) tricolore
King charles spaniel
a) black and tan, b) ruby, c) blenheim,
d) prince charles (tricolore)

Épagneuls japonais et pékinois

Épagneul japonais (chin)
Épagneul pékinois (pekingese)

Épagneuls nains continentaux

Épagneul nain continental papillon
(à oreilles droites)
a) 1,5-2,5 kg, b) 2,5-4,5 kg
Épagneul nain continental phalène
(à oreilles pendantes)
a) 1,5-2,5 kg, b) 2,5-4,5 kg

Kromfohrländers

Kromfohrländer

Molossoïdes de petite taille

Bouledogue français
a) bringé, b) blanc et bringé (caille)
Pug (carlin, mops)
a) fauve à masque noir, b) noir
Terrier Boston

Groupe 10

• **Lévriers**

Lévriers à poil long ou frangé
Lévrier afghan (afghan hound)
Saluki (lévrier persan)
Barzoï (lévrier russe)

Lévriers à poil dur
Irish wolfhound (lévrier irlandais)
Deerhound (lévrier anglais à poil rêche)

Lévriers à poil court
Galgo espagnol
Greyhound (lévrier anglais à poil ras)
Whippet
Petit lévrier italien (piccolo levriero italiano)
Magyar agar (lévrier hongrois)
Azawakh
Lévrier polonais (chart polski)
Sloughi

Guide pour la consultation des fiches

Les fiches de description des races canines sont ordonnées suivant la plus récente classification cynophile, présentée dans les pages précédentes. Elles offrent toutes les informations permettant de reconnaître une race, d'évaluer ses caractéristiques et de choisir, lorsqu'on décide d'adopter un chien, la plus adaptée à ses propres exigences.

- **Carte d'identité**

Elle contient les données essentielles sur la race : type (lupoïde, molossoïde, etc.) ; lieu d'origine et nationalité (qui ne coïncident pas toujours, puisque les races ont pu être sélectionnées loin des lieux d'origine) ; principales caractéristiques morphologiques (hauteur au garrot et poids idéal) et utilisations possibles (compagnie, garde, chasse, etc.). Nous rappelons que le poids n'est donné qu'à titre indicatif, puisque le standard ne l'indique pas pour toutes les races. La couleur qui accompagne chaque carte d'identité a seulement une valeur de classification (elle est la même que celle qui distingue les différents groupes énumérés dans les pages précédentes).

Après une brève présentation de la race, le texte de chaque fiche s'articule en quelques petits paragraphes qui permettent une consultation aisée et rapide.

- **Morphologie**

Chaque race canine se différencie des autres par un certain nombre de caractéristiques anatomiques et morphologiques. Structure générale, tête, museau, oreilles, poil et sous-poil, robe, queue (pour ne citer que les caractères les plus importants) doivent correspondre à certains standards, adoptés par la cynophilie officielle pour chaque race reconnue. De nombreuses races peuvent présenter une ample gamme de colorations, et le texte énumère toutes les couleurs possibles.

- **Histoire**

Toutes les races se sont différenciées entre elles à partir d'ancêtres communs, mais souvent nous ne possédons aucune documentation sur leurs origines, car souvent elles remontent à des époques préhistoriques ou à des périodes de l'histoire où l'intérêt pour les chiens était moins profond qu'aujourd'hui. Dans ce livre, nous avons cependant essayé de reconstituer le chemin accompli par chaque race pour atteindre les caractéristiques morphologiques et psychologiques qui les distinguent.

- **Tempérament**

Dans ce paragraphe, nous exposons brièvement les qualités de chaque chien et les capacités qui lui permettent de s'adapter à la vie avec l'homme, et ceci pour vous aider à choisir le chien le plus indiqué à vos attentes et à vos exigences.

- **Soins**

Ce paragraphe ne figure que sur les fiches concernant les races qui exigent des soins spécifiques.

- **Habitat**

À l'intérieur ou en plein air ? Dans un appartement spacieux ou sur un balcon ? Seul ou en compagnie d'autres chiens ou d'autres animaux ? Ce paragraphe répond avec précision à toutes ces questions.

Les races

Chiens de berger

CARTE D'IDENTITÉ

Type
Lupoïde
Lieu d'origine
Allemagne
Nationalité
Allemande
Taille
Moyenne
Hauteur au garrot
Mâle : 60-62 cm
Femelle : 57-58 cm
Poids idéal
40 kg environ
Utilisation
Garde, guide pour aveugles, conduite des troupeaux, protection civile, compagnie

Berger allemand

Le chien-loup (nom plus courant du berger allemand) peut être utilisé pour différentes tâches d'utilité sociale, telle que la conduite des non-voyants.

Également appelé berger alsacien, mais plus communément connu sous le nom de chien-loup, le berger allemand est l'un des chiens de travail qui peut accomplir les tâches les plus diversifiées. Partout dans le monde, il est utilisé comme chien de garde et de montagne, ainsi que comme chien policier, chien de berger et guide pour aveugles. Il est également très répandu comme animal de compagnie, grâce à son tempérament affectueux et à son instinct protecteur.

• Morphologie

Le corps de ce lupoïde est allongé, bien charpenté et doté d'un bonne musculature. La longueur de son corps ne doit toutefois pas dépasser la hauteur au garrot. La tête est mince, plutôt large entre les oreilles. Le stop est modérément marqué ; le museau allongé et légèrement pointu. Le chanfrein est droit et la truffe noire. Les dents présentent une fermeture en ciseaux. Les yeux sont de taille moyenne, en amande, généralement de couleur marron. Les oreilles, de dimensions moyennes, sont larges à la base et attachées au niveau du sous-poil, et sont portées dressées. La robe peut être noire avec des nuances marron clair ou gris, entièrement noire, ou bien grise avec des nuances marron ou claires. Outre le poil dur et dense, le standard admet également de rares sujets au poil long, plus ou moins dense. Le dos est droit et le ventre modérément rentré. La queue, attachée bas, est moyennement longue et touffue. Au repos, elle pend et son extrémité est légèrement recourbée. Elle est portée dressée quand le chien est en action.

Correctement dressé depuis le plus jeune âge, le berger allemand peut devenir un excellent chien de travail.

• Histoire

La race existait déjà en Allemagne autour du XVIIe siècle, mais la sélection n'a commencé qu'après 1880. Le standard fut rédigé et approuvé en 1899, et dès lors il n'a presque pas changé. Au début, le berger allemand fut utilisé comme chien de garde pour le bétail et la propriété. Ensuite, ayant fait preuve de grandes capacités, surtout après avoir servi dans l'armée allemande pendant la Première Guerre mondiale, il fut employé par les forces de l'ordre et de la protection civile de tous les pays. Il s'est répandu avec une rapidité surprenante, sans doute grâce à la facilité de son dressage, à sa robustesse physique, mais aussi au succès obtenu par la série télévisée *Rintintin*, dont le protagoniste était un berger allemand.

• Tempérament

C'est un chien intelligent et, bien sélectionné et dressé, un animal équilibré et fiable. Un dressage précoce et adéquat font de lui un compagnon fidèle pour toute la famille, obéissant, honnête et courageux. C'est un animal attentif et alerte, aux sens très développés. Très actif, aussi bien mentalement que physiquement, il a besoin de se dépenser et nécessite beaucoup d'attention de la part de son maître, vis-à-vis duquel il peut parfois se montrer jaloux, surtout si de nouveaux membres intègrent la famille : des chats, d'autres chiens et, dans certains cas, des enfants.

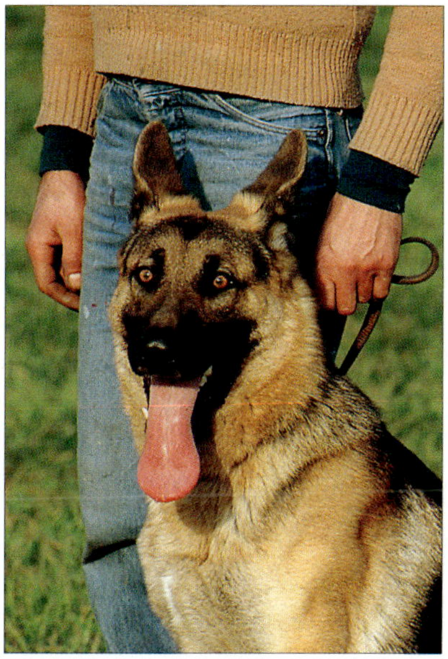

• Soins

Son poil semi-long doit être brossé régulièrement et, si le chien vit surtout à l'intérieur, il faut lui donner un bain tous les deux mois.

• Habitat

C'est un chien qui a besoin de vivre en plein air. L'idéal serait de pouvoir lui offrir un jardin. Toutefois, il s'adapte bien à la vie dans l'espace réduit d'un appartement.

CARTE D'IDENTITÉ

Type
Lupoïde

Lieu d'origine
Belgique

Nationalité
Belge

Taille
Moyenne

Hauteur au garrot
Mâle : 61-66 cm
Femelle : 56-61 cm

Poids idéal
30 kg environ

Utilisation
Garde, guide, défense, protection civile, compagnie

On reconnaît trois variétés de berger belge, qui se distinguent par le poil et la couleur de la robe. Ci-dessus, un tervueren.

Berger belge

Avant le XXe siècle, ce chien de berger était élevé et utilisé surtout en Belgique. De nos jours, il est répandu un peu partout en raison de son intelligence. Chien aux capacités multiples, il peut être chien de défense, de garde, auxiliaire des forces de police et de l'armée, guide pour non-voyants et chien de secours de la protection civile (on fait appel à ses capacités pour retrouver les personnes ensevelies sous les décombres). C'est aussi un excellent chien de compagnie. Le berger belge peut accomplir toutes ces tâches à la fois, même si elles sont parfois très différentes.

• Morphologie

Son corps s'inscrit dans un carré. Sa tête est longue et sèche. Le museau, de longueur moyenne, s'amincit progressivement vers la truffe noire. Le chanfrein est droit et le stop modéré. Les yeux sont de taille moyenne, en amande, de préférence marron foncé. Attachées haut, les oreilles sont triangulaires et portées dressées. Chez les mâles, la longueur du corps est égale à la hauteur au garrot ; le corps des femelles est un peu plus long. Le dos est droit et la croupe légèrement inclinée. La queue, touffue et moyennement longue, est pendante avec l'extrémité recourbée vers le haut lorsque le chien est au repos ; elle est tendue, quand il est actif. Il a une allure caractéristique, souple et sautillante.

• Tempérament

Attentif, intelligent, très prudent, mais sensible, il doit être traité avec douceur et fermeté, sans brusquerie. Le berger belge est un chien équilibré, mais son tempérament lui permet de réagir très promptement à toutes sortes de stimuli, agréables ou désagréables. Il est très attaché à son maître et souffre beaucoup s'il est délaissé ou grondé injustement. Il apprend sans difficulté et obéit par amour envers son maître, jamais par crainte.

• Soins

Il est très gourmand. Il faut donc surveiller son alimentation pour éviter qu'il ne s'alourdisse.

• Habitat

Il aime vivre en plein air, mais il s'adapte bien à la vie en appartement, à condition que l'on puisse le promener régulièrement.

• **Remarque**

À la fin du XIXe siècle, il existait en Belgique de nombreuses races de chiens bergers très semblables entre elles. Plus tard, les éleveurs sélectionnèrent un type de base avec quatre variétés de robe et de couleur, qui furent dénommées respectivement grœnendael, tervueren, malinois et laekenois. Chez nous, elles sont toutes considérées comme des variétés de la même race, tandis qu'aux États-Unis les trois premières sont reconnues comme des races autonomes.

Grœnendael

Le poil superficiel de la robe est long et droit, tandis que le sous-poil est très dense. Les poils sont courts sur la tête et sur la partie inférieure de ses pattes. La couleur est noir uniforme, sans taches.

• **Histoire**

Nicol Rosé, cynophile passionné et propriétaire du château de Grœnendael, près de Bruxelles, fut le premier éleveur à s'occuper de cette race. En 1898, il exposa à Bruxelles ses premiers grœnendaels. Deux ans plus tard, la Société royale Saint-Hubert lui accorda la permission d'inscrire ses sujets au *Livre national des origines*. Le grœnendael atteignit un tel prestige qu'il fut considéré comme une race nationale. Déjà apprécié comme chien de berger, de garde et de défense, on le retrouve pendant la Première Guerre mondiale en qualité de chien messager et chien auxiliaire de la Croix-Rouge.

Ci-dessus, un laekenois.
En haut, un grœnendael.

Laekenois

Sa robe présente un poil rêche et emmêlé, de couleur légèrement fauve, avec des rayures sur le museau et la queue. Un peu de blanc est toléré sur la poitrine et à l'extrémité des pattes.

• **Histoire**

Cette variété emprunte son nom au château de Laeken, près de Bruxelles, ancienne demeure d'été des rois de Belgique. Cette race, presque disparue, fut réintroduite par des éleveurs hollandais et du nord de la France. D'après certains, il s'agirait d'une race reconstituée en croisant des bergers belges avec des races telles que le bouvier des Flandres. D'autres attribuent son origine à des races telles que le schnauzer géant. Cette variété ne se distingue du standard du berger belge que par sa robe. Il n'existe qu'un petit nombre de laekenois, et cela peut causer, dans un élevage, un problème de consanguinité.

Malinois

La seule couleur admise pour sa robe est le fauve, avec un masque noir. C'est le seul berger belge à poil court.

• **HISTOIRE**

Il tient son nom de l'ancienne ville de Malines, près d'Anvers. Selon certains cynophiles, « le belge à poil court » descendrait des chiens bergers d'Europe centrale : toutefois la structure de ce chien, sa conformation et ses aptitudes, ainsi que son berceau rendent peu crédible cette hypothèse. À ce propos, il est important de rappeler qu'un éleveur italien, Angelo Tavazzani, a obtenu, dans un but d'étude et de recherche, des exemplaires noirs à poil court (avec l'affixe « de Vildor »). Il est donc incontestable que le malinois a la même origine que le grœnendael et le tervueren. Le Malinois, très populaire en Belgique, a réussi néanmoins à se faire sa propre place et a fourni d'excellents sujets de travail.

Tervueren

La robe, à poil long, peut être fauve charbonnée, avec un masque noir.

• **HISTOIRE**

Depuis son origine, cette variété, qui doit son nom à une banlieue de la ville de Bruxelles, a eu beaucoup de mal à s'affirmer sans être considérée comme le parent pauvre du plus célèbre grœnendael. On l'a même considérée comme une forme bâtarde de berger belge, une sorte de sous-race du noir. Toutefois, l'expansion du tervueren a connu une plus grande impulsion que d'autres variétés : ses éleveurs et ses admirateurs ont continué de se battre contre l'incompréhension d'un grand nombre de cynophiles, peu habitués à voir un berger belge avec une robe différente que celle à poil long et noir. De son pays d'origine, jusqu'à la France et dans toute l'Europe, ainsi qu'aux États-Unis et au Canada, le tervueren s'est fait reconnaître, au point de dépasser, dans certains pays, son cousin noir, qui ne se différencie que par la couleur et la longueur de son poil. Ils possèdent la même morphologie, structure et robustesse, et ont surtout le même caractère et comportement, pour lesquels le berger belge est très apprécié.

Berger de Beauce

Le berger de Beauce, connu aussi comme beauceron, est nommé également *bas rouges* en raison des taches rouge vif à l'extrémité de ses pattes.

• Morphologie

Ce chien est solide, corpulent et musclé. Il a le museau allongé, avec un stop peu marqué. Le chanfrein est légèrement convexe vers l'extrémité. Les yeux sont marron foncé. Les oreilles sont attachées haut. Le poil est court, dur et gros, long de 3 à 4 centimètres, légèrement frangé aux fesses et à la queue. La couleur de la robe peut être noir et feu ou arlequin (avec du gris). La queue est longue, pendante et elle forme un crochet à l'extrémité.

• Histoire

Cette race a été fixée depuis plus d'un siècle. D'après les cynophiles français, ce chien serait le père du doberman. Parmi les mille chiens présents à l'exposition canine de 1863 à Paris, il y avait treize chiens de berger de type lupoïde, aux oreilles dressées et à la robe noir et fauve : c'étaient les ancêtres du beauceron. En 1897, la race avait l'aspect d'aujourd'hui grâce au cynologue Émile Boulet, fondateur du Club français des chiens de berger. En 1900 apparaissent les premiers exemplaires à poil ras.

• Tempérament

Le beauceron est dévoué à la tâche, très courageux mais parfois fougueux et un peu nerveux. Très intelligent, il est très attaché à la famille de son maître qu'il défendra avec intrépidité. Il n'est jamais violent avec les enfants. C'est un excellent chien de sauvetage et guide pour aveugles. Les sujets peureux ou trop méfiants sont à éviter.

• Soins

Il ne nécessite pas de soins particuliers.

• Habitat

Il s'adapte bien à la vie en appartement, pourvu qu'il puisse se promener et courir. S'il ne travaille pas comme berger, il faut qu'il se sente considéré comme un membre à part entière de la famille.

CARTE D'IDENTITÉ

Type
Lupoïde

Lieu d'origine
France

Nationalité
Française

Taille
Grande

Hauteur au garrot
Mâle : 65-70 cm
Femelle : 63-68 cm

Poids idéal
30-35 kg

Utilisation
Défense, garde, protection civile, guide pour aveugles

Les caractéristiques de lupoïde du berger de la Beauce, race sélectionnée en France il y a plus d'un siècle, sont ici bien soulignées.

CARTE D'IDENTITÉ

Type
Lupoïde
Lieu d'origine
France
Nationalité
Française
Taille
Moyenne-grande
Hauteur au garrot
Mâle : 62-68 cm
Femelle : 56-64 cm
Poids idéal
30 kg
Utilisation
Garde, défense, guide pour aveugles, protection civile

Berger de Brie

Aussi nommé briard, ce chien est connu depuis plusieurs siècles. La sélection a permis de garder une bonne homogénéité de caractères.

• Morphologie

Musclé et bien proportionné, le briard a le dos droit et la croupe peu inclinée. La tête est forte, assez longue, avec un stop bien prononcé placé au point milieu entre le sommet de la tête et la truffe (qui est toujours noire). Le chanfrein est droit. Il a une barbe, de longues moustaches et des sourcils bien fournis. Les yeux sont grands, ronds et foncés. Les oreilles, attachées haut et recouvertes d'un poil long, sont généralement coupées et portées dressées. Le poil de la robe est long, sec au toucher, tel le poil de chèvre.

• Histoire

D'aspect très semblable au bouvier des Flandres, le berger de Brie descend de races anciennes, parmi lesquelles figureraient aussi l'alaunt et le berger persan. Il était, à l'origine, le chien de garde et de chasse préféré de l'aristocratie française, mais, après la Révolution, il devint un chien de ferme. Il participa à la première exposition canine en France à la fin du XIXe siècle et fut utilisé pendant les deux guerres mondiales. En France, c'est aujourd'hui le chien le plus répandu.

• Tempérament

Il est alerte, enjoué, et parfois fougueux. De moins en moins utilisé comme chien de berger, c'est un excellent compagnon pour la famille et il se montre très affectueux, surtout envers les enfants. Très sensible, il doit être éduqué avec douceur. Il n'aime pas la solitude et s'il se sent délaissé par la famille, il devient triste, peureux ou, plus rarement, agressif.

• Habitat

Il aime vivre en compagnie de son maître. Il s'adapte à la vie en appartement à condition d'être tenu actif et d'avoir un endroit où se dépenser, comme un jardin.

Berger picard

Le berger de Picardie est issu de mélanges entre différentes races de chiens de berger d'Europe Centrale. Il présente de nombreuses ressemblances avec les ancêtres du berger allemand et les chiens de berger hollandais.

• Morphologie

Il est vigoureux mais élégant dans les formes, son corps est plus long que la hauteur au garrot. La tête est bien proportionnée et le museau allongé mais non pointu. Il a une légère barbe et des moustaches. Le stop est peu prononcé. Les yeux sont de taille moyenne, plus ou moins foncés selon la couleur de la robe (jamais plus clairs que la couleur noisette). Les oreilles sont de taille moyenne, attachées haut et larges, portées dressées, et avec les pointes arrondies. Le poil est dur, rêche, ni lisse ni frisé, long de 5 à 6 cm sur le corps et sur la queue. Le sous-poil est fin et dense. La robe peut être grise, gris foncé, grise avec des reflets noirs, gris bleu, gris roux. Une petite tache blanche est tolérée sur la poitrine et aux extrémités des pattes. La queue, touffue, arrive au jarret. Au repos, elle est portée droite et pendante, légèrement recourbée à l'extrémité.

• Histoire

C'est la plus ancienne des races françaises de chiens de berger. Cependant, nous n'avons pas d'informations précises sur elle avant 1899, lorsque douze sujets furent présentés à Amiens, où ils ne furent toutefois pas jugés car la race n'était pas connue.

• Tempérament

Sa robustesse, sa vivacité et son intelligence lui permettent d'accomplir avec succès toutes les tâches d'un bon chien de berger. Sa fidélité et son dévouement à son maître font de lui un très bon gardien.

• Habitat

Ce chien, sélectionné pour vivre en plein air et surveiller le troupeau, doit faire de longues promenades en pleine liberté, même s'il vit en appartement.

CARTE D'IDENTITÉ

Type
Lupoïde

Lieu d'origine
France

Nationalité
Française

Taille
Moyenne

Hauteur au garrot
Mâle : 60-65 cm
Femelle : 55-60 cm

Poids idéal
20-30 kg

Utilisation
Protection et conduite des troupeaux, garde des propriétés

CARTE D'IDENTITÉ

Type
Lupoïde

Lieu d'origine
France

Nationalité
Française

Taille
Petite

Hauteur au garrot
Mâle : 40-48 cm
Femelle : 38-46 cm

Poids idéal
8-15 kg

Utilisation
Conduite du troupeau

Berger des Pyrénées

Chien aux nerfs solides, le berger des Pyrénées est utilisé surtout pour accompagner le troupeau, tâche qu'il accomplit avec un grand dévouement.

• Morphologie

Il existe deux variétés : l'une à poil long et l'autre à poil ras, chez laquelle le museau est un peu plus long. Les oreilles sont pendantes et les yeux, petits, foncés ou noirs. Le poil de la robe est semi-long, rêche, dense, laineux. Le poil du museau tombe vers l'arrière, laissant les yeux dégagés. Les couleurs de la robe sont : fauve, gris avec des taches noires, arlequin et noir. Le dos est assez long et la croupe, courte. La queue se termine en crochet.

• Histoire

Il a les mêmes origines que les chiens de berger européens à poil long.

• Tempérament

Vigilant, vif, méfiant envers les étrangers et très affectueux avec son maître, il a une excellente mémoire et il est capable d'un grand dévouement.

• Soins

Ce chien a besoin d'exercice physique. Il ne faut pas le laver, mais le brosser deux fois par semaine.

Bearded collie

Son nom signifie « colley barbu », mais il est très différent du colley. Il ressemble plutôt au bobtail, bien qu'il soit plus petit et plus mince, sa queue n'étant pas tronquée.

CARTE D'IDENTITÉ

Type
Lupoïde

Lieu d'origine
Écosse

Nationalité
Britannique

Taille
Moyenne

Hauteur au garrot
Mâle : 53-56 cm
Femelle : 51-53 cm

Poids idéal
20-30 kg

Utilisation
Conduite du troupeau

• Morphologie

Il a le museau plutôt allongé ; les yeux sont grands et écartés et leur couleur, assortie à celle du manteau. Les oreilles pendent au repos. Le poil est long, dur au toucher, lisse ou ondulé, avec un sous-poil très souple. La robe peut être noire, bleue, de toutes les tonalités du gris, marron fauve, roux ou sable, avec ou sans taches blanches sur la tête, la poitrine, les pattes et l'extrémité de la queue. Le dos est droit et la queue, basse, légèrement recourbée.

• Histoire

Il descend probablement d'anciennes races écossaises. Au début du XIXe siècle, il fut menacé de disparition. Mais en 1944, on accoupla deux exemplaires qui avaient gardé intactes les caractéristiques originelles de la race.

• Tempérament

C'est un chien vif, intelligent et amical.

• Soins

Il a besoin d'exercice et son poil doit être brossé assez souvent.

CARTE D'IDENTITÉ

Type
Lupoïde

Lieu d'origine
Écosse

Nationalité
Britannique

Taille
Moyenne

Hauteur au garrot
Mâle : environ 53 cm
Femelle : un peu moins

Poids idéal
20 kg environ

Utilisation
Conduite du troupeau

Border collie

On admet pour le border collie une grande variété de couleurs, mais le blanc ne doit jamais prédominer.

Malgré son aspect modeste, le border collie est un chien extraordinaire, capable de s'imposer dans la plupart des épreuves de travail pour chien de berger et dans des épreuves d'« Agility ». C'est une race de berger très ancienne.

• Morphologie

Bien proportionné et agile, il a le museau qui se rétrécit jusqu'à la truffe (toujours noire). Le stop est très prononcé. Les yeux doivent être écartés, ovales et moyens. Ils sont foncés sauf chez les bleu merle, où l'un ou les deux yeux peuvent être bleus. L'expression est douce et intelligente. Les oreilles, très mobiles, sont portées semi-dressées. Le poil de la robe peut être modérément long ou court. Dans les deux cas, le poil est très dense et de consistance moyenne, tandis que le sous-poil est court, souple et serré. Dans la variété à poil long, ce dernier doit former une crinière ; les culottes et la queue doivent être en brosse ; le poil doit être lisse sur le museau, les oreilles et les pattes. Toute variété de couleur est admise mais le blanc ne doit jamais dominer. La queue doit être modérément longue, attachée bas, bien touffue et frisée à l'extrémité. Elle peut être un peu dressée lorsque le chien est en action, mais ne doit jamais être portée sur le dos.

Race de berger très ancienne, le border collie affectionne la vie en plein air.

• Histoire

L'histoire du border collie est assez singulière. En effet, bien qu'il ait été élevé et sélectionné avec beaucoup de succès par des bergers des terres basses de l'Écosse, il n'a attiré l'attention du Kennel Club de Londres qu'après 1976. Sa reconnaissance n'a pas été facile, car les bergers ont sélectionné le border collie pour ses grandes capacités de travail, sans trop se soucier d'en fixer les caractéristiques morphologiques. Cependant, le fait que le type et la structure des meilleurs exemplaires de travail présentent une certaine uniformité, transmise de génération en génération, a joué en sa faveur.

• Tempérament

Le border collie est un chien de berger typique : grâce à ses qualités extraordinaires d'obéissance et d'endurance dans le travail, il peut être utilisé pour différentes tâches. Il se montre extrêmement dévoué à son maître. Pour lui faire plaisir, il essaye de prévenir ses désirs et il est prêt à affronter toutes sortes d'épreuves. Il est également doté d'une grande agilité : il peut, par exemple, atteindre d'un bond un endroit situé en hauteur sans prendre d'élan. Le regard vif et doux, typique de la race, dénote une grande intelligence naturelle.

• Soins

Cette race n'a pas besoin de soins particuliers. Elle est rustique et dotée d'un poil qui ne se salit presque jamais. Elle peut être sujette à des maladies des yeux.

• Habitat

Ce chien affectionne la vie en plein air. Toutefois, il désire vivre aux côtés de son maître et il peut s'adapter facilement et être heureux dans un appartement, à condition qu'il puisse sortir régulièrement. Aimant beaucoup le travail, le border collie est ravi à chaque fois qu'on lui confie une tâche à accomplir.

Berger écossais

CARTE D'IDENTITÉ

Type
Lupoïde
Lieu d'origine
Écosse
Nationalité
Britannique
Taille
Moyenne-grande
Hauteur au garrot
Mâle : 63,5-68,5 cm
Femelle : 61-66 cm
Poids idéal
Mâle : 20-29 kg
Femelle : 18-25 kg
Utilisation
Conduite du troupeau

Race très répandue, le berger écossais doit sa renommée à une série télévisée (Lassie), *dont il était le personnage principal. Ci-contre, gros plan d'un sujet à la robe tricolore.*

Aussi connu sous le nom de Colley (ou plus précisément *Collie Rough*), le berger écossais est l'une des races les plus répandues au monde. Il est le descendant de plusieurs générations de solides chiens de berger. C'est un animal très attaché au travail et très intelligent, caractérisé par une ouïe extrêmement sensible : il peut entendre le rappel du berger à un kilomètre et demi de distance.

• Morphologie

Un couple de bergers écossais fauve.

Contrairement à d'autres chiens de berger qui sont très rustiques, le colley a un aspect très élégant et une allure aristocratique (il faut savoir que sa structure originelle a subi des modifications, surtout en ce qui concerne la forme de la tête, suite à des croisements avec le lévrier russe Barzoï). Le dos est fort et droit ; la tête doit être cunéiforme avec un stop léger mais évident. Les yeux sont en amande, de taille moyenne, obliques et de couleur marron foncé, ou bleu si la robe est bleu merle. Les oreilles, petites, tombent vers l'arrière quand l'animal est au repos, et sont portées vers l'avant et semi-dressées quand il est en alerte. Le sous-poil est abondant et très dense, recouvert de poils droits et durs. La robe peut être de couleur fauve (avec des tonalités allant du doré clair à l'auburn foncé) et blanc, tricolore (noir, marron clair et blanc) ou bleu merle (bleu argenté avec des motifs noirs ou blancs, et parfois des dessins marron foncé). La queue est longue, attachée bas, avec l'extrémité tournée vers le haut ; elle est portée gaiement quand le chien est en action.

• **HISTOIRE**

Ce chien de berger aux origines très anciennes était pratiquement méconnu en dehors de sa terre natale, l'Écosse, jusqu'à ce que la reine Victoria, lors d'un voyage dans les Highlands, tombe sous son charme et le fasse devenir un chien très à la mode. Il fut présenté à la première exposition canine qui eut lieu en Angleterre en 1860. À partir de ce moment, les éleveurs commencèrent une sélection rigoureuse, visant à fixer tant ses caractéristiques physiques que ses qualités morales dans le travail.

• **TEMPÉRAMENT**

Le colley est un chien très amical, de bon caractère, plein d'énergie et qui montre un grand attachement à son maître et à sa famille. Il est utilisé surtout comme chien de compagnie, mais c'est également un très bon gardien et il est dressé avec d'excellents résultats par l'armée et la police. Il possède un bon esprit grégaire, ne se montre ni nerveux ni agressif et tolère bien les autres animaux. Il souffre beaucoup s'il se sent délaissé. Au moment de choisir un chiot, évitez les sujets timides et nerveux.

Ci-dessus, berger écossais à poil court.
En haut, berger écossais à robe bleu merle.

• **SOINS**

Sa robe nécessite un toilettage fréquent et soigné.

• **HABITAT**

Il aime le plein air, mais s'adapte bien à la vie en appartement.

Berger écossais à poil court

Également connu sous le nom de *Collie Smooth*, il se distingue du colley à poil long par la longueur du poil, qui ne dépasse pas 2 cm, tandis que les colorations admises sont les mêmes. Parmi les colleys, il représente une minorité (environ 8 %) et il est très peu connu en dehors de la Grande-Bretagne. Il possède toutefois son propre standard et constitue donc une race à part.

CARTE D'IDENTITÉ

Type
Lupoïde
Lieu d'origine
Grande-Bretagne
Nationalité
Britannique
Taille
Moyenne
Hauteur au garrot
Mâle : 61 cm
Femelle : 56 cm
Poids idéal
30-35 kg environ
Utilisation
Garde, compagnie

Bobtail

Son vrai nom est *Old English Sheepdog* (littéralement ancien chien de berger anglais) ; mais bien qu'il soit l'une des plus anciennes races de chiens de berger, le bobtail est, de nos jours, apprécié surtout comme chien de compagnie, à tel point qu'en Grande-Bretagne il a été remplacé, pour la garde des troupeaux, par le border collie. Son trait typique est le timbre de sa voix, semblable au bruit d'un morceau de verre qui éclate.

• Morphologie

C'est un chien de berger trapu et musclé, à la démarche chaloupée. Il est pourvu d'une abondante fourrure au poil rêche qui lui donne un côté « gros nounours ». Son corps est plutôt court et ramassé, avec la croupe arquée. Sa tête est plutôt carrée, avec un stop bien prononcé. La truffe est noire avec de grosses narines. Les yeux, très écartés, sont marron foncé, bleu, ou l'un marron et l'autre bleu. Les oreilles sont petites et pendent sur les côtés de la tête. Le poil est gros et sans boucles, avec un sous-poil imperméable. La robe peut présenter différentes tonalités de gris, poivre et sel ou bleu, avec, parfois, l'extrémité des pattes blanche. Il peut également présenter des taches blanches sur la tête, sur le cou, sur la partie antérieure du corps et sur le ventre. Il est d'usage de lui écourter la queue à la hauteur de la première vertèbre caudale : en effet, beaucoup de bobtails (qui en anglais signifie « queue coupée ») naissent sans queue.

• Histoire

La race a été sélectionnée dans le West Country anglais par des éleveurs qui recherchaient un chien de berger agile, à utiliser pour conduire le bétail au marché. Parmi ses ancêtres, il y a sûrement le bearded collie et d'autres races de bergers européens comme le briard. Le bobtail a été exposé pour la toute première fois en 1865 et depuis le nombre de ses admirateurs n'a cessé de croître.

• Tempérament

Autrefois, cette race était considérée comme violente et non fiable, mais depuis, ces caractéristiques ont disparu. Il peut toujours être un bon chien de garde, mais il est surtout un animal amical, fidèle et de bon caractère, intelligent et enjoué. Il est très doux avec les enfants, qui, de ce fait, l'aiment beaucoup. Sa sympathie, sa douceur et sa docilité font de lui un compagnon idéal.

• Soins

Sa fourrure abondante nécessite un toilettage soigné et des lavages fréquents. Il faut soigner en particulier l'hygiène de l'arrière-train à cause du poil très long.

• Habitat

C'est un chien habitué à vivre en plein air, mais il peut être aussi un très agréable compagnon dans un appartement, surtout s'il y a des enfants dans la famille. Il est toutefois important qu'il puisse se défouler à l'extérieur.

Bien qu'il soit l'une des plus anciennes races de berger, en Grande-Bretagne, le bobtail a été remplacé pour cette tâche par le border collie.

Welsh corgi

CARTE D'IDENTITÉ

Type
Bassetoïde
Lieu d'origine
Grande-Bretagne
Nationalité
Britannique
Taille
Petite
Hauteur au garrot
25,4-30,5 cm
Poids idéal
Pembroke
Mâle : 9-11 kg
Femelle : 8-10 kg
Cardigan
Mâle : 8-12 kg
Femelle : 7-11 kg
Utilisation
Berger, garde, compagnie

Cette race doit probablement son nom au gallois *corrci*, « chien nain ». Il en existe deux variétés voisines : le pembroke et le cardigan. La première jouit d'une popularité plus grande, car c'est le chien préféré des souverains britanniques.

• Morphologie

Il est petit et robuste, agile et à l'allure souple, avec le dos horizontal et le ventre rentré. Le pembroke est légèrement plus petit et plus léger que le cardigan. Sa tête rappelle celle d'un renard, avec le museau allongé et le stop modéré. Les yeux, ronds et moyens, se fondent dans la couleur de la robe. Les oreilles sont de taille moyenne, droites et légèrement arrondies. Le poil est très dense. La robe peut être rouge, sable, fauve, ou noir et feu, ou noir et feu avec ou sans taches blanches. Chez le pembroke, la queue est naturellement courte, sinon raccourcie au maximum ; chez le cardigan, elle est modérément longue, alignée sur le dos.

• Histoire

La race serait arrivée au pays de Galles en 1107 avec les tisserands flamands. Pour certains, cette ascendance et la tête de renard du chien prêchent en faveur d'un ancêtre spitz, mais d'autres penchent pour un croisement avec les vallhund suédois. Le pembroke et le cardigan étaient tous deux très efficaces dans la conduite des troupeaux. En Grande-Bretagne, ils ont été reconnus en tant que races distinctes en 1934.

• Tempérament

Intelligent, loyal, affectueux, il est très doux avec les enfants. Méfiant vis-à-vis des inconnus, il peut être un excellent chien de garde. Le pembroke est un peu plus extroverti que le cardigan.

• Habitat

Il aime le plein air, mais s'adapte en appartement.

Ci-dessus, un couple de welsh corgi cardigan.
Ci-contre, le welsh corgi pembroke.

Berger hollandais

CARTE D'IDENTITÉ

Type
Lupoïde

Lieu d'origine
Pays-Bas

Nationalité
Hollandaise

Hauteur au garrot
Mâle : 57-62 cm
Femelle : 55-60 cm

Poids idéal
30 kg environ

Utilisation
Berger, protection civile, garde et défense

Il existe trois variétés de berger hollandais : ici, un exemplaire à poil long.

Tout comme le berger belge, le chien de berger hollandais peut présenter trois variétés de robe (considérées comme autant de races) et un standard unique pour le reste de ses caractéristiques physiques et psychologiques.

• Morphologie

Musclé et agile, il a le museau allongé, avec la truffe toujours noire. Les yeux sont en amande, obliques, toujours de couleur foncée. Les oreilles, attachées haut, sont petites, portées droites et dirigées vers l'avant lorsque le chien est en alerte. La variété à poil court est la plus répandue : le poil est assez dur, pas trop court, avec un sous-poil laineux, avec collerette et culottes. La couleur peut être bringé doré sur fond noir ou bringé argenté sur fond gris. On préfère le masque noir. La variété à poil

long présente un poil droit, couché, rude au toucher, ni bouclé ni ondulé, avec un sous-poil laineux. La couleur est celle du poil court. Chez la variété à poil dur, le poil est très épais, dur, ébouriffé, avec un sous-poil dense et laineux, sauf sur la tête. Les moustaches, la barbe et les sourcils sont marqués et rêches. Les couleurs admises sont le bleu-gris, poivre et sel, bringé doré et bringé argenté. Chez toutes les variétés, on tolère un peu de blanc sur la poitrine et sur les pattes.

• Histoire

La race est issue probablement de croisements avec des chiens provenant de France et de Belgique (on remarque en effet une forte ressemblance avec les bergers belges), ou peut-être aussi de régions bien plus éloignées, amenés par les navires qui s'arrêtaient dans les ports hollandais. Dans le passé, il a été particulièrement apprécié comme gardien de troupeaux. Il est très peu répandu en dehors de son pays d'origine.

Ci-dessus, berger hollandais à poil court. Ci-dessous, la variété à poil rêche.

• Tempérament

Très intelligent, éveillé et dévoué, c'est un excellent chien de garde et de défense de la propriété, mais également apprécié comme chien de secours et auxiliaire des forces de police. Il présente des aptitudes et des comportements très proches de ceux du berger belge : il est docile, obéissant, loyal, toujours actif et digne de confiance.

• Habitat

Il s'adapte facilement à la vie en famille et il est peu exigeant.

Bouviers

Bouvier des Flandres

Autrefois considéré comme l'un des chiens de troupeau les plus habiles d'Europe occidentale, le bouvier des Flandres est aujourd'hui utilisé comme guide pour aveugles, chien de garde et chien policier.

- **Morphologie**

Il a le corps trapu et court, avec le dos court, autant que possible horizontal et le ventre légèrement rentré. La tête, massive, est encore plus accusée par la barbe et la moustache ; le stop est peu prononcé. Le museau est large et puissant avec le chanfrein rectiligne. Les yeux sont foncés, ovales, écartés, de dimensions moyennes, d'expression éveillée. Les oreilles sont coupées en triangle, très mobiles et attachées haut. Le poil est d'aspect grossier, long de 6 cm environ, avec un sous-poil dur et rêche. La couleur de la robe peut aller du fauve au noir ou aussi bringé (marron avec des rayures foncées). La queue est coupée au niveau de la deuxième ou troisième vertèbre.

- **Histoire**

On sait qu'à la fin du XIXe siècle, les Flandres vantaient différents types de chiens de troupeau. Le bouvier fut présenté à l'exposition canine de Bruxelles en 1910, et le premier standard fut rédigé deux années plus tard. Pendant la Première Guerre mondiale, ce chien a fait preuve de beaucoup de courage, mais la violence des combats fit de si nombreuses victimes qu'elle mit en péril l'existence de la race. Les élevages se développent à nouveau dans les années vingt grâce aux éleveurs flamands.

- **Tempérament**

C'est un chien intelligent et vif, mais aussi calme et sensible.

- **Habitat et soins**

Il vit bien en plein air, ne craint pas le froid et a besoin de se dépenser. Son poil rêche nécessite un toilettage soigné.

- **Remarque**

Très proche du bouvier des Flandres, le bouvier des Ardennes est un chien robuste et un excellent travailleur.

Carte d'identité

Type
Molosso-lupoïde

Lieu d'origine
France-Belgique

Nationalité
Flamande

Taille
Moyenne-grande

Hauteur au garrot
59-68 cm

Poids idéal
27-40 kg

Utilisation
Berger, protection civile, guide pour aveugles, garde

Le bouvier des Flandres est actuellement utilisé comme chien policier, chien de garde et guide pour aveugles.

CARTE D'IDENTITÉ

Type
Lupoïde
Lieu d'origine
Allemagne
Nationalité
Allemande
Taille
Grande
Hauteur au garrot
Mâle : 69 cm
Femelle : 65 cm
Poids idéal
30-40 kg
Utilisation
Garde, défense, protection civile, guide pour aveugles

Doberman

Le doberman jouit aujourd'hui d'une grande popularité, mais n'a été reconnu qu'il y a un peu plus d'un siècle. Physiquement très puissant, il est surtout utilisé comme gardien pour la propriété, mais il peut être dressé comme chien policier, guide pour aveugles et même chien de berger.

• Morphologie

C'est un chien mince et nerveux, agile et rapide, au poids important par rapport à la taille. Il est doté d'une étonnante puissance musculaire qui lui confère un aspect très athlétique. La tête est caractérisée par deux lignes parallèles : la ligne de l'os frontal et la ligne du chanfrein ; le stop est modéré. Le museau est allongé, sans être pointu ; les yeux, en amande et à l'expression alerte, sont de couleur marron foncé si la robe est noire, ou d'une tonalité assortie à la couleur de celle-ci. Les oreilles sont petites, attachées haut ; pliées et pendantes. Le poil est court, lisse, dur et bien couché. La robe est noire, marron ou bleue avec des marques feu audessus des yeux, sur le museau, les pattes et sous la queue. Le dos est court et solide, la croupe arrondie et le ventre n'est pas rentré. La queue, qui prolonge la ligne du dos, est généralement coupée au niveau de la première ou de la deuxième vertèbre.

• Histoire

Entre 1862 et 1870, un collecteur d'impôts, Louis Doberman, se consacra à la sélection d'un chien de garde parfait, en sélectionnant des races différentes. Sa « recette » est restée secrète, mais parmi les ancêtres du doberman il y a probablement des chiens de bergers comme le beauceron, et aussi le rottweiler et le pinscher. Le doberman fut reconnu officiellement par le Kennel Club allemand en 1900 et se répandit rapidement aux États-Unis. Pendant la Première Guerre mondiale, il fut utilisé par l'armée allemande comme chien de garde et sentinelle. Depuis, il aide les forces de police de nombreux pays.

• Tempérament et soins

Le doberman possède des qualités innées pour la garde et la poursuite : il est intelligent, fort et, à l'occasion, agressif. Il faut donc l'élever avec fermeté, mais il possède une bonne capacité d'apprentissage et, s'il est bien dressé, il montre une dévotion et une fidélité à toute épreuve à son maître. C'est un chien turbulent, fou-

Sélectionné dans les dernières décennies du XIXe siècle, le doberman fut reconnu officiellement en Allemagne en 1900.

gueux, mais il ne faut pas confondre ce trait de son caractère avec l'instabilité psychique de certains sujets issus de mauvaises sélections. Souvent, il montre de l'obstination à prouver son intelligence et à affirmer son « point de vue ». Malheureusement, par le passé, des éleveurs sans scrupule ont dressé des sujets ayant des problèmes psychologiques qui ont nui à l'image de la race, digne en réalité de grande considération. Le doberman a montré d'extraordinaires capacités en tant que chien de travail. Cependant, il est primordial que son dressage soit effectué par son maître ou en sa présence, car il n'est dévoué totalement qu'à une seule personne. Doté d'un flair exceptionnel et d'une excellente intuition, il a tendance à réagir dès qu'il comprend les intentions de son maître, en particulier la femelle, qui montre une plus grande sensibilité que le mâle. Le doberman peut offrir d'excellents résultats, s'il est dressé correctement. Son poil court est très facile à entretenir.

• Habitat

Il a besoin de beaucoup d'exercice pour se maintenir en forme. S'il vit en appartement, il doit sortir souvent et courir en plein air. Il doit absolument vivre près de son maître, car il a été sélectionné pour partager sa vie avec l'homme (d'où son esprit d'abnégation).

• Remarque

Il est très répandu de lui couper les oreilles pour les maintenir droites, mais dans de nombreux pays cette pratique est interdite tant pour les dobermans que pour les autres races.

CARTE D'IDENTITÉ

Type
Lupoïde
Lieu d'origine
Allemagne
Nationalité
Allemande
Taille
Petite
Hauteur au garrot
43-48 cm
Poids idéal
15 kg environ
Utilisation
Garde, compagnie

Utilisé comme chien de garde et de compagnie, le pinscher fut sélectionné pour éliminer les rats.

Pinscher

• Morphologie

Le pinscher ressemble à un petit doberman. La tête est cunéiforme et sans rides, et le museau se termine en forme de cône tronqué. Le stop est prononcé et la couleur de la truffe se fond avec celle de la robe. Les yeux sont ovales, foncés et vifs. Les oreilles, attachées haut et mobiles, sont droites si elles sont coupées, sinon elles pendent sur les côtés de la tête. Le poil de la robe est court, lisse, bien couché et brillant, de couleur noire avec des marques de feu ou fauve. La queue est coupée court.

• Histoire

Le pinscher fut sélectionné en Allemagne pour l'élimination des rats, et il connut une remarquable expansion. À la fin du XIXe siècle, on l'appelait *Deutsche Kurzhaariger Pinscher*, tandis que le schnauzer s'appelait *Deutsche Rauhaariger Pinscher*. La race a été reconnue officiellement en 1879. Au cours des dernières décennies, la popularité du pinscher a progressivement diminué et, de nos jours, on ne le rencontre que dans certaines régions allemandes ; on lui préfère en effet le manchester terrier.

• Tempérament et soins

Vif, actif et très alerte, il est aussi capable d'une certaine agressivité. C'est un excellent compagnon et gardien pour l'appartement ou les petites propriétés. Sa robe est très facile à entretenir : un brossage hebdomadaire et un bain tous les trois à quatre mois suffisent.

Harlekinpinscher

Peu répandu, même en Allemagne, il a la robe tachetée de blanc et de noir. Ses caractéristiques morphologiques et psychologiques sont proches de celles du pinscher noir feu.

Pinscher autrichien à poil ras

De taille petite ou moyenne, vif et courageux, nerveux et aboyeur, il est très indiqué pour la garde. La couleur de sa robe peut aller du fauve au roux, ou être noir feu ou bringé. Il a besoin d'exercice.

Pinscher nain

Depuis peu de temps, ce petit chien robuste et vif, à l'allure sautillante caractéristique, jouit d'une grande popularité aux États-Unis, mais avant 1900 il était presque méconnu en dehors de l'Allemagne. Il a l'aspect d'un doberman nain, ce qui n'est pas surprenant lorsque l'on sait que le pinscher est l'un des ancêtres du doberman.

• Morphologie

C'est un chien à la structure carrée, avec la poitrine modérément large et bien descendue, le dos droit et le ventre rentré. La tête est étroite et allongée, avec un museau robuste et bien proportionné. Les oreilles doivent être très petites, attachées haut et portées droites ou pendantes. La robe présente un poil court, lisse et brillant, qui peut être bicolore (noir, bleu ou chocolat avec des feux bruns), ou unicolore (brun-rouge, avec différentes nuances). Attachée haut et portée droite, la queue est généralement coupée à environ trois vertèbres.

• Histoire

Reconnu comme race autonome, le pinscher nain *(Zwergpinscher)* a été créé par sélection des plus petits sujets de pinscher de taille moyenne (40-48 cm au garrot), un chien qui était très répandu en Allemagne et en Scandinavie. Le German Pinscher Klub (devenu ensuite Pinscher Schnauzer Klub) fut fondé en Allemagne en 1895, mais l'intérêt pour la variété naine de la race se développa au début du xxe siècle et sa popularité grandit dans les années vingt, quand on l'importa aux États-Unis, où fut fondé, en 1929, le Miniature Pinscher Club of America. Depuis quelques années, le nombre d'admirateurs de ce petit chien n'a cessé de croître.

• Tempérament

Alerte, intelligent et fidèle, c'est un chien extrêmement courageux malgré ses dimensions réduites. Bon compagnon et gardien, c'est un excellent chasseur de rats. Il a une allure singulière car il marche presque au trot, il est plein d'allant et intrépide.

• Habitat

C'est un chien idéal pour la vie en appartement, grâce à ses petites dimensions et à l'entretien facile de son poil ras.

CARTE D'IDENTITÉ

Type
Lupoïde

Lieu d'origine
Allemagne

Nationalité
Allemande

Taille
Naine

Hauteur au garrot
25-30 cm

Poids idéal
3-4 kg

Utilisation
Garde, compagnie

Le pinscher nain, créé en Allemagne à partir de sujets de taille moyenne, est devenu très populaire aux États-Unis à partir des années vingt.

CARTE D'IDENTITÉ

Type
Molossoïde

Lieu d'origine
Allemagne

Nationalité
Allemande

Taille
Naine

Hauteur au garrot
Moins de 30 cm

Poids idéal
5 kg environ

Utilisation
Garde, compagnie

Affenpinscher

Le nom de cette race, très énergique et agressive avec les étrangers malgré sa petite taille, signifie « chien singe ».

• Morphologie

C'est un chien à la structure carrée, la tête étant de forme arrondie, le museau modérément long et la truffe noire. Les yeux sont ronds et de couleur foncée. Les oreilles peuvent être entières (droites ou pliées) ou tronquées. Le poil de la robe, dur et dense, est de préférence noir. La queue, coupée à la troisième vertèbre, est attachée haut et portée dressée.

• Histoire

La race a été créée en Allemagne, mais elle a probablement des origines communes avec le petit griffon de Bruxelles. Le petit chien qui figure dans le tableau de Jan Van Eyck *Les Époux Arnolfini* est probablement un affenpinscher.

• Tempérament

Sympathique, loyal et affectueux, il est toutefois assez têtu : tantôt, il exécute les ordres et il est très sérieux, tantôt il s'irrite et refuse d'obéir.

• Soins

La robe nécessite des brossages fréquents, et on remarque parfois une humeur aux yeux à cause d'une irritation due aux poils. Durant la période de mue, il perd beaucoup de poils et il faut l'aider avec un régime riche en sels et en vitamines.

• Habitat

Il vit bien en appartement.

Chien au caractère versatile, l'affenpinscher est utilisé comme chien de compagnie et chien de garde.

Schnauzer

Schnauzer moyen

Il s'agit de la variété la plus ancienne de schnauzer, dont le nom dérive du mot allemand *schnauze* qui signifie « museau ». Le museau est en effet son trait le plus typique, en raison de ses moustaches épaisses et insolites.

CARTE D'IDENTITÉ

Type
Molossoïde

Lieu d'origine
Sud de l'Allemagne

Nationalité
Allemande

Taille
Petite

Hauteur au garrot
Mâle : 35-36 cm
Femelle : 33 cm

Poids idéal
15 kg environ

Utilisation
Garde, compagnie

• Morphologie

C'est un chien à la structure carrée. Le dos est droit et la croupe légèrement arrondie. La tête est robuste, longue, avec le museau en forme de cône tronqué et le stop bien prononcé. Les yeux sont moyens, ovales et foncés. Les oreilles sont triangulaires, attachées haut et pliées vers l'avant. Autrefois, on avait l'habitude de les couper mais cette pratique s'est perdue. Le poil superficiel est dur et grossier, et le sous-poil très dense. Le standard de la FCI prévoit deux variétés distinctes en fonction de la couleur de la robe : le noir et le poivre et sel. La queue est attachée haut et coupée.

• Histoire

Il est originaire des élevages de bétail de la région du Wurtemberg et de la Bavière, dans le sud de l'Allemagne, où, au XVIe siècle déjà, on signalait la présence de chiens de taille moyenne présentant les caractéristiques du schnauzer. Parmi ses ancêtres, il y a probablement les chiens « barboni » et le pinscher allemand à poil dur. Les premiers schnauzer étaient des chiens polyvalents et résistants, utilisés pour l'élimination des rats et comme chiens de garde. Le schnauzer sait établir une bonne entente avec les chevaux ; c'est pourquoi, autrefois, il était utilisé comme gardien des écuries.

• Tempérament

C'est un chien intelligent, facile à dresser, alerte et énergique, idéal comme gardien et chien de compagnie. Très affectueux avec son maître et doux avec les enfants, il est méfiant envers les étrangers.

• Soins et habitat

Il nécessite un toilettage spécial (« stripping » et « trimming ») qui doit être effectué par un expert. C'est un chien très propre, bien élevé, à la vie facile en appartement et qui s'adapte bien en ville.

Les deux variétés du schnauzer moyen : en haut, le noir ; en bas, le poivre et sel.

CARTE D'IDENTITÉ

Type
Molossoïde
Lieu d'origine
Allemagne
Nationalité
Allemande
Taille
Moyenne-grande
Hauteur au garrot
60-70 cm
Poids idéal
35 kg
Utilisation
Défense, protection civile

En haut, le schnauzer géant poivre et sel. Ci-dessus, le schnauzer géant noir.

Schnauzer géant

Le schnauzer géant *(Riesenschnauzer)* est une race assez récente, sélectionnée en Allemagne au cours du XIXe siècle pour obtenir un gardien de troupeau fort et courageux. Il n'est pas un « agrandissement » du schnauzer moyen : sa grande taille est le résultat de l'introduction de races différentes. La FCI reconnaît deux variétés selon la couleur de la robe : le noir et le poivre et sel.

• Morphologie

C'est un chien carré, à l'aspect fier, avec le tronc solide, l'arrière-main angulé et le ventre un peu rentré. La tête va en se rétrécissant des oreilles au museau, qu'il a orné d'imposantes moustaches et de barbe ; il porte des sourcils épais qui retombent sur les yeux. La tête est allongée et le museau est en forme de cône tronqué, avec un stop bien marqué. La truffe est noire. Les yeux sont foncés, ovales, dirigés vers les côtés. Les oreilles, attachées haut, sont en forme de « V » et pliées. Le poil, dur et fort, pas trop court, ne doit être ni hérissé ni ondulé ; le sous-poil est dense et laineux. La robe peut être noire ou poivre et sel, avec des nuances allant du gris foncé au gris argenté. La queue est attachée haut et portée vers le haut. Elle est généralement coupée à la troisième vertèbre.

• Histoire

En 1870, il existait à Munich une variété de schnauzer de taille supérieure à toutes les autres (la race mesurait de 55 à 58 cm au garrot). Il était très populaire car on le voyait à la suite des chars

des brasseurs, au point qu'on l'appelait *Bierschnauzer.* Les premiers exemplaires de la race furent présentés en 1900 à l'exposition de Munich, tandis que le standard fut approuvé en 1912. Plus tard, les excellentes qualités psychologiques et physiques ont fait du schnauzer géant un très bon chien policier et de défense.

• Tempérament

Le schnauzer géant est le chien de défense par excellence : très réfléchi, calme et prudent, il ne se montre agressif qu'en cas de nécessité. Conscient de ses capacités, il défendra son maître en toutes circonstances ; il est toujours alerte, discret et affectueux, sans être pour autant envahissant. Fort et doté d'un excellent flair, il est aussi très intelligent ; sa capacité à mémoriser facilement tout ce qu'on lui apprend lui permet d'obtenir de très bons résultats dans les épreuves de travail. Il est extrêmement attaché à son maître et a tendance à toujours rester à ses côtés, prêt à le défendre s'il le faut. Des schnauzer géants ont récemment intégré des unités de la protection civile.

En haut, un couple de schnauzer géants poivre et sel.
Ci-dessous, un schnauzer géant noir à côté d'un schnauzer nain.

• Soins

Le poil nécessite un toilettage particulier (« stripping » et « trimming »), qui doit être effectué par un expert ; le bain n'est pas obligatoire.

• Habitat

C'est un chien propre, sympathique, qui s'adapte bien à la vie en ville et en appartement ; mais il a besoin aussi de courir régulièrement en plein air.

• Remarque

La pratique qui consiste à lui couper les oreilles est aujourd'hui de moins en moins répandue.

CARTE D'IDENTITÉ

Type
Molossoïde

Lieu d'origine
Allemagne

Nationalité
Allemande

Taille
Naine

Hauteur au garrot
30-35 cm

Poids idéal
3-5 kg

Utilisation
Garde, compagnie

Schnauzer nain

Une barbe rêche et des sourcils en broussaille caractérisent l'aspect de cette race qui, bien qu'offrant une version réduite du schnauzer, ne présente pas les défauts typiques des races naines.

• Morphologie

Il a la même structure physique (corps et tête) que la race de dimensions moyennes, mais en plus petit. La tête, forte et allongée, va en se rétrécissant jusqu'à la truffe, qui est toujours noire. Le stop est bien prononcé et le chanfrein droit. Les oreilles, attachées haut, sont en forme de « V », pliées ou droites. La pratique consistant à les couper est heureusement en train de tomber en désuétude. Le poil est dur, rêche, en fil de fer, pas trop court, ni hirsute ou ondulé, avec le sous-poil dense. La queue, attachée haut et portée vers le haut, est coupée à la troisième vertèbre. On reconnaît trois variétés de couleur de la robe, toujours avec un masque foncé : noir uni, poivre et sel et noir argenté. Cette dernière variété présente un poil et un sous-poil noirs avec des taches blanches sur les yeux, le cou, la poitrine, le métacarpe et les pattes. Au sein de cette variété, les schnauzers nains à la robe entièrement blanche sont évalués à part.

Le schnauzer nain fit son apparition dans les expositions en 1900. Son standard fut rédigé en 1920. Sur cette page, la variété poivre et sel.

• Histoire

Le schnauzer nain *(Zwergschnauzer)* est issu du schnauzer moyen, et il a probablement été créé avant la race géante. Le but de cette sélection était d'obtenir un chien petit capable d'éliminer les rongeurs qui envahissaient les écuries. Encore de

nos jours, les schnauzer montrent une grande sympathie envers les chevaux et une haine viscérale pour les rats. Ce chien fit sa première apparition dans les expositions en 1900, mais le standard ne fut reconnu qu'en 1920. Tous les cynophiles ne partagent pas l'hypothèse selon laquelle on aurait introduit du sang de terrier dans sa sélection.

• Tempérament

Même s'il a le comportement typique d'un petit chien, il a gardé intact le caractère du schnauzer. Très intelligent et sûr de lui, il apprend facilement et il possède un sens aigu du devoir. Il est aussi curieux et participe activement à la vie de la famille. C'est un compagnon charmant qui aime instaurer avec son maître un rapport égalitaire. Il n'est pas très patient avec les enfants.

En haut, le schnauzer nain noir et argent. Ci-dessous, le schnauzer nain noir.

• Soins

La robe nécessite un toilettage avec « trimming » et « stripping ».

• Habitat

C'est un chien à la vie facile en appartement, très propre, distingué et bon gardien. Il respecte scrupuleusement les règles de la maison et semble très contrarié si quelque chose vient troubler ses habitudes. Malgré sa petite taille, il a besoin d'exercice physique.

Mâtins

CARTE D'IDENTITÉ
Type Molossoïde
Lieux d'origine Chine et Tibet
Nationalités Chinoise et britannique
Taille Moyenne-petite
Hauteur au garrot 46-51 cm
Poids idéal Mâle : 20-25 kg Femelle : 16-20 kg
Utilisation Compagnie

Chien typique de compagnie, le shar pei a été utilisé autrefois dans les combats de chiens.

Shar pei

Avec ses rides tombantes, c'est l'une des races les plus rares. Son nom est dû à la texture soyeuse de la robe : en chinois « shar pei » signifie en effet « peau de sable ». Son second nom, chien de lutte chinois, ne semble pas, à première vue, correspondre à cette race, mais ce chien a remporté de nombreuses victoires dans des combats de chiens, car sa peau abondante rend difficile sa prise par l'adversaire.

• Morphologie

Ramassé et fort, il a le dos court et puissant, la poitrine ample et profonde. La tête est grosse, avec un stop large tout comme le museau qui est également long. La truffe, noire ou assortie à la couleur de la robe, est saillante à la base. Les yeux, foncés et de dimensions moyennes, ont une expression courroucée. La langue est bleue ou noire. Les oreilles sont petites, épaisses et irrégulières, repliées sur les yeux. Le poil est court (2,5 cm de long maximum), dur et soyeux, hérissé, plat sur les reins. La robe peut être noire, rouge, fauve ou crème, avec des nuances plus claires derrière les cuisses et sur la queue. Celle-ci est ronde, effilée, attachée haut. Elle est portée en boucle et recourbée au-dessus du dos, ou bien haute et recourbée à l'extrémité.

• Histoire

Sur certains tableaux datant de l'époque de la dynastie Han (206 av. J.-C.–220 apr. J.-C.), on voit des images de chiens présentant des caractéristiques voisines de celles du shar pei. C'est pourquoi l'on pense que la race descend d'un ancêtre désormais disparu et de dimensions plus importantes, qui aurait existé il y a 2 000 ans au Tibet et dans les régions septentrionales de la Chine. À plusieurs reprises, la race a été menacée d'extinction. En 1947, une forte augmentation des impôts sur les chiens obligea de nombreux Chinois à renoncer à leur shar pei. Dans les années 1970, les Américains ont commencé à réintroduire la race et en 1981 le premier exemplaire est arrivé en Europe.

• Tempérament et soins

C'est un chien doux et charmant. Il ne se montre jamais agressif. Les shar pei peuvent souffrir d'entropion (renversement des paupières en dedans), une maladie qui, faute d'intervention chirurgicale immédiate, peut entraîner la cécité.

Boxer

Doté d'une énergie inépuisable, le boxer est l'un des plus grands représentants du monde canin. À la beauté et à l'harmonie de ses formes, s'ajoutent une très grande intelligence et une incroyable douceur à l'égard des chiots et des enfants. Chien de garde et de défense personnelle, c'est aussi un excellent chien policier, guide pour aveugles et chien de sauvetage pour les personnes ensevelies sous les décombres.

• Morphologie

De structure carrée, le boxer est musclé et puissant, et doté d'une étonnante rapidité de réflexes. Typique est son museau prognathe avec un stop à 90 °, et la fermeture des mâchoires inversée, lui permet de garder longtemps la prise tout en continuant à respirer. Il a le corps trapu avec l'arrière-main plus légère que l'avant-main, et le ventre modérément rentré. La tête est forte ; les yeux sont de dimensions moyennes, bruns avec le bord des paupières foncé et une expression sincère. Les oreilles sont minces, attachées haut et latéralement : elles pendent sur les côtés de la tête quand le chien est au repos, et sont portées vers l'avant quand il est en activité. Le poil est court, couché et brillant. La robe est fauve ou bringée, avec parfois des taches blanches. La queue, attachée haut, est portée dressée et coupée à 5 cm de long. Les yeux clairs, la tendance à baver, ainsi que la robe blanche ou des taches blanches sur plus d'un tiers du corps sont considérés comme des défauts.

• Histoire

Les principaux ancêtres appartiennent à deux races de molossoïdes allemands désormais disparues, le bullenbeiszer et le baerenbeiszer, utilisés au Moyen Âge dans les combats avec les taureaux et pour la chasse au sanglier et au cerf. L'élevage sélectif de la race a commencé au siècle dernier, grâce à des cynophiles allemands qui croisèrent les races susdites avec d'autres, et notamment le bulldogue. Le premier exemplaire fut présenté à l'exposition canine de Munich en 1885 et la race connut rapidement un immense succès, se répandant dans toute l'Europe et aux États-Unis.

CARTE D'IDENTITÉ

Type
Molossoïde

Lieu d'origine
Allemagne

Nationalité
Allemande

Taille
Moyenne

Hauteur au garrot
Mâle : 57-63 cm
Femelle : 53-59 cm

Poids idéal
Mâle : 30 kg
Femelle : au-dessus de 25 kg

Utilisation
Garde, défense, protection civile, guide pour aveugles

Discipliné et doué d'un grand courage, le boxer est un excellent chien de garde. Il est également utilisé dans les opérations de sauvetage.

Beau et harmonieux, le boxer est aussi intelligent, robuste et doux avec les chiots et les enfants.

• Tempérament

Le boxer est un chien enjoué, chaleureux et extraverti, toujours bien disposé au jeu et au travail. Toutefois, il peut de temps à autre devenir un peu turbulent, surtout quand il est jeune. Rapide dans la course et très agile dans le saut, il montre un courage et une discipline considérables. Il est particulièrement indiqué pour la vie en famille et aime la compagnie des enfants, avec lesquels il est totalement fiable. Il ne faut jamais utiliser de manières fortes pour l'élever : s'il se sent brusqué, il devient obstiné et peut refuser d'exécuter les ordres. C'est en effet un chien qui aime comprendre la raison des comportements qu'on lui ordonne d'assumer, car il désire satisfaire son maître et partager avec lui certaines expériences. Les femelles sont d'excellentes baby-sitters pour les enfants, et des mères prolifiques (sept à dix chiots). Puisque la queue est coupée très court, lorsqu'il est excité, heureux ou content, le boxer a une façon très caractéristique d'agiter l'arrière-main et de tourner autour de son maître en incurvant son corps. Il possède un fort instinct de compétition et peut se montrer querelleur avec les autres chiens.

• Soins

La robe à poil court est très facile à entretenir et ne provoque pas de « chutes de poil » dans tout l'appartement. En revanche, le boxer est très délicat en matière d'alimentation : il faut trouver le régime adapté et le suivre assez rigoureusement. En hiver, il souffre du froid et il doit donc dormir à l'intérieur ou dans une niche réchauffée.

• Habitat

En appartement ou dans le jardin, le boxer n'a qu'un seul désir, être près de son maître et de sa famille. Très propre par nature, il s'adapte facilement aux espaces exigus, à condition qu'il se sente aimé par ses maîtres. Toutefois, il faut consacrer un certain temps aux promenades et aux jeux en plein air. Il souffre de la solitude : si on le laisse seul pour garder le jardin ou une cour, il devient malheureux et perd ses qualités psychologiques. Les résultats sont encore plus mauvais si on le laisse enchaîné trop longtemps.

• Conseils

Dans le choix du chiot, évitez les sujets timides (rares) qui pourraient se montrer, par peur, un peu agressifs.

Danois

Véritable « bon géant » du monde canin, le danois est doté d'une force considérable et d'un caractère très doux. Ses origines ne sont pas danoises ; la race fut sélectionnée en Allemagne, où elle fut appelée *Deutsche Dogge* (dogue allemand).

• Morphologie

Le danois a un corps harmonieux qui exprime fierté, force et élégance. Sa structure est le plus possible carrée, avec le dos court, la croupe légèrement arrondie et le ventre rehaussé sur la partie postérieure. Les longueurs du museau et de la tête réunies doivent être égales à la longueur du cou ; le stop est prononcé. Les yeux sont moyens, enfoncés et de préférence foncés. Les oreilles, triangulaires et de taille moyenne, sont attachées haut et pliées en avant. Le poil est court, dense et brillant. La robe peut être bringée, fauve, bleue, noire et arlequin (blanche avec des taches noires). Dans les épreuves, les fauves et les bringés sont jugés ensemble, les bleus à part, et les arlequins avec les noirs. La queue, longue et effilée, légèrement recourbée à l'extrémité, est alignée avec le dos quand le chien est en activité.

• Histoire

On fait remonter les origines du danois au dogue du Tibet, dont de nombreux sujets furent probablement introduits dans les pays méditerranéens par des marchands phéniciens, et

CARTE D'IDENTITÉ

Type
Molossoïde

Lieu d'origine
Allemagne

Nationalité
Allemande

Taille
Grande

Hauteur au garrot
Mâle : au moins 80 cm
Femelle : 72 cm

Poids idéal
60 kg

Utilisation
Défense, garde

La couleur de la robe détermine différentes variétés de danois : ci-dessus, l'arlequin ; en haut, le fauve ; page suivante, le noir.

ensuite en Allemagne par les Romains. Selon une autre hypothèse, les dogues du Tibet arrivèrent en Europe avec les Alains, lorsque ceux-ci envahirent l'Empire romain. Au Moyen Âge, les ancêtres du danois d'aujourd'hui étaient très répandus dans les demeures des nobles et dans les cours européennes. Ils donnaient la preuve de leur courage en chassant les sangliers et les cerfs, et en défendant les carrosses des attaques des loups.

• Tempérament

Surnommé « l'Apollon des races canines », le danois est un chien équilibré, affectueux et aimable. Extrêmement fidèle, il n'est pas nerveux ni agressif. Si l'on veut faire de lui un gardien tout à fait maîtrisable, il faut, compte tenu de sa taille, le dresser tout petit avec fermeté et douceur. Il est souhaitable qu'il soit dressé par son maître, aidé par un expert. Il est nécessaire de lui apprendre à répondre aux ordres avec empressement, mais il faut absolument éviter d'utiliser les méthodes fortes car cela n'aurait pour effet qu'un refus obstiné de la part de l'animal. Ce chien, grand dans tous les sens du terme, aime être choyé et recherche l'affection de son maître ; il est doux avec les enfants, mais très maladroit avec les chiens plus petits et les chiots, dont il a parfois presque peur. Il aboie peu et, la plupart du temps, sa taille et sa silhouette majestueuse suffisent à décourager les malintentionnés.

Ci-contre, la variété bringée du danois.
En bas, deux chiots noir et arlequin.

• Soins

Le poil ras est d'entretien facile. En revanche, l'élevage des chiots demande un certain investissement. De plus, chez les jeunes danois, la croissance des os étant très rapide, on soignera particulièrement leur alimentation (on ajoutera à la nourriture des intégrateurs), et on surveillera leur activité physique (il faudra éviter qu'ils sautent pour ne pas endommager leurs os).

• Habitat

Malgré ses dimensions, le danois, capable de se déplacer discrètement dans les espaces les plus réduits, s'adapte très bien à la vie en appartement. Il est habitué depuis le Moyen Âge à vivre dans les salons des châteaux et un tapis dans une pièce

Un danois bleu.

bien chauffée est l'endroit idéal pour se détendre. En effet, il supporte aussi mal le froid que la solitude : si on le laisse tout seul, ou s'il est enchaîné, il devient malheureux, introverti, et peureux ou agressif selon le sujet.

• Remarque

Par le passé, on lui coupait les oreilles pour qu'elles soient portées dressées, mais de nos jours, cette pratique a presque totalement disparu.

Rottweiler

De par sa taille, c'est l'un des chiens les plus puissants et les plus forts au monde. Très intelligent, bien charpenté et d'un naturel amical, il était autrefois utilisé, en Allemagne, pour surveiller le bétail et comme chien de garde. Aujourd'hui, il est très apprécié comme chien de défense, chien policier et gardien.

• Morphologie

Puissant et musclé, son corps s'inscrit dans un carré. Le dos est droit, la poitrine est bien descendue et le ventre rentré. La tête est bien développée et le museau doit avoir la même longueur que le crâne, avec le chanfrein droit. La denture, puissante, présente une fermeture en ciseaux. Les oreilles sont pendantes, triangulaires et attachées haut. Le poil est dur au toucher et de longueur moyenne, avec un sous-poil fin, qui ne doit pas dépasser le poil de couverture et qui peut être de couleur noire, grise ou fauve. La robe est noire avec des marques feu, de ton brun ou roux, bien délimitées. La queue est coupée à 4 cm environ.

• Histoire

Les origines du rottweiler remontent au temps des Romains. En se retirant de l'Europe septentrionale, les légions romaines y laissèrent en effet leurs vigoureux molosses, qui furent vite utilisés dans la chasse au sanglier. Au Moyen Âge, dans la ville de Rottweil, ils furent croisés avec des races de chiens de berger indigènes. Ces croisements produisirent un chien qui fut appelé

CARTE D'IDENTITÉ

Type
Molossoïde

Lieu d'origine
Molosse de la Rome antique

Nationalité
Allemande

Taille
Moyenne-grande

Hauteur au garrot
Mâle : 63-39 cm
Femelle : 58-63,5 cm

Poids idéal
Environ 60 kg

Utilisation
Défense, garde, protection civile

La robe du rottweiler doit être noire avec des marques feu, marron clair ou acajou bien délimitées.

Rottweiler Metzgerhund, nom qui veut dire « chien de boucher de Rottweil » : il était en effet utilisé par les bouchers pour conduire le bétail aux abattoirs. Au XIXe siècle, avec le développement du transport de bétail par voie ferrée, le rottweiler devint de plus en plus rare. La race fut sauvée de la disparition par des éleveurs passionnés autour de 1900 et, par la suite, elle s'est répandue dans toute l'Europe et aux États-Unis.

• Tempérament

Accusé parfois d'agressivité, le rottweiler est en réalité un chien fiable à condition qu'il soit élevé en tenant compte de ses exigences et de sa nature. Son inclination naturelle pour la garde l'amène à se montrer parfois agressif avec les étrangers. Ce n'est pas un chien nerveux, mais il n'aime pas être caressé par des inconnus, ni jouer avec eux. Il est donc nécessaire de bien le dresser à l'obéissance, avec fermeté. Des ordres contradictoires troublent le rottweiler (plus que n'importe quel autre molossoïde) qui est un chien très méthodique et attaché à ses habitudes, et qui, s'il n'est plus sûr du comportement à adopter, finit par suivre son instinct et devient difficile à maîtriser. Il ne faut jamais le brusquer ou le maltraiter ; dans son dressage, son maître doit savoir associer, à la fermeté et à la cohérence de ses comportements, une bonne dose d'affection. Le rottweiler aime beaucoup qu'on lui parle et, même s'il ne comprend pas le langage humain, il ressent le lien de solidarité et de complicité que la communication établit entre lui et son maître. Il faut également éviter de le tenir attaché car cela le rendrait agressif. Si l'on suit ces conseils, le rottweiler saura se montrer un compagnon fiable et dévoué à toute la famille, très tolérant avec les enfants, et un gardien sûr pour la propriété.

Doté d'un instinct inné pour la garde, le rottweiler est parfois agressif avec les étrangers.

• Soins

C'est un chien rustique et puissant dont la robe est très facile à entretenir. Il est sujet à la torsion de l'estomac : il faut donc éviter les repas trop abondants, ainsi que de le faire courir ou sauter après qu'il a mangé.

• Habitat

Il tolère bien le froid et peut dormir dehors, dans une niche bien isolée, même en hiver. Cependant, c'est un chien qui a besoin de vivre près de son maître pour conserver intact son équilibre psychologique. Il s'adapte facilement à la vie en appartement.

Dogue de Bordeaux

Très puissant et courageux, le dogue de Bordeaux est l'un des chiens français les plus anciens.

CARTE D'IDENTITÉ

Type
Molossoïde
Lieu d'origine
France
Nationalité
Française
Taille
Moyenne-grande
Hauteur au garrot
Mâle : 60-68 cm
Femelle : 58-66 cm
Poids idéal
40-50 kg
Utilisation
Défense, garde, protection civile

• Morphologie

Musclé et ramassé, il a une tête volumineuse, plutôt ronde, avec un stop presque en angle droit et le museau carré, ridé, proéminent, avec les lèvres pendantes. La couleur des yeux va de noisette à brun sombre, selon la couleur de la robe. Le regard est sûr et déterminé. Les oreilles sont écartées, petites et tombantes. Le poil est court et fin. La robe est dans la gamme des fauves, avec un masque marron ou noir. On tolère des taches blanches sur la poitrine et à l'extrémité des membres. La queue, modérément longue, est portée bas.

• Histoire

Jusqu'en 1861, le dogue de Bordeaux était appelé *chien turc.* De même que le bulldog en Angleterre, il fut utilisé, surtout dans le sud-ouest de la France, aux combats contre les autres chiens, les loups, les ours et les taureaux, et aussi pour accompagner le bétail au marché ou à l'abattoir. Pendant les deux guerres mondiales, la race a été menacée d'extinction, mais elle a repris de l'essor à partir des années 1950.

Utilisé autrefois pour accompagner le bétail à l'abattoir, le dogue de Bordeaux était aussi un chien de combat.

• Tempérament et soins

Le dogue de Bordeaux est un molosse intrépide et, par conséquent, un redoutable gardien. C'est un bon compagnon, fidèle et affectueux, jamais agressif avec la famille, très doux avec les enfants. Il ne faut toutefois jamais le monter contre les autres personnes ou les animaux : s'il se déchaîne, il est difficile à maîtriser. C'est pourquoi, il n'est pas dressé comme chien policier. La robe est facile à entretenir. Il souffre de crampes d'estomac.

• Habitat

Comme tous les molosses, il doit vivre près de son maître ; l'idéal est de pouvoir lui offrir un jardin. Il craint le froid.

Bulldog

CARTE D'IDENTITÉ

Type
Molossoïde
Lieu d'origine
Grande-Bretagne
Nationalité
Britannique
Taille
Petite
Hauteur au garrot
Entre 30 et 40 cm
Non précisée par le standard
Poids idéal
Mâle : 24-25 kg
Femelle : 22-23 kg
Utilisation
Compagnie, garde

En dépit de son aspect, le bulldog est un chien aimable, affectueux et fidèle. Ces qualités unies à son courage intrépide et à sa résistance ont fait de lui le chien national des Anglais.

• Morphologie

Il est court et trapu, sa tête vue de profil, apparaît haute et courte de l'occiput à l'extrémité du nez. La circonférence du crâne, prise au niveau de la plus grande largeur, doit correspondre à la hauteur au garrot. Le museau est évidemment proéminent avec des mâchoires massives et carrées. Le stop est profond et large. Les yeux sont très foncés, ronds, écartés et enfoncés. Les oreilles sont petites, fines, attachées haut et latéralement. Le poil est fin, court et doux au toucher. La robe peut être unicolore, bringée, blanche ou fauve, dans toutes ses tonalités, parfois avec un masque et un museau noir, mais elle peut être aussi tachetée de blanc. Le dos est court, large, et la queue, modérément longue, est droite à la racine, puis recourbée vers le bas.

• Histoire

Au XVIIe siècle, en Grande-Bretagne, les chiens utilisés dans les combats contre les taureaux, furent appelés bulldog. Ils avaient probablement des pattes plus longues et étaient plus féroces que la race actuelle. En 1835, ces combats furent interdits, mais la race continua d'être élevée. Descendant du dogue anglais, le bulldog représente probablement un cas de tératologie, dont les anomalies furent conservées et fixées à travers la sélection.

Bulldog signifie « chien taureau » : en effet, au XVIIe siècle, ses ancêtres étaient utilisés en Grande-Bretagne dans les combats contre les taureaux.

• Tempérament et soins

La sélection actuelle a produit un animal affectueux et fiable, doux avec les enfants et très attaché à son maître et à la maison. De nos jours, il est presque exclusivement utilisé comme chien de compagnie, mais il n'a perdu ni son courage, ni ses excellentes qualités de gardien. En raison de ses plis, le museau doit être nettoyé après chaque repas.

• Habitat

N'ayant pas un grand besoin de se dépenser en plein air, il s'adapte très bien à la vie en appartement : c'est en effet un chien typiquement « casanier ». Souvent, il ronfle pendant le sommeil.

Bullmastiff

Le bullmastiff est utilisé comme chien de garde, chien policier et auxiliaire de l'armée. Mais il peut être un chien de compagnie sympathique.

CARTE D'IDENTITÉ

Type
Molossoïde

Lieu d'origine
Grande-Bretagne

Nationalité
Britannique

Taille
Moyenne-grande

Hauteur au garrot
Mâle : 63,5-68,5 cm
Femelle : 61-66 cm

Poids idéal
Mâle : 50-59 kg
Femelle : 41-50 kg

Utilisation
Défense, garde, protection civile

• Morphologie

Son corps est musclé, avec une poitrine large et descendue, un dos court et rectiligne. La tête, massive et carrée, présente des rides caractéristiques sur le front, lorsque le chien est en alerte. Le museau est court et le stop accentué. Les yeux sont moyens, sombres ou noisette, séparés par un sillon. Les oreilles, petites et en forme de « V », sont attachées haut, bien écartées et pliées vers l'arrière. Elles sont de couleur plus foncée que le corps. Le poil, court et rêche, est couché à plat sur le corps. La robe peut être bringée ou fauve (dans divers tons) ; des taches blanches sont tolérées seulement sur la poitrine. Le masque est noir. La queue est attachée haut, longue, forte à la base, s'amenuisant vers l'extrémité. Elle est portée droite et incurvée vers le haut.

• Histoire

Le bullmastiff fut sélectionné en Angleterre au XIXe siècle, par des croisements entre le mastiff et le bulldog, dont il résume bien les caractéristiques. Courageux et féroce comme le bulldog, il est puissant, rapide et doté d'un excellent flair comme le mastiff ; il était le chien des gardes-chasse. Les bullmastiffs, que l'on appelait à l'époque *Gamekeeper's Night Dog* (chien de nuit

des gardes-chasse) étaient dressés pour attaquer sur ordre, plaquer les braconniers à terre et les y maintenir sans les blesser.

• Tempérament

C'est une race intelligente et pleine d'ardeur, calme, loyale et affectueuse, douce et patiente avec les enfants. Il se charge instinctivement de la garde et de la défense de la famille. Rapide, silencieux, il est doté d'une ouïe et d'un odorat très développés. Il devient triste s'il ne reçoit pas assez d'attention.

• Soins et habitat

Son poil court ne nécessite pas de soins particuliers. Il peut souffrir de torsion de l'estomac. Il s'adapte partout et sait ne pas être envahissant, même dans des espaces réduits.

Sélectionné en Grande-Bretagne au XIXe siècle en croisant un bulldog et un mastiff, le bullmastiff se révéla immédiatement un compagnon idéal pour les gardes-chasse.

Mastiff

Le mastiff, connu aussi sous le nom de dogue anglais, est l'un des plus gros mâtins reconnus et l'une des races les plus anciennes.

• Morphologie

Il est massif, vigoureux et bien bâti. Son corps s'inscrit dans un carré. La poitrine est bien descendue et le ventre n'est pas rentré. La tête est carrée, le museau est large et court avec un stop bien prononcé. Les yeux, très écartés, sont petits et noisette foncé. Les oreilles, petites, fines et attachées latéralement, pendent à plat sur les joues. Le poil est court, gros et bien couché sur le corps. La robe peut être fauve, fauve abricot, fauve argenté ou fauve bringé foncé, avec un masque noir. La queue est attachée haut, longue et effilée. Elle est portée recourbée quand le chien est en action, mais elle n'est jamais portée sur le dos.

• Histoire

Dans des peintures égyptiennes (3000 av. J.-C.), on voit déjà représentés des chiens de type molossoïde très proches du mastiff. La race, descendant du dogue du Tibet, fut importée en Angleterre par les Phéniciens ou par les Romains, mais il semblerait que les Bretons possédaient déjà des mastiffs lorsque Jules César envahit la Bretagne en 55 av. J.-C. Jusqu'au XVIIe siècle, ce furent des chiens de guerre, utilisés également pour la chasse à l'ours et au loup. Au XIXe siècle, leur popularité diminua, mais la race perdura en deux variétés : la variété des Lyme Hall Kennel du Cheshire et celle de l'élevage du duc de Devonshire à Chatsworth. De nos jours, le mastiff est peu répandu, et c'est aux États-Unis que l'on trouve le plus d'exemplaires.

• Tempérament

Il est calme, aimable, très docile et généreux. Si l'on veut éveiller son instinct de gardien, il faudra le maîtriser avec fermeté, car s'il se sent provoqué, il peut devenir agressif avec les étrangers.

• Soins et habitat

C'est un chien très délicat qui, petit, nécessite des soins attentifs pour un développement correct de son ossature. Calme et tranquille, il peut vivre en appartement, à condition d'avoir assez d'espace. Il souffre beaucoup s'il se sent délaissé.

CARTE D'IDENTITÉ

Type
Molossoïde

Lieu d'origine
Grande-Bretagne

Nationalité
Britannique

Taille
Grande

Hauteur au garrot
Mâle : 75-80 cm
Femelle : 70 cm

Poids idéal
73-90 kg

Utilisation
Garde, compagnie

Autrefois utilisé dans les combats, le mastiff est considéré aujourd'hui comme l'un des bons géants du monde canin.

CARTE D'IDENTITÉ

Type
Molossoïde
Lieu d'origine
Italie
Nationalité
Italienne
Taille
Grande
Hauteur au garrot
Mâle : 65-75 cm
Femelle : 60-68 cm
Poids idéal
50-70 kg
Utilisation
Défense, garde

Mâtin napolitain

Cette race se distingue par sa structure puissante et sa tête sillonnée de rides. Ignorée par la cynophilie officielle, elle fit son entrée dans l'histoire en 1949 avec l'inscription de l'étalon Guaglione I au *Livre des origines* italien, grâce aux efforts de « reconstruction » de la race par l'écrivain et cynologue italien Piero Scanziani.

• Morphologie

Ce chien massif et musclé est brachycéphale. Sa tête est volumineuse, avec un stop en angle presque droit. La longueur du tronc est supérieure d'un dixième à la hauteur au garrot. Le dos est droit et large, la croupe est large et arrondie et le ventre presque horizontal. La longueur du museau est égale au tiers de la longueur totale de la tête. Le chanfrein est droit et la couleur de la truffe est en harmonie avec celle du manteau. La peau présente de nombreuses rides et des plis au niveau de la tête. Les yeux sont de forme ovale, de couleur sombre, en accord avec la couleur de la robe (le jaune n'est pas admis). Les oreilles sont petites, attachées haut et retombent latéralement

Bien que ses origines soient très anciennes, le mâtin napolitain n'a été reconnu par la cynophilie officielle qu'en 1949.

sur les joues. Le poil est ras, couché, dense, uniforme. La robe peut être noire, bleue (ou plomb), grise, roux ou fauve ; des taches claires sont tolérées à l'extrémité des pattes et sur la poitrine. Toutes les robes peuvent être bringées de noir ou de roux. La queue, grosse et forte, peut être amputée au deux tiers. Lorsque le chien est en action, elle est recourbée.

Chien vigoureux et courageux, le mâtin napolitain est un excellent chien de garde et de défense.

• **Histoire**

Très répandu en Campanie depuis les temps les plus reculés, c'est un descendant du molosse, chien de combat de la Grèce et de la Rome antique. Il était utilisé comme gardien pour la maison et le bétail, mais aussi comme chien de défense et chien des milices urbaines. Leur nombre s'appauvrit au cours des siècles, et le mâtin napolitain a connu une nouvelle expansion assez récemment : il fut présenté pour la première fois à l'exposition canine de Naples en 1946, et sa sélection n'a commencé qu'en 1949.

• **Tempérament**

Le mâtin napolitain est un chien énergique, alerte, courageux, résistant à la douleur, affectueux et docile avec son maître. C'est un adversaire redoutable pour les malfaiteurs : il attaque silencieusement, sans aboyer, en clouant à terre l'ennemi et ce n'est que lorsqu'il l'a immobilisé qu'il aboie pour appeler son maître. Son dressage doit se faire avec douceur et fermeté afin de stimuler sa docilité naturelle : les manières fortes le rendent agressif et ingouvernable. Bien dressé, il sera un agréable compagnon pour toute la famille et un excellent gardien pour la propriété.

• **Soins**

Son régime doit être très abondant et à base de viande. Le museau doit être nettoyé après les repas pour enlever les dépôts dans les rides de la peau. Il est sujet à la torsion de l'estomac.

• **Habitat**

C'est un chien qui occupe beaucoup de place et il peut difficilement s'adapter à la vie en appartement ; il lui faut donc un jardin. Il ne supporte pas le froid et doit dormir dans un lieu bien chauffé pendant les mois d'hiver.

Chien corse

CARTE D'IDENTITÉ

Type
Molossoïde
Lieu d'origine
Italie du Sud
Nationalité
Italienne
Taille
Moyenne-grande
Hauteur au garrot
Mâle : 62-68 cm
Femelle : 58-64 cm
Poids idéal
Mâle : 42-50 kg
Femelle : 38-45 kg
Utilisation
Garde, défense, compagnie

Chien aux origines très anciennes, le chien corse a été utilisé comme chien de chasse, comme bouvier et comme chien de garde dans les domaines de l'Italie du Sud.

Le chien corse (*cane corso*) est un molosse imposant, avec une ossature très forte et des muscles saillants ; il se déplace avec une grande souplesse. Aujourd'hui encore, il est utilisé comme chien de garde dans de nombreux domaines de l'Italie du Sud.

• Morphologie

Solide et ramassé, son corps s'inscrit dans un rectangle. Le dos est large, musclé, et le ventre n'est pas rentré. La tête est massive mais pas lourde, avec un stop accusé. Le museau est carré, légèrement proéminent, avec un chanfrein rectiligne et plutôt aplati ; la truffe est grosse et noire. Les yeux, moyens, en position sub-frontale, ne doivent pas laisser voir le blanc (sclérotique) et doivent être très sombres, en accord avec la couleur de la robe. Le regard est fier, noble et vif. Les oreilles sont moyennes, au regard du volume de la tête et à la taille du chien ; recouvertes d'un poil ras, elles sont triangulaires, attachées haut, et pendent à plat sur les joues. Elles sont portées semi-dressées quand le chien est en alerte. La robe présente un poil court, brillant et bien couché, de couleur noire, bringée (noir sur fond fauve), mais également fauve plus ou moins foncé, gris plomb ou ardoise, avec ou sans taches blanches. Elle possède une légère couche de sous-poil qui s'épaissit en hiver (sans jamais déborder sur le poil de couverture). Chez les sujets fauves, on remarque un masque noir limité à la surface du museau et qui ne dépasse pas la ligne des yeux. On tolère une petite tache sur la poitrine, l'extrémité des pattes et, chez les sujets fauves, sur le chanfrein. Attachée assez haut, la queue, grosse à la racine, se rétrécit vers l'extrémité. Elle est portée bas au repos, et horizontale ou un peu plus haut que le dos en action. Elle est coupée à la quatrième vertèbre.

• Histoire

Ses origines sont très anciennes. Il est probable que le molosse romain soit son ancêtre. De nombreux cynophiles affirment qu'il existait deux exemplaires de ce chien

ancien et légendaire : l'un assez lourd, d'où descendrait le mâtin napolitain, et l'autre plus léger et svelte, ancêtre du chien corse. Cette hypothèse semble confortée par les différences remarquées dans de nombreuses œuvres étrusques ou romaines les représentant. Il est toutefois certain que le chien corse était déjà populaire au Moyen Âge. Il fut utilisé pour la chasse, notamment du sanglier, ainsi que comme gardien de troupeau. Lorsqu'il dut abandonner ses tâches traditionnelles, sa fortune commença à décliner ; la race réussit néanmoins à survivre dans les campagnes de certaines régions du sud de l'Italie, où elle était utilisée pour les combats de chiens. Bien qu'interdits par la loi, ces combats comptaient un grand nombre d'adeptes, qui n'hésitaient pas à croiser le chien corse avec le doberman, le dogue ou le mâtin napolitain pour obtenir des chiens plus forts et plus agressifs. Cette pratique, qui eut des effets néfastes sur sa morphologie et son caractère, causa une véritable dégénérescence de la race, qui fut menacée d'extinction. Cependant, à partir des années soixante-dix, un groupe d'éleveurs italiens, fondateurs de la Società degli Amatori del Cane Corso, entamèrent la difficile réintroduction de la race. Aujourd'hui l'avenir du chien corse est assuré.

• Tempérament

Le chien corse est enhardi, tenace et de bonne trempe, comme il se doit pour un chien de garde. De nos jours, on l'utilise surtout à cette tâche, mais il est en train de montrer également d'excellentes qualités comme chien de défense. C'est un compagnon doux et affectueux pour la famille. Dressé avec amour, cohérence et fermeté, il se révélera un ami extrêmement fiable.

• Habitat

En raison de sa taille, il a besoin de beaucoup d'espace, mais comme pour tous les autres mâtins, le plus important est qu'il puisse partager la vie de son maître.

CARTE D'IDENTITÉ

Type
Lupoïde
Lieu d'origine
Allemagne
Nationalité
Allemande
Hauteur au garrot
Mâle : 63-70 cm
Femelle : 58-65 cm
Poids idéal
Mâle : 30-40 kg
Femelle : 25-35 kg
Utilisation
Garde, défense

Hovawart

Le nom de cette race, sélectionnée dans le Württemberg, est liée à sa fonction : son ancêtre était appelé *Hofwarter*, c'est-à-dire « gardien de la cour ».

• Morphologie

Robuste, mais pas lourd, c'est un excellent coureur et sauteur. Le dos est droit et la croupe légèrement descendue. Le museau est allongé, avec le chanfrein droit. Les oreilles, pendantes, triangulaires et attachées haut, couvrent l'ouverture du conduit auditif. Le poil est long, laineux, légèrement ondulé (mais pas frisé) et dense. La robe est fauve, noire ou noir feu. La queue, touffue, dépasse le jarret, mais ne touche jamais le sol. Elle est portée bas au repos, et légèrement recourbée, quand le chien est excité.

• Histoire

La race est très récente : elle n'a été reconnue qu'en 1936. Cependant, elle descend très probablement des chiens qui arrivèrent en Europe avec les barbares venant d'Asie : à côté des molosses (ancêtres des mâtins), il y avait d'autres chiens (ceux du hovawart) qui suivaient les hommes, pour se nourrir de leurs restes : « en échange », ils surveillaient leurs campements. Sa sélection commença au début du XXe siècle et se poursuivit pendant une trentaine d'année, jusqu'à ce que les caractères de la race soient fixés. Il est toutefois peu connu hors d'Allemagne.

• Tempérament et soins

Il est obéissant, affectueux et calme, mais aussi courageux et prêt à défendre son maître. Il aime être actif et possède un excellent flair. Il mûrit lentement, mais une fois son développement psychologique accompli, il est très facile à dresser. Sa robe doit être brossée régulièrement, mais pas trop souvent lavée.

• Habitat

Il est résistant au froid et peut dormir dans une niche à l'extérieur. L'idéal est de pouvoir lui offrir un jardin.

Terre-neuve

Originaire de l'île de Terre-Neuve, c'est un excellent nageur, doté d'une véritable passion pour l'eau et d'un instinct naturel pour le sauvetage : c'est pourquoi il est utilisé pour le secours en milieu aquatique. C'est l'un des chiens de travail les plus forts ; également très fidèle, c'est un compagnon idéal pour toute la famille. Il est très agile et souple dans ses mouvements.

CARTE D'IDENTITÉ

Type
Molossoïde

Lieu d'origine
Terre-Neuve

Nationalité
Canadienne

Taille
Grande

Hauteur au garrot
Mâle : 70 cm
Femelle : 66 cm

Poids idéal
Mâle : 63,5-68 kg
Femelle : 49,8-54,5 kg

Utilisation
Sauvetage en mer, garde, compagnie

• Morphologie

C'est un chien au corps massif, inscrit dans un rectangle ; la cage thoracique est ample et le ventre n'est pas rentré. La tête est imposante, avec le museau court, assez carré, et le stop modérément prononcé. Les yeux sont petits, légèrement enfoncés, de couleur brun foncé. Les oreilles, petites, attachées derrière, pendent à plat. Le poil est gros, droit et couché, huileux et imperméable ; le sous-poil est très dense. La robe peut être noire, bronze ou blanche tachetée de noir. Cette dernière coloration est appelée « landseer », à ne pas confondre avec la véritable race landseer, non reconnue en Grande-Bretagne. La queue est grosse, très touffue et légèrement recourbée. Elle pend au repos, et elle est portée dressée quand le chien est en action.

• Histoire

Il est difficile d'établir avec certitude les origines de ce chien. Certains prétendent qu'il descend des races apportées par les Vikings à Terre-Neuve au xe siècle. Selon une autre hypothèse, son ancêtre serait le chien de montagne des Pyrénées, arrivé de l'autre côté de l'Atlantique avec les pêcheurs français qui émigraient. Mais il est certain que la race a évolué sur l'île de Terre-Neuve, où elle était utilisée pour le sauvetage aquatique et le trait. Au xviiie siècle, elle fut importée en Grande-Bretagne et en France, et on la rencontra de plus en plus souvent à bords des navires. De nos jours, nombreux sont les terre-neuve utilisés, partout dans le monde, par la protection civile.

• Tempérament

Le terre-neuve est un chien particulièrement docile et doux, depuis toujours très apprécié, à tel point que lord Byron a écrit à son sujet : « Il possède toutes les vertus de l'homme, sans les vices ». Courageux et très équilibré, doté d'une grande intelligence, il aime beaucoup les enfants, pour lesquels il est un compagnon fiable, affectueux et dévoué.

• Soins et habitat

La robe du terre-neuve peut être foncée ou blanche avec des taches noires : cette dernière variété est appelée landseer.

Son long poil doit être brossé et lavé périodiquement. Il aurait besoin de pouvoir se baigner dans un fleuve, dans la mer ou même dans une piscine. Cependant, il s'adapte bien à la vie en appartement. En raison de son poil très dense il supporte mal les grandes chaleurs.

Leonberger

C'est un chien robuste, puissant, rustique, calme et doux, surtout avec les enfants, avec lesquels il se montre très protecteur et extrêmement patient. Grâce à ses membranes natatoires, il peut être dressé pour le sauvetage en eau.

CARTE D'IDENTITÉ

Type
Lupoïde

Lieu d'origine
Allemagne

Nationalité
Allemande

Taille
Grande

Hauteur au garrot
Mâle : 72-80 cm
Femelle : 65-75 cm

Poids idéal
Plus de 40 kg

Utilisation
Défense, garde

• Morphologie

Il est musclé et bien proportionné, avec le tronc plus long que la hauteur au garrot ; il a le museau droit, jamais pointu, avec un stop pas trop accusé. Le chanfrein est légèrement moutonneux. Les yeux sont marron plus ou moins foncé. Les oreilles sont arrondies, tombantes et attachées haut. La robe est de la couleur du lion ou dans la gamme des fauves (du jaune d'or au roux-brun) avec un masque sombre. Le poil est moyen-long, plutôt rêche, lisse ou ondulé, mais jamais frisé. Le ventre n'est pas rentré. La queue, bien garnie de poil, est pendante.

• Histoire

Il tient son nom de la ville allemande de Leonberg, où, vers la moitié du XIXe siècle, la race fut sélectionnée à partir du terre-neuve, du saint-bernard et du chien de montagne des Pyrénées. La race s'est perfectionnée jusqu'à la forme actuelle. Beau, équilibré, fidèle et affectueux, il n'est toutefois pas très populaire.

Facile à dresser, le leonberger donne le meilleur de lui-même dans la garde et la défense.

• Tempérament et soins

Très dévoué à son maître, on peut facilement le dresser pour la défense personnelle, et il peut aussi devenir un très bon gardien. Toutefois, son inclination naturelle à protéger son maître doit être soutenue par une relation étroite avec celui-ci. Il est vif, mais jamais turbulent ; pour faire de lui un chien obéissant, il faudra l'élever avec amour et douceur ; en revanche, une éducation trop sévère peut altérer son caractère et le rendre timide et peureux, très rarement agressif. Il lui faut une alimentation très riche, surtout durant la croissance. La robe doit être brossée avec une brosse souple.

• Habitat

C'est un chien qui vit bien en plein air ; cependant, il est plus important pour lui d'avoir une famille qu'un jardin.

Mâtin des Pyrénées

CARTE D'IDENTITÉ

Type
Molossoïde
Lieu d'origine
Espagne
Nationalité
Espagnole
Taille
Grande
Hauteur au garrot
Mâle : 77-81 cm
Femelle : 72-75 cm
Poids idéal
70 kg
Utilisation
Garde, défense

De grande taille, puissant, calme et tenace, c'est un excellent gardien qui, à l'occasion, sait se montrer très dur. Chien typique des régions des Pyrénées espagnoles, il est originaire d'Aragon, où il est appelé *mastin*.

• Morphologie

Il a le corps rectangulaire, et la tête grosse, modérément longue, avec le museau allongé, droit de profil, et le stop visible mais peu marqué. Les yeux sont petits, en amande et noisette foncé, de préférence. Les oreilles, triangulaires et moyennes, sont attachées haut, pendantes et plates. Le poil, dense et assez long, doit être soyeux et non laineux. La robe est blanche avec un masque bien marqué, ou avec des taches de la même couleur que le masque, distribuées sur tout le corps. La queue, attachée à mi-hauteur, est forte et fournie d'un poil très long.

• Histoire

Le mâtin des Pyrénées a connu une grande popularité au cours de ces dernières décennies, surtout dans le nord de l'Europe.

Tout comme le mâtin espagnol et le chien de montagne des Pyrénées (avec lequel il ne faut pas le confondre), le mâtin des Pyrénées descend des anciens molossoïdes arrivés des régions asiatiques dans le sud-ouest de l'Europe. Son premier standard fut approuvé en 1946. Avant cette date, la race avait été totalement ignorée par la cynophilie officielle, et les inscriptions au *Livre des origines* espagnol étaient assez rares. C'est en 1977 que commence une fructueuse « reconstruction » de la race. Depuis, il s'est répandu en dehors de l'Espagne.

• Tempérament

Affectueux, docile, noble et très intelligent, il sait être courageux et résolu avec les étrangers. Bien que conscient de ses capacités physiques, il ne se montre jamais agressif avec les autres chiens, et il est très doux avec les enfants. C'est un chien équilibré et digne de confiance.

• Soins et habitat

Sa robe nécessite des brossages fréquents, mais le bain est déconseillé. Il peut souffrir de conjonctivite. Il a besoin de beaucoup d'espace.

Chien de montagne des Pyrénées

Ce géant, capable de se mesurer à des ours et à des loups, ne doit pas être confondu avec le berger des Pyrénées, qui ne dépasse pas les 50 cm de hauteur.

• Morphologie

Son corps s'inscrit dans un rectangle. Le ventre est rentré. La tête n'est pas lourde et le museau est large, légèrement en pointe à l'extrémité. Le stop est modérément prononcé. Les yeux sont en amande, ambre foncé, avec les bords des paupières sombres. Les oreilles, petites et triangulaires, pendent à plat ; parfois dressées quand le chien est en alerte. Le poil superficiel est long, dense et gros, droit ou ondulé, et abondant. Le sous-poil est dense et fin. La robe est entièrement blanche ou tachetée de gris ou de jaune pâle sur la tête, les oreilles et l'attache de la queue. Cette dernière est portée basse.

• Histoire

Parent du berger des Maremmes, des Abruzzes, du saint-bernard et du terre-neuve, ce chien a été utilisé pendant des siècles, dans les Pyrénées, pour protéger les troupeaux des attaques des ours et des loups. Il descend du mâtin du Tibet, venu d'Asie il y a plus de mille ans, mais on suppose qu'il a été créé à partir de croisements avec d'anciennes races de chiens indigènes, qui vivaient dans les régions marécageuses depuis la préhistoire. Le chien des Pyrénées est élevé comme chien de garde et de compagnie.

• Tempérament et soins

Gentil, débonnaire, obéissant, loyal et affectueux, il est également courageux et bon gardien. Une alimentation abondante, de l'exercice physique et un toilettage régulier lui sont nécessaires.

• Habitat

Il a besoin d'avoir un jardin à sa disposition. Il ne souffre pas du froid, mais il n'aime pas la solitude.

CARTE D'IDENTITÉ

Type
Molossoïde

Lieu d'origine
France

Nationalité
Française

Taille
Grande

Hauteur au garrot
Mâle : 70 cm
Femelle : 65 cm

Poids idéal
45-55 kg

Utilisation
Garde, défense, protection civile

Élevés comme chiens de garde ou de compagnie, les chiens de montagne des Pyrénées sont également d'excellents chiens d'avalanche.

CARTE D'IDENTITÉ

Type
Molossoïde

Lieu d'origine
Alpes italo-suisses

Nationalité
Suisse

Taille
Grande

Hauteur au garrot
Mâle : 70 cm (minimum)
Femelle : 65 cm

Poids idéal
65-80 kg

Utilisation
Protection civile, garde

Saint-bernard

En trois siècles de dur labeur consacré au sauvetage des personnes en danger en haute montagne, il a sauvé deux mille cinq cents vies humaines. Aujourd'hui, les routes et les moyens de transport ont rendu parfois inutile le recours à ses capacités extraordinaires. C'est aussi un animal de compagnie apprécié.

• Morphologie

Il a un corps puissant, avec une poitrine large et profonde ; le dos est vigoureux et la croupe inclinée. La tête est large, forte et ronde, avec le stop bien accusé et le museau court et gros ; la truffe est grosse et noire, avec des narines bien développées. Les yeux, de taille moyenne, sont marron foncé. Les oreilles, de dimensions moyennes, pendent sur les joues. Les deux variétés à poil long et à poil court ont le poil dense et couché. La robe peut être blanche ou jaune-brun, ou blanc et roux ; cette dernière couleur peut présenter différentes tonalités, et être plus ou moins étendue sur le corps. Sont obligatoires les taches blanches sur la tête, sur la poitrine, les pattes et l'extrémité de la queue. Celle-ci est longue, lourde et attachée haut ; elle est portée basse au repos et dressée quand le chien est en action.

• Histoire

Il tient son nom de l'hospice qui s'élève près du col du Saint-Bernard, fondé en l'an 980 par Bernard de Menthon pour accueillir les voyageurs qui transitaient par cet endroit. Tous les documents concernant l'hospice ont disparus, mais on sait qu'au XVIIe siècle, les moines les dressaient à guider, retrouver et secourir les voyageurs égarés dans le col. À l'origine, c'était une race à poil court ; la variété à poil long a été obtenue en croisant le saint-bernard avec le terre-neuve, afin d'éliminer les effets des accouplements entre chiens du même sang.

• **Tempérament**

Malgré sa taille, le saint-bernard est très gentil et amical. Très patient avec les enfants, il vit bien en famille, à condition qu'il ait beaucoup d'espace, de nourriture et la possibilité de se dépenser en plein air.

• **Habitat**

Il ne peut pas vivre dans des espaces réduits ou en appartement. Il a besoin d'un jardin avec une niche assez spacieuse.

• **Remarque**

Le saint-bernard à poil court est une variété de celui à poil long : son poil est plat et légèrement frangé.

Le saint-bernard est le chien de montagne le plus connu : les moines de l'hospice du Saint-Bernard l'ont élevé pendant des siècles pour secourir les personnes égarées dans la montagne.

Mâtin du Tibet

CARTE D'IDENTITÉ

Type
Molossoïde
Lieu d'origine
Tibet
Nationalité
Tibetaine et turque
Taille
Grande
Hauteur au garrot
Mâle : 65 cm
Femelle : 62 cm
Poids idéal
Mâle : 65 kg
Femelle : un peu moins
Utilisation
Défense, garde

Silencieux, sérieux et réservé, le mâtin du Tibet est un gardien tenace, notamment la nuit. Dans les affrontements avec d'autres animaux, sa force physique, sa morsure puissante, ainsi que son courage le rendent imbattable.

• **MORPHOLOGIE**

Chien puissant, fort, très robuste, il a une tête grosse, entourée d'un collier de poil épais et dense qui lui confère l'aspect d'un lion. Les yeux sont de taille moyenne, plutôt petits, de couleur marron foncé (une couleur plus claire est admise pour les chiens à poil gris) ; ils doivent être brillants, profonds, bien écartés et légèrement obliques. Les paupières sont noires. L'expression est sereine ou alerte. Les oreilles, de dimensions moyennes, sont triangulaires, pendantes, et sont portées bien plates sur la tête. Elles sont légèrement dressées quand le chien est en alerte, et recouvertes d'un poil court et souple ; toutefois, si le chien est très poilu, le poil des oreilles peut être un peu plus long. Le poil du corps est long, dur et rêche, avec un sous-poil laineux, dense et lourd, qui mue au printemps ; il est fin mais dur, droit, et il tend à se dresser. La nuque, les épaules et le cou sont recouverts d'une épaisse crinière. Le poil ne doit jamais être laineux, soyeux, frisé ou ondulé ; sa longueur est inégale. La robe peut être d'un noir intense, avec une petite étoile blanche sur la poitrine, mais aussi noire avec des taches sombres ou claires, brun doré et ardoise. La couleur isabelle, blanc ou tacheté, et les

« mantels » avec des taches blanches plus ou moins étendues, ne sont pas admis. À l'exception de l'étoile sur la poitrine, aucune autre tache blanche n'est admise. On en tolère quelques-unes sur l'extrémité des doigts. La queue, moyennement longue, est portée légèrement enroulée au-dessus du dos. Elle est recouverte de poils longs et épais.

• Histoire

De ses ancêtres sont issus tous les autres molossoïdes que l'homme a sélectionné depuis qu'il a éprouvé le besoin d'avoir à ses côtés un chien qui le défende et qui garde sa propriété. Il s'agit bien entendu du molosse tibétain qui fut le compagnon des peuples sumérien, assyrien, babylonien, phénicien et grec. Nous savons avec certitude qu'au troisième millénaire avant Jésus-Christ, il existait déjà deux variétés de molosse du Tibet, l'une lourde et l'autre légère. Le mâtin lourd, qu'Aristote définit comme « défenseur d'une vigueur extraordinaire », et que Marco Polo décrit « haut comme un âne et puissant comme un lion dans les formes et dans la voix », défendait les villages et les campements militaires, se battait aux côtés de l'homme, et affrontait des animaux féroces. Le mâtin léger, très probablement issu du premier, était un gardien de troupeau, capable de vivre à la belle étoile jour et nuit durant des semaines entières et de tenir tête aux ours et à d'autres dangereux prédateurs.

Tous les molossoïdes sélectionnés dans le monde entier sont issus des ancêtres du mâtin du Tibet.

• Tempérament

Les mâtins du Tibet élevés en Europe sont moins agressifs et moins méfiants que ceux des régions d'origine. Cependant, ils sont eux aussi d'excellents gardiens, qui peuvent se révéler très dangereux pour les inconnus qui s'introduisent dans leur territoire, surtout la nuit. Le mâtin du Tibet est un chien très réservé qui doit être dressé avec douceur, en lui faisant comprendre ce que l'on désire de lui, et en instaurant avec lui un rapport de collaboration loyale et amicale, que le chien ne trahira jamais ; les techniques de conditionnement ne donnent aucun résultat. Il n'est pas sociable avec ses congénères et il peut même se montrer assez agressif.

• Soins et habitat

L'alimentation ne doit pas forcément être abondante mais riche en protéines. Il a besoin de vivre en plein air, même en hiver, et a besoin d'évoluer dans beaucoup d'espace pour bouger. Il ne peut donc pas s'adapter à la vie en appartement.

Bouviers suisses

CARTE D'IDENTITÉ

Type
Molossoïde

Lieu d'origine
Suisse

Nationalité
Suisse

Taille
Moyenne-grande

Hauteur au garrot
Mâle : 64-70 cm
Femelle : 58-66 cm

Poids idéal
30-40 kg

Utilisation
Conduite du troupeau, trait, garde et compagnie

Bouvier bernois

Parmi les quatre races suisses de chiens de montagne existantes, le bouvier bernois est sûrement la plus répandue. Il fut sélectionné dans la région bernoise comme gardien de troupeau et comme chien de trait : il tirait notamment les chars des tisserands et des producteurs de fromage.

• **Morphologie**

Il a un corps bien proportionné et robuste, à l'allure souple. Sa tête est massive avec un stop bien accusé. Les yeux, en amande, sont marron foncé et vifs. Les oreilles, moyennes, sont attachées haut et triangulaires. Le poil est long, souple et soyeux, brillant et légèrement ondulé. La couleur de la robe est noir ébène avec des taches feu et blanches sur la tête, la poitrine et les pattes. Le dos est droit et fort et la croupe légèrement arrondie. La queue, moyenne, est recourbée, touffue et portée dressée en alerte.

• **Histoire**

Il descend probablement des chiens de garde arrivés en Suisse avec les légions romaines, qui se seraient par la suite croisés avec les chiens de berger indigènes. Ces croisements produisirent quatre races de chien de montagne : le bouvier bernois *(Berner Sennenhund)*, le grand bouvier suisse, les bouviers de Appenzell et d'Entlebuch. Au XIXe siècle, la race fut menacée : considérés par les paysans et les bouchers comme de simples chiens de travail, ils ne faisaient l'objet d'aucune sélection. La race fut sauvée grâce aux efforts de quelques cynophiles.

• **Tempérament**

Il est doux, gai, docile et patient. Excellent compagnon pour la famille et les enfants, il aime apprendre et se rendre utile. Il se montre tolérant avec les autres animaux de la maison.

• **Habitat**

Il a besoin d'exercice physique et d'une alimentation abondante. Sa superbe robe doit être brossée régulièrement. Il supporte bien le froid et peut dormir dans une niche située dans le jardin. Il a besoin d'espace.

Grand bouvier suisse

Le *Grosser Schweizersennenhund* est l'un des plus grands chiens suisses. Comme le bouvier bernois, auquel il ressemble beaucoup, il descend d'anciennes races élevées pendant des siècles dans les vallées isolées de la Suisse, et utilisées comme chiens de berger et de trait : ils tiraient les chars des laitiers.

• Morphologie

Puissant et imposant, élégant et harmonieux dans ses mouvements, le grand bouvier suisse a le dos plutôt court, fort et droit, avec la croupe large et allongée.
La tête est forte mais pas massive, avec un stop léger et le chanfrein large et droit. Les yeux, de taille moyenne, sont noisette ou marron. Les oreilles sont modérément grandes, attachées haut, triangulaires et portées à plat quand le chien est au repos. Elles sont recouvertes d'un poil dense. Le poil de la robe est bien couché, long de 3 à 5 cm. Les couleurs sont le noir avec des taches feu et le blanc. La queue, assez lourde, est portée basse et légèrement dressée quand le chien est en action, mais jamais enroulée sur le dos.

• Tempérament

Intelligent, prudent, courageux, très affectueux avec ses maîtres, docile et calme, il ne s'éloigne jamais des personnes et de la propriété qu'il doit protéger. C'est un gardien sûr et incorruptible, ainsi qu'un agréable compagnon.

• Soins et habitat

La croissance du chiot doit être surveillée avec la plus grande attention en raison de la puissante ossature de ce chien. Il aime partager la vie de la maisonnée, mais il n'est pas à l'aise dans un appartement. Il supporte bien le froid et peut rester seul pendant la journée ; il a toutefois besoin d'établir un rapport d'affection avec les membres de la famille.

CARTE D'IDENTITÉ

Type
Molossoïde

Lieu d'origine
Suisse

Nationalité
Suisse

Taille
Grande

Hauteur au garrot
Mâle : 65-72 cm
Femelle : 60-68 cm

Poids idéal
40-50 kg

Utilisation
Conduite du troupeau, garde et trait

CARTE D'IDENTITÉ

Type
Lupoïde
Lieu d'origine
Angleterre
Nationalité
Britannique
Taille
Moyenne
Hauteur au garrot
Mâle : 58-61 cm
Femelle : 56-58 cm
Poids idéal
Environ 20 kg
Utilisation
Garde, compagnie

Airedale terrier

Terrier de grande taille qui tient son nom de la vallée du Yorkshire où est née la race, c'est un chien fort, énergique et un excellent nageur, sélectionné pour la chasse à la loutre.

• Morphologie

Il est solide et puissant ; sa robe est constituée d'un poil dur, raide et bien couché, avec un sous-poil. Elle est gris foncé ou noire, avec la tête, les oreilles, le ventre et les pattes fauve clair. La tête est longue et étroite, avec le front plat et le stop peu prononcé. Le museau est fort, avec la truffe noire. Les yeux sont petits et sombres. Les oreilles aussi sont petites, en forme de « V », et pliées sur les côtés de la tête. La queue est attachée haut et portée dressée, mais non recourbée sur le dos. Souvent, elle est coupée.

• Histoire

Sélectionné au XIXe siècle par des pêcheurs de l'Aire, en croisant des *Otterhound* avec des *Black and Tan Terrier* – une race aujourd'hui disparue – il fut utilisé pour la chasse à la loutre (mais aussi à l'ours, au loup, au sanglier et au cerf) pour éliminer les rongeurs, ainsi que pour le sauvetage en eau. Le standard de la race fut approuvé en 1866. Ce fut l'un des premiers chiens utilisés par l'armée britannique : pendant la Première Guerre mondiale, il portait des messages dans les tranchées des Flandres. Un airedale nommé Jack fut même décoré pour le courage montré lors des combats.

• Tempérament

Amical et fidèle, loyal et vif, l'airedale est un excellent chien de compagnie et de garde. Parfois indiscipliné, il doit être dressé avec douceur et fermeté.

• Soins et habitat

Il nécessite un toilettage avec « tripping » et « strimming ». Ce chien ne mue pas, et il peut donc vivre en appartement, à condition qu'il puisse se promener dehors tous les jours.

Bedlington terrier

Robuste, il était autrefois le chien préféré des braconniers. Il devint ensuite un compagnon très apprécié et, de nos jours, il est très populaire dans les expositions canines anglaises.

CARTE D'IDENTITÉ

Type
Lupoïde
Lieu d'origine
Grande-Bretagne
Nationalité
Britannique
Taille
Petite
Hauteur au garrot
41 cm environ
Poids idéal
10-12 kg environ
Utilisation
Compagnie

• Morphologie

Ce chien mince a l'aspect d'une brebis et l'allure d'un lévrier. La tête est longue et étroite, sans stop, avec un occiput haut. Les yeux, petits, brillants et enfoncés, sont triangulaires. Leur couleur varie avec celle de la robe : foncés si la robe est bleue ; clairs si elle est bleu feu ; et marron clair sur une robe sable ou rouge foncé. Les oreilles, moyennes, en forme d'amande et attachées bas, pendent à plat sur les joues. Le poil est dense, mais non dur, un peu bouclé, avec un sous-poil laineux. Il ne mue pas. La robe est bleue, feu, rouge-brun et sable. La queue moyenne, finement frangée, va s'amenuisant vers l'extrémité où elle se recourbe légèrement. Elle est portée basse et jamais recourbée en avant sur le dos. Les pieds sont allongés comme ceux des lévriers.

• Histoire

Originaire des régions minières du Northumberland, où il fut sélectionné pour la chasse aux blaireaux et aux renards, il fut d'abord appelé *Rothbury Terrier*, d'après le lieu d'origine. Son corps était plus lourd et les pattes plus courtes. Entre la fin du XVIIIe siècle et le début du XIXe, il fut croisé avec le whippet, le dandie dinmont terrier et peut-être aussi le petit caniche. Il devint plus haut, mince et rapide, tout en gardant intrépidité et endurance.

• Tempérament

En dépit de son aspect, le bedlington est un lutteur formidable, à la morsure puissante, et il a tendance à chercher la bagarre avec ses congénères. Il est intelligent, vif et plein d'énergie. C'est également un compagnon loyal et agréable.

• Soins et habitat

Il exige un toilettage très soigné. Il s'adapte bien à la vie en appartement, mais a besoin d'exercice physique.

CARTE D'IDENTITÉ

Type
Lupoïde

Lieu d'origine
Angleterre

Nationalité
Britannique

Taille
Petite

Hauteur au garrot
Mâle : jusqu'à 39 cm
Femelle : un peu moins

Poids idéal
Mâle : 7,2-8,1 kg
Femelle : 6,8-7,7 kg

Utilisation
Chasse, compagnie

Fox terrier

C'est le typique terrier anglais, plein d'entrain, débordant d'énergie et batailleur. Il existe deux variétés : l'une à poil rêche et l'autre, moins connue, à poil lisse. Mis à part la robe et une petite différence de poids (8,25 kg pour les mâles à poil rêche), ils ont les mêmes caractéristiques, même si, au toilettage, le fox à poil rêche a un aspect très différent du fox à poil lisse.

En haut, fox terrier à poil lisse. En bas, fox terrier à poil rêche. Ci-dessous, un chiot de la variété à poil rêche.

• Morphologie

La tête est très longue par rapport au corps qui est manifestement court. Le museau est puissant et le stop peu prononcé mais visible. La truffe est toujours noire. Les yeux sont petits, ronds et de couleur foncée. Les oreilles sont petites, en forme de « V », dressées à la base et pliées en avant à l'extrémité. Dans la variété à poil rêche, la robe est constituée d'un poil superficiel serré et dur, pas trop court, et qui tend à s'enrouler, avec un sous-poil très fin. Dans la variété à poil lisse, le poil est épais et abondant. La couleur dominante de la robe est le blanc, avec des taches et des motifs noirs et fauves. Le bringé et la couleur brun-rouge sont considérés comme des défauts. La queue est grosse et forte, plutôt haute, portée dressée mais jamais enroulée sur le dos. Elle est généralement coupée aux trois quarts.

• Histoire

Le fox terrier à poil rêche a été sélectionné au début du XIXe siècle pour débusquer le renard qui, poursuivi par les *Foxhounds,* s'abritait sous terre. Durant les battues, il était transporté dans des paniers par les chasseurs à cheval. Dans son arbre généalogique figurent différents terriers, dont les *Black and Tan Terrier* à poil dur. La variété à poil lisse descend du black and tan terrier à poil lisse, croisé avec des beagles, des bulldogs et des greyhounds.

Le premier club de la race fut fondé en 1876. Depuis la Grande-Bretagne, les deux variétés se sont répandues partout dans le monde, et leur fortune a connu des hauts et des bas. Moins apprécié au début, le fox terrier à poil rêche a dépassé son compagnon, et il a été au faîte de sa popularité dans les années 1920.

• Tempérament

Le fox terrier est un chien de compagnie très affectueux et protecteur. Il faut toutefois le surveiller pour maîtriser son instinct de chasseur et son caractère nerveux, qui le poussent à poursuivre tout ce qui bouge.

• Soins

La variété à poil rêche nécessite un toilettage avec « trimming » et « stripping ». Après le bain, il faut enduire la robe encore humide avec un peu de poudre de craie, et recouvrir le chien d'une couverture. Après quelques heures, on brosse la robe désormais sèche.

• Habitat

Le fox terrier est un chien très vif et actif, qui a dû succomber aux caprices de la mode et se transformer en animal d'appartement. Cependant, il n'est pas spécialement adapté à la vie en appartement. Il a tendance à aboyer.

Ci-dessus, la variété à poil lisse.
En bas, la variété à poil rêche.

CARTE D'IDENTITÉ

Type
Lupoïde

Lieu d'origine
Angleterre

Nationalité
Britannique

Taille
Petite

Hauteur au garrot
Non précisée par le standard

Poids idéal
Mâle : 5,9-7,1 kg
Femelle : 5,1-6,4 kg

Utilisation
Compagnie

Border terrier

Cette race courageuse et renommée a été créée dans cette région sauvage située entre l'Écosse et l'Angleterre. Sa robe dense et rêche est particulièrement adaptée pour un chien qui avait pour tâche d'accompagner les chasseurs dans leurs battues au renard, lors des journées pluvieuses.

• Morphologie

La tête de ce chien, au corps long et étroit, évoque celle d'une loutre. Les yeux sont sombres avec une expression alerte. Les oreilles, petites, en forme de « V », retombent vers l'avant des joues. Le poil est dur, résistant et le sous-poil, souple et dense. Les couleurs vont du rouge au blé, poivre et sel, au feu ou bleu feu. La queue, plutôt courte, grosse et conique, est attachée haut et portée dressée quand le chien est en action.

• Histoire

Les premiers exemplaires de border terrier furent sélectionnés vers la fin du XVIIe siècle à partir de croisements avec des lakelands, des dandies dinmont, des bedlingtons et des redesdales à robe blanche, race désormais disparue.

• Tempérament

Vif, affectueux et loyal, c'est un chien de compagnie qui s'adapte bien en appartement, mais il a besoin d'exercice. Il aime courir et il est très rapide. S'il n'est pas dressé correctement, il peut être très chamailleur avec les autres chiens.

Lakeland terrier

CARTE D'IDENTITÉ

Type
Lupoïde

Lieu d'origine
Pays de Galles

Nationalité
Britannique

Taille
Petite

Hauteur au garrot
Maximum 37 cm

Poids idéal
Mâle : 7,7 kg
Femelle : 6,5 kg

Utilisation
Compagnie, garde

Officiellement reconnu depuis 1928, cette race est le fruit d'un croisement entre le Yorkshire terrier et le Cumberland et de plusieurs croisements avec le Black and Tan terrier.

• Morphologie

La tête est bien équilibrée, avec un museau large et une mâchoire puissante. Les yeux sont sombres ou couleur noisette. Les oreilles sont petites, en forme de « V », et retombent vers l'avant, tandis que la queue, très courte, est portée relevée. Le poil est dur et résistant et le sous-poil, bien dense. Les couleurs admises sont noir et feu, bleu et feu, roux, blé, roux grisonnant, bleu ou noir.

• Tempérament

Chien vif, joyeux et rarement peureux, le lakeland terrier est agile et toujours prêt à l'action. Il s'adapte bien à la vie en appartement mais a besoin de bouger. Il signale toujours intempestivement la présence d'étrangers.

• Soins

Il nécessite le même toilettage que les autres terriers à poil dur.

CARTE D'IDENTITÉ

Type
Lupoïde

Lieu d'origine
Pays de Galles

Nationalité
Britannique

Hauteur au garrot
Maximum 39 cm

Poids idéal
9-9,5 kg

Utilisation
Compagnie

Terrier gallois

Vif et enjoué, ce terrier est une version réduite de l'airedale : leur ressemblance est très probablement due à leur ancêtre commun, le *Black and Tan Terrier*.

• Morphologie

Assez haut sur pattes, il a le corps court. Le poil est rêche, fort, très dense et abondant, de préférence noir feu ou noir-gris feu. La tête est longue, avec un stop peu accusé. Le museau est modérément long et la truffe, noire. Les yeux sont petits, foncés et vifs. Les oreilles, petites, en forme de « V », sont attachées haut et portées pliées vers l'avant. La queue, généralement coupée, est portée haute.

• Histoire

Créée dans le nord du pays de Galles à partir de croisements entre différents terriers, y compris le *Black and Tan*, la race fut présentée pour la première fois en 1880. Elle fut reconnue par le Kennel Club quelques années après.

• Soins

Il nécessite le même toilettage que les autres terriers à poil dur.

• Habitat

Plus calme et obéissant que les autres terriers, il s'adapte bien à la vie en appartement. Il est très doux avec son maître et sa famille.

Glen of Imaal terrier

Présent depuis fort longtemps dans les fermes de la vallée d'Imaal, ce chien est très peu répandu. Il est sélectionné pour la chasse au blaireau et conserve encore aujourd'hui toutes les caractéristiques du chasseur.

• Morphologie

Il a le corps allongé et les pattes courtes. La tête est large et longue, avec un museau fort. Les yeux sont bruns et les oreilles sont plutôt petites, en rose ou semi-dressées. La robe a le poil hirsute, assez long, dans les tonalités bringé bleu ou froment.

• Histoire

C'est probablement un chien autochtone de l'Irlande, descendant des anciens chiens de l'âge du bronze. Cependant, la race n'a été reconnue en Irlande qu'en 1933, et en 1975 par la FCI.

• Tempérament

S'il y est habitué depuis le plus jeune âge, il s'adapte bien à la vie à la maison. Gai et plein d'allant, il aime jouer, mais c'est également un bon gardien. Son aboiement profond est surprenant pour un chien de si petite taille.

CARTE D'IDENTITÉ

Type
Lupoïde

Lieu d'origine
Irlande

Nationalité
Irlandaise

Hauteur au garrot
Maximum 36,5 cm

Poids idéal
Pas plus de 16 kg

Utilisation
Chasse, garde, compagnie

CARTE D'IDENTITÉ

Type
Lupoïde
Lieu d'origine
Irlande
Nationalité
Irlandaise
Taille
Petite
Hauteur au garrot
45 cm
Poids idéal
Mâle : 12 kg
Femelle : 11 kg
Utilisation
Chasse

Né pour la chasse, le terrier irlandais est capable d'affronter des proies redoutables comme le sanglier.

Irish terrier

Le terrier irlandais, également nommé « diable rouge » et « irlandais sauvage », fait partie des quatre races de terriers sélectionnées en Irlande. Créé pour la chasse, il est capable d'affronter tout animal sauvage, du renard à la loutre, et jusqu'au sanglier.

• Morphologie

De taille moyenne et haut sur pattes, il a la tête longue, avec le crâne plat et étroit entre les oreilles. Les yeux sont foncés, petits, exprimant l'ardeur et l'intelligence. Les oreilles, petites, en forme de « V », sont repliées vers l'avant. Le poil de la robe est dru et court, et ne doit pas cacher les lignes du corps ; le sous-poil est fin et doux. Il est unicolore, de préférence fauve, roux blé ou rouge jaunâtre (une petite tache blanche est tolérée sur le poitrail, mais le blanc sur les pattes n'est pas admis). La queue, attachée haut, est coupée aux trois quarts. Elle est portée gaiement, mais jamais au-dessus du dos, ni en boucle.

• Histoire

Ce chien existait déjà en Irlande il y a fort longtemps. Cependant, ce n'est qu'au XIXe siècle que commença une sélection rigoureuse de la race, sans croisements avec d'autres terriers, selon certains experts. Le premier standard remonte à 1880. Dans les premières décennies du XXe siècle, le terrier irlandais eut un grand succès ; il connut ensuite un période de déclin, et n'a regagné sa popularité que très récemment.

• Tempérament

Il est doué d'un bon caractère, même s'il peut réagir un peu trop vivement à la présence d'autres chiens. Courageux et intrépide à tout moment, il est aussi très impétueux dans ses attaques. Lorsqu'on le voit appuyer sa tête doucement et presque timidement contre les mains de son maître, on a du mal à croire qu'il est capable de se battre jusqu'au bout comme un lion.

• Soins et habitat

La robe nécessite un brossage quotidien. Attaché à son maître, il peut s'adapter partout, mais l'idéal serait de pouvoir lui offrir un jardin, car il a besoin de beaucoup d'exercice physique pour conserver sa musculature vigoureuse et tonique.

Kerry blue terrier

Le kerry blue, également appelé irish blue, est considéré comme le chien national d'Irlande. Très élégant et ramassé, il se distingue tant par sa taille que par son pelage caractéristique.

• Morphologie

Il a la tête longue, avec un stop léger. Le museau et les mâchoires sont fortes, avec barbe et moustaches. La truffe est noire. Les yeux, moyens ou petits, sont sombres, avec une expression de défi ou de supériorité. Les oreilles, petites, en forme de « V », sont repliées vers l'avant. La robe a le poil très dense, souple, soyeux et frisé, dans toutes les tonalités du bleu. Elle est dépourvue de sous-poil. La queue, coupée à la troisième vertèbre, est attachée haut et portée dressée.

• Histoire

Ses origines demeurent mystérieuses. Une première hypothèse veut qu'il soit issu des chiens espagnols arrivés sur la côte irlandaise après le naufrage de l'Armada en 1588. D'autres prétendent, qu'il est issu de l'*Irish Wolfhound*, chien de taille beaucoup plus grande. D'autres encore affirment qu'il est né en Irlande, où, au XVIIIe siècle, il était utilisé comme chien de combats, de chasse, de berger et de garde. C'est à partir de cette époque qu'il fut croisé avec le dinmont et le bedlington terrier, pour obtenir un chien utilisable pour la chasse au blaireau. Il fit ses débuts dans les expositions en 1922, en Grande-Bretagne.

• Tempérament

Le kerry blue est un chien plaisant, énergique et loyal, apprécié pour sa douceur, surtout envers les enfants, et sa dévotion à son maître. Il est toutefois assez têtu et fougueux. Il vit bien en appartement, mais il faut le surveiller fermement. Il est agressif avec les autres chiens.

• Soins

Pour l'entretien de la robe, des toilettages périodiques et une alimentation équilibrée sont nécessaires.

CARTE D'IDENTITÉ

Type
Lupoïde

Lieu d'origine
Irlande

Nationalité
Irlandaise

Taille
Petite

Hauteur au garrot
Mâle : 46-48 cm
Femelle : un peu moins

Poids idéal
De 15 à 17 kg

Utilisation
Chasse, garde, compagnie

Les origines du terrier kerry blue restent très incertaines ; on sait cependant qu'au XVIIe siècle il était répandu en Irlande, et utilisé pour diverses tâches.

CARTE D'IDENTITÉ

Type
Lupoïde
Lieu d'origine
Écosse
Nationalité
Britannique
Taille
Naine
Hauteur au garrot
28-31 cm
Poids idéal
6-7 kg
Utilisation
Compagnie, garde

Cairn terrier

Le nom *cairn* est un terme gaélique qui veut dire « tumulus de pierre » : le paysage des Highlands écossais est parsemé de ces petits tumulus ; on pense qu'ils indiquent d'anciennes tombes. Sa spécialité est en effet de chasser le gibier sous ces tumulus : rongeurs, putois, renards et, parfois, chats sauvages.

• Morphologie

C'est un petit chien bien campé sur ses pattes. Sa robe est résistante à l'eau et aux intempéries. Le poil superficiel est abondant, dur mais pas rêche ; le sous-poil est doux ; les couleurs admises sont : rouge, gris, sable, poivre et sel ou presque noir. Le museau et les oreilles sont parfois plus foncés. La tête est petite, mais bien proportionnée, avec un stop prononcé. Le museau est puissant et la truffe, noire. Les yeux sont enfoncés, écartés, noisette foncé. Les oreilles sont petites, pointues, dressées et plutôt écartées. La queue, courte et bien garnie, est portée dressée.

• Histoire

Cette race a au moins cinq siècles. Originaire de l'île de Skye, il a du sang de scottish terrier et de west highland white. Il fut reconnu par le Kennel Club en 1912 ; toutefois, à cette époque, des éleveurs avaient déjà lancé les croisements avec le terrier blanc west highland et avaient enregistré les descendants à robe claire sous le nom de west highlands white, et ceux à robe sombre sous le nom de cairn. En 1924, afin de garder une distinction nette entre les races, le Kennel Club refusa les chiens issus des croisements. Depuis, la race a amélioré ses caractéristiques mais elle n'a plus été sélectionnée pour la chasse.

• Tempérament

Il a un instinct inné pour la défense, sans être agressif. Intelligent, loyal et joyeux, il établit un excellent rapport avec son maître.

• Soins et habitat

D'entretien facile, sa robe peut être brossée une fois par semaine. S'il vit en appartement, il faudra lui couper les ongles de temps à autre. Dans un jardin, il chassera sans cesse les rats, les taupes et les souris. Il signale immédiatement la présence d'étrangers. Il doit pouvoir courir en pleine liberté.

Dandie Dinmont terrier

Il doit son nom à un personnage de *Guy Mannering,* de Walter Scott. Sélectionné pour chasser les lapins, les loutres et les blaireaux, aujourd'hui il est apprécié comme chien de compagnie, en raison de son aspect (son dos arqué et sa queue en forme de sabre) et de son naturel sociable.

• Morphologie

Il a le corps long et bas (il ressemble plus à un basset qu'à un terrier), recouvert d'une robe au poil long, dur mais non rêche, et d'un sous-poil souple ; les couleurs admises sont : poivre (du noir tendant au bleu foncé au gris clair argenté) ou le moutarde (de marron-roux à fauve clair). La tête est solide et forte ; le museau est haut et fort lui aussi, avec une truffe noire. Les yeux sont grands et ronds, bas et écartés, noisette foncé. Les oreilles, longues et pendantes, sont attachées latéralement et derrière. La queue, grosse à la base, s'amenuise vers l'extrémité et se termine en pointe. Elle est portée recourbée au-dessus du dos, mais elle est perpendiculaire quand le chien est excité.

• Histoire

Originaire des régions de frontière entre l'Écosse et l'Angleterre, il est devenu une race autonome au XVIIe siècle. Il apparaît dans un portrait du duc de Buccleuch, et il fut l'un des animaux préférés du roi Louis-Philippe. Parmi ses ancêtres, il y aurait des otterhounds, des bassetthounds, des terriers skye, des terriers border, des terriers cairn, des terriers écossais et des terriers bedlington.

• Tempérament

Amical, joyeux et très fidèle, c'est un gardien efficace, et il aboie très fort. Doux avec les enfants, il s'entend bien avec les autres chiens.

• Soins et habitat

Il faut le tondre deux fois par an. Ce terrier vit bien en appartement, mais il a besoin de sortir régulièrement.

CARTE D'IDENTITÉ

Type
Bassetoïde

Lieux d'origine
Écosse - Angleterre

Nationalité
Britannique

Taille
Naine

Hauteur au garrot
20 à 25 cm

Poids idéal
8-11 kg

Utilisation
Compagnie, garde

Race autonome déjà au XVIIe siècle, le terrier dandie dinmont fut l'un des chiens préférés du roi Louis-Philippe.

Norwich terrier

CARTE D'IDENTITÉ

Type
Bassetoïde

Lieu d'origine
Grande-Bretagne

Nationalité
Britannique

Taille
Naine

Hauteur au garrot
25-26 cm

Poids idéal
5-8 kg

Utilisation
Compagnie, garde

En haut, le norwich terrier à robe couleur feu. Ci-dessus, un gros plan d'un sujet de la même couleur.

Les races norwich et norfolk ne se distinguent que par les oreilles. Elles ont été reconnues par le Kennel Club comme des races autonomes très récemment.

• Morphologie

Le norwich terrier a le corps ramassé. La robe est constituée de poil rêche, dur et dense, long et ébouriffé sur le cou et sur les épaules, court et lisse sur le front. Les couleurs admises sont le roux, le froment, le noir feu et le poivre et sel, de préférence sans taches blanches. La tête a le front large, le stop bien accusé et le museau cunéiforme. Les yeux sont ovales, petits et sombres. Les oreilles sont plutôt écartées, dressées et pointues. La queue est allongée et portée gaiement, lorsqu'elle est entière ; si elle est coupée, elle est portée dressée.

• Histoire

On ne connaît pas précisément les croisements utilisés dans la sélection du norwich terrier ; il est toutefois probable que dans ses veines coule du sang de border, de cairn et de terrier irlandais. Sélectionné pour chasser les rongeurs nuisibles, durant l'époque victorienne, il fut très à la mode auprès des étudiants de l'université de Cambridge. Ce succès lui valut le nom de *Cantab Terrier* (d'après le latin *Cantabrigensis*, qui veut dire

« de Cambridge »). Après la Première Guerre mondiale, la race débarqua en Amérique, où elle fut appelée *Jones Terrier*, en l'honneur de Frank Jones, l'un des premiers cynophiles à entreprendre son élevage. Le norwich terrier fut officiellement reconnu en Grande-Bretagne en 1932, et les deux variétés, à oreilles droites et à oreilles tombantes, furent également acceptées. Cependant, en 1965, on donna à la variété à oreilles pendantes le nom de terrier norfolk.

Un couple de norwich terriers couleur blé.

• Tempérament

Doux, joyeux, agréable compagnon, il est toujours fiable. C'est un ami fidèle et un gardien alerte.

• Soins et habitat

Bien que très petit, il est très robuste. Le toilettage de sa robe est très facile grâce à son poil dur qui se maintient propre et n'a pas besoin d'être tondu. Doté d'un bon esprit d'adaptation, c'est un animal idéal pour la vie en appartement.

Norfolk terrier

Il présente les mêmes caractéristiques morphologiques et psychiques que le norwich, duquel il se distingue seulement par les oreilles, qu'il a triangulaires, de taille moyenne et pendantes sur les côtés de la tête. La sélection de ces deux terriers est toutefois très récente : il est donc probable qu'on identifie, avec le temps, d'autres différences, dues à une sélection divergente.

Un norfolk terrier.

CARTE D'IDENTITÉ

Type
Bassetoïde

Lieu d'origine
Pays de Galles

Nationalité
Britannique

Taille
Naine ou petite

Hauteur au garrot
Minimum 31 cm

Poids idéal
Mâle : 9 kg
Femelle : 8,2 kg

Utilisation
Compagnie, garde

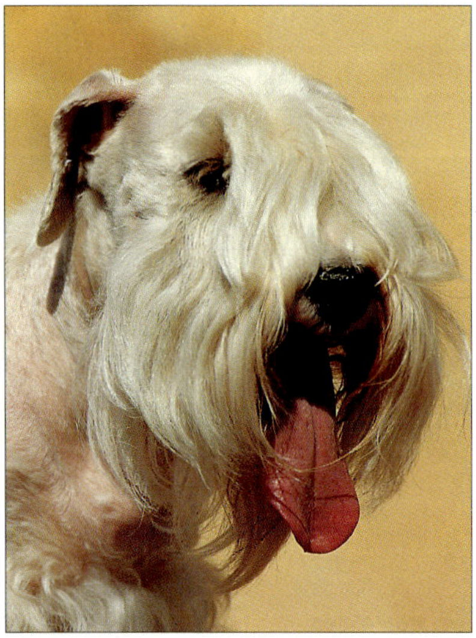

Sealyham terrier

Sélectionné pour suivre les retrievers à la chasse à la loutre, au blaireau et au renard, il devait posséder endurance, rapidité et agilité pour poursuivre sa proie dans la végétation basse.

• Morphologie

Il est bas sur pattes, son museau a des mâchoires longues et puissantes qui lui permettent une prise solide. La truffe est noire. Les yeux sont ronds et très sombres, enfoncés et plutôt écartés. Les oreilles sont moyennes et arrondies à l'extrémité. Repliées à hauteur de la tête, elles retombent sur les joues. La robe est entièrement blanche, avec quelques petites taches jaune citron ou marron sur la tête ou les oreilles. Le poil superficiel est long, rêche et dur ; il recouvre un sous-poil souple, dense et résistant aux intempéries. La queue est coupée et portée dressée.

• Histoire

Il fut sélectionné entre 1850 et 1891 par le capitaine John Edwards de Sealyham, dans son domaine près de Haverfordwest, dans le pays de Galles. Il est probable qu'il ait utilisé le chien courant des Flandres et le corgi gallois, croisés ensuite avec le bull terrier, le blanc west highland et le dandie dinmont. La race fut reconnue par le Kennel Club et par les associations cynophiles internationales en 1911.

• Tempérament

Chien de compagnie très affectueux, il est méfiant envers les étrangers. Compte tenu de sa petite taille, il a les pattes postérieures étonnamment puissantes ; c'est un véritable équilibriste.

• Soins et habitat

La robe et la peau doivent être soigneusement entretenues. Il s'adapte bien à la vie en appartement, mais il peut se montrer agressif avec d'autres chiens du même sexe.

Scottish terrier

Plus connu sous le diminutif de *Scottie*, le terrier écossais fut sélectionné pour chasser les animaux jusque dans leurs terriers. De nos jours, il est utilisé surtout comme animal de compagnie, adapté à la vie en appartement.

• Morphologie

Ce chien au corps puissant et aux pattes courtes a la tête longue, avec un stop léger mais évident. Les yeux sont en amande et de couleur marron foncé. Les oreilles sont bien dessinées, en pointes et dressées. Le poil de la robe est court et rêche, avec un sous-poil court et souple et un poil extérieur rêche, dur et hirsute. Les couleurs admises sont le noir, le jaune blé et le bringé. La queue, de longueur moyenne, est portée droite ou légèrement pliée.

• Histoire

Comme son nom l'indique, c'est un chien d'origine écossaise qui est issu du west highland terrier. Il était connu sous le nom de *Aberdeen Terrier* jusqu'en 1887, année où fut fondé le premier club de la race à laquelle on donna la dénomination actuelle.

• Tempérament

Intelligent, vigilant, fidèle, vif, il aime la compagnie des humains. Fier et orgueilleux, il aime exécuter les ordres pour plaire à son maître. C'est un excellent chasseur de souris.

CARTE D'IDENTITÉ

Type
Bassetoïde

Lieu d'origine
Écosse

Nationalité
Britannique

Taille
Naine

Hauteur au garrot
25,5-28 cm

Poids idéal
8,5-10,5 kg

Utilisation
Compagnie

CARTE D'IDENTITÉ

Type
Bassetoïde

Lieu d'origine
Écosse

Nationalité
Britannique

Taille
Naine

Hauteur au garrot
Mâle : jusqu'à 25 cm ; la femelle est plus petite

Poids idéal
11,3 kg

Utilisation
Chasse, compagnie

Skye terrier

Sélectionné pour débusquer les proies, il est doté d'un instinct inné pour la chasse. De nos jours, il est surtout utilisé comme animal de compagnie.

• Morphologie

Il a le corps mince, recouvert d'une robe gris-bleu, argent ou crème ; le poil superficiel est long, dur et plat ; il n'est jamais frisé ; le sous-poil est court, souple et laineux. Le museau est carré, orné de grosses moustaches pendantes. Les yeux sont bruns, de taille moyenne. Les oreilles, dressées ou tombantes, ont le bord arrondi. La queue, initialement pendante, est recourbée vers l'extrémité.

• Histoire

D'après la légende, il serait issu de chiens maltais rescapés du naufrage d'un navire espagnol au large des côtes de Skye – l'une des îles Hébrides – au XVIIe siècle, qui auraient été croisés avec d'autres races locales. D'autres prétendent qu'une race similaire existait au XVIe siècle dans les îles écossaises. La race a été reconnue en 1879.

• Tempérament

Très attaché à tous les membres de la famille, y compris les enfants, il n'aime pas les étrangers envers lesquels il se montre très méfiant.

• Soins

Sa robe exige un brossage soigneux.

West highland white terrier

Considéré par ses admirateurs comme l'un des terriers écossais les plus sympathiques, le west highland white terrier est également un chien tenace et rustique.

• Morphologie

Petit et musclé, le toilettage donne à sa tête ronde un aspect joufflu ; le stop est prononcé et le museau se rétrécit vers la truffe, qui est noire. Les yeux, très vifs, sont de dimensions moyennes, le plus foncés possible, et assez écartés. Les oreilles sont petites, dressées, bien pointues et recouvertes de poil lisse. Le poil superficiel de la robe, dont la couleur est toujours d'un blanc pur, est rêche et légèrement ondulé, avec un sous-poil court et souple. La queue, d'environ 13-15 cm de long, non frangée, droite, est portée gaiement, sans être recourbée sur le dos.

• Histoire

Sélectionné pour chasser la loutre, le renard et les rongeurs nuisibles, il a les mêmes ancêtres que le terrier écossais, le cairn et le dandie dinmont. Les traits typiques de la race ont été fixés au XIXe siècle. Malgré ses origines très anciennes, ce terrier n'a été reconnu par le Kennel Club qu'en 1907.

• Tempérament

C'est un petit coquin, gai et joyeux, très affectueux, mais aussi très têtu. Il doit être élevé avec fermeté et a besoin de beaucoup d'attention. Malgré ses petites dimensions, c'est un excellent chien de garde, toujours vigilant et intrépide.

• Soins et habitat

Il a rarement besoin d'être lavé. En principe, un bon brossage devrait suffire. Le toilettage avec « stripping » n'est pas indispensable. Il s'adapte dès les premiers jours aux habitudes de la maison et c'est un agréable compagnon même en appartement, très propre et adapté à la vie en ville. En revanche, il faut le surveiller à la campagne, surtout s'il y a des poules dans les environs !

CARTE D'IDENTITÉ

Type
Lupoïde

Lieu d'origine
Écosse

Nationalité
Britannique

Taille
Naine

Hauteur au garrot
28 cm

Poids idéal
7-10 kg

Utilisation
Garde, compagnie

Un terrier blanc west highland à la robe blanche caractéristique.

Terriers de type bull

CARTE D'IDENTITÉ

Type
Lupoïde
Lieu d'origine
Angleterre
Nationalité
Britannique
Taille
Petite
Hauteur au garrot
35-45 cm
Poids idéal
18-32 kg
Utilisation
Garde, compagnie

Bull terrier

Ses mâchoires ont la prise la plus puissante de tous les terriers. Son regard dur et impénétrable intimide ceux qui ne le connaissent pas ; chien très réservé, il est dévoué à un seul maître.

• Morphologie

La tête est longue et puissante, au profil caractéristique. Les yeux sont triangulaires, obliques et enfoncés, noirs ou marron foncé si la robe est colorée. Les oreilles sont petites, fines et rapprochées ; elles sont portées dressées. Le poil est court, dur et plat, légèrement brillant. La robe peut être blanche, avec des taches noires ou bringées sur la tête et les oreilles, fauve, bringé clair ou sombre, ou tricolore. Le bleu et le foie ne sont pas admis. La queue, courte et conique, est attachée bas et horizontale.

• Histoire

Le bull terrier est né après les années 1830, époque à laquelle les combats entre chiens furent interdits en Angleterre. Pour pouvoir continuer illégalement ce sport déplorable, les parieurs effectuèrent des croisements entre bulldog et terrier, afin d'obtenir un chien, différent du bulldog, qui puisse passer inaperçu. Ils y ajoutèrent du sang de terrier english toy et de whippet, créant ainsi un chien agile, féroce et puissant. Autour de 1860, la race fut croisée avec le terrier anglais blanc, d'autres chiens d'arrêt espagnols et avec le dalmatien. On obtint alors un chien blanc, bien bâti, aux pattes courtes et à la tête en forme d'œuf et dépourvue de stop. En 1920, pour remédier à la surdité typique des sujets à poil blanc, on ajouta de la couleur à la robe.

• Tempérament

En dépit de son aspect, le bull terrier est un chien gentil, doux avec les enfants, affectueux et dévoué à son maître. Il est néanmoins méfiant envers les étrangers. Il faudra l'élever d'une main ferme, car il est très vigoureux et peut se montrer très agressif avec les autres chiens. C'est un excellent chasseur de rats.

• Habitat

Il a besoin de faire beaucoup d'exercice physique ; c'est pourquoi, il n'est pas adapté pour la vie en appartement. Il lui faut un jardin, où il ne peut pas entrer en rivalité avec d'autres chiens.

Bull terrier miniature

La race fut reconnue par le Kennel Club Britannique en 1943, mais le standard fut approuvé dix ans plus tard. Il ne se distingue du bull terrier que par sa taille, qui ne doit pas dépasser les 35,5 cm au garrot. Le miniature n'est pas le fruit d'une sélection artificielle, mais le résultat d'une mutation naturelle qui engendra des sujets particulièrement petits. Ceux-ci furent croisés d'abord entre eux, puis avec le toy terrier pour stabiliser les nouveaux caractères. Ce bull terrier n'a jamais été utilisé dans les combats, mais seulement comme chien de compagnie, et comme efficace chasseur de rats.

Staffordshire bull terrier

Son standard a été reconnu en Angleterre en 1935. Plus bas sur pattes que le bull terrier, et ressemblant au bulldog des années trente, il fut sélectionné pour les combats contre les taureaux. Chien intelligent, actif et combatif, c'est un excellent gardien pour la propriété et un compagnon fidèle et affectueux.

Sélectionné comme chien de combat, le bull terrier est aujourd'hui un bon chien de garde et de compagnie. Le profil de son museau est sa principale caractéristique. En haut, le bull terrier miniature. En bas, le staffordshire terrier.

CARTE D'IDENTITÉ

Type
Vulpoïde
Lieu d'origine
Australie
Nationalité
Australienne
Taille
Naine
Hauteur au garrot
Mâle : 23 cm
Femelle : un peu moins
Poids idéal
3,5-4,5 kg
Utilisation
Garde, compagnie

Silky terrier

Contrairement aux autres terriers, ce chien très enjoué n'a pas été sélectionné pour la chasse mais exclusivement comme chien de compagnie.

• Morphologie

La tête est modérément longue, les yeux sont petits, ronds et très foncés. Les oreilles, portées dressées, sont petites et en forme de « V ». Le poil de la robe est long, fin, brillant et soyeux. Les couleurs sont le bleu (dans les nuances argenté, gris ardoise et bleu pigeon) et le feu ; le poil ne doit pas être long sur les joues et sur le museau, et la mèche sur la tête ne doit pas retomber sur les yeux. La queue est portée dressée ou semi-dressée.

• Histoire

Le silky terrier est originaire de Sidney, et pendant une certaine période, il fut appelé *Sidney Silky.* Il est le fruit d'un processus de sélection qui visait à unir les caractéristiques du terrier australien et celles du yorkshire. Il participa à la première exposition en Australie en 1907.

• Tempérament

Enjoué et intelligent, doté d'une forte personnalité, il est prompt à signaler la présence d'étranger. Il a l'esprit typique d'un terrier et c'est un ami au grand cœur.

• Soins et habitat

Sa robe doit être peignée deux fois par mois. C'est un chien de garde et de compagnie qui s'adapte bien à la vie dans les petits appartements.

Black and tan toy terrier

CARTE D'IDENTITÉ

Type
Lupoïde

Lieu d'origine
Grande-Bretagne

Nationalité
Britannique

Taille
Naine

Hauteur au garrot
25-30 cm

Poids idéal
2,7-3,6 kg

Utilisation
Compagnie

Il ressemble à un petit pinscher, mais il a la tête plus longue. Le black and tan toy terrier est très peu répandu dans son pays d'origine et très peu connu dans les autres pays.

• **Morphologie**

Élégant et élancé, il possède une robe au poil court, dense et brillant, dont la seule couleur admise est le noir feu. La tête est longue et étroite, cunéiforme, avec le museau allongé, un stop léger, et la truffe noire. Les yeux sont petits, en amande, noirs ou très sombres. Autrefois, on écourtait les oreilles pour qu'elles soient dressées ; après l'interdiction de cette pratique, les éleveurs ont sélectionné un type avec les oreilles naturellement droites.

• **Histoire**

Il a été créé en Grande-Bretagne, comme modèle réduit du manchester terrier, en croisant entre eux des sujets qui naissent naturellement petits.

• **Tempérament**

Malicieux, vif et combatif, il est surtout utilisé comme chien de compagnie. Il est toujours en alerte, mais il n'est pas nerveux.

CARTE D'IDENTITÉ

Type
Vulpoïde
Lieu d'origine
Grande-Bretagne
Nationalité
Britannique
Taille
Naine
Hauteur au garrot
25 cm
Poids idéal
3,1 kg
Utilisation
Compagnie

Yorkshire terrier

Un peu plus grand que le chihuahua, qui est la plus petite parmi toutes les races, le yorkshire terrier est très populaire, probablement grâce à l'aspect « chien de salon » que lui confère sa robe soyeuse, mais sous lequel se cache toutefois l'esprit un peu rude du terrier.

• Morphologie

Sa robe est constituée d'un poil très long, très fin, soyeux, brillant et droit, de couleur bleu acier sur le corps et sur la queue, et feu intense sur les autres parties du corps. La tête est petite, avec un museau modérément long, et la truffe noire. Les oreilles, portées dressées, sont petites, en forme de « V », attachées haut. Les yeux, moyennement grands et foncés, ont une expression alerte et intelligente. La queue, bien fournie en poil, est portée un peu au-dessus du niveau du dos ; elle est coupée à la moitié.

• Histoire

La race a été sélectionnée il y a une centaine d'années, mais ses origines demeurent incertaines. Il est toutefois probable qu'il s'agit d'un croisement entre le *Black and Tan Terrier* (terrier noir et feu), le skye et le dandie dinmont, auxquels on a peut-être ajouté du sang de maltais. Plus grand à l'origine, il montrait une aptitude pour chasser les proies dans leurs terriers. Les sujets nains d'aujourd'hui furent obtenus au fil des années grâce à une sélection rigoureuse.

• Tempérament

Comme tout chien sélectionné pour la chasse aux rats, le yorkshire terrier est un chien vif et enjoué qui ne se laisse pas intimider par des chiens plus gros, ni par les étrangers. Gardien efficace, il est aussi un compagnon affectueux, toujours actif et parfois turbulent. Il aime être au centre de l'attention.

• Soins et habitat

Sa robe doit être brossée au moins deux fois par mois. Il faut lui donner régulièrement un bain et lui raccourcir le poil. La robe des chiots est noire à la naissance et atteint la coloration de l'adulte vers 18 mois. C'est un chien qui s'adapte bien à la vie en appartement.

Bassets

Dackel Dachshund

CARTE D'IDENTITÉ

Type
Bassetoïde

Lieu d'origine
Allemagne

Nationalité
Allemande

Taille
Naine

Hauteur au garrot
Proportionnelle au poids

Poids idéal
Maximum 9 kg

Circonférence thoracique
Maximum 35 cm

Utilisation
Chasse, garde, compagnie

Malgré sa petite taille et sa forme « en saucisson », le teckel allemand, appelé également dackel, teckel ou *Dachshund*, est un chien énergique et audacieux, excellent chasseur, doté d'une ténacité et d'une endurance extraordinaires dans la poursuite de sa proie. Bien qu'il ait un excellent flair, son aptitude est plus proche de celle d'un terrier que de celle d'un limier, et il aime s'introduire dans les tanières à la recherche d'un combat direct avec les lapins, les renards ou les blaireaux. *Dachshund* signifie en effet « chien de blaireau ».

• Morphologie

Il est bas sur pattes et a le corps allongé mais non disgracieux. Sa tête également allongée, va en se rétrécissant progressivement et uniformément vers la truffe, pratiquement sans stop et avec le chanfrein long et légèrement arqué. Les yeux sont noirs et de dimension moyenne. Les sujets bigarrés ont parfois un seul œil, ou les deux, en partie ou entièrement bleu. Les oreilles sont très mobiles, assez longues, larges, pendantes, attachées haut. La queue, légèrement recourbée, est portée droite. Les bassets allemands sont répertoriés comme autant de races distinctes selon le type de poil.
À poil court : poil dense, brillant, lisse, avec la peau douce et élastique ; la queue, qui va s'amenuisant vers l'extrémité, est recouverte de poil, pas trop abondant. La robe peut être de couleur uniforme, rayée ou bigarrée, dans des tonalités allant du fauve, plus ou moins jaunâtre, au noir feu. On tolère une tache blanche sur le poitrail ou des bigarrures blanches irrégulières.
À poil long : poil brillant, doux, plat et droit ou légèrement ondulé.

Le basset allemand est un chien de chasse qui aime s'introduire dans les terriers de ses proies (blaireaux, lapins et renards).
En haut, la variété à poil long.

Ci-contre, le basset allemand à poil court.
En bas, la variété à poil dur.
Page de droite, le basset nain à poil long.

Il est plus long sur le cou et les parties inférieures du corps avec d'abondantes mèches derrière les pattes, sur les oreilles et en dessous de la queue, où il forme de longues franges. Les couleurs admises pour la robe sont les mêmes que celles du basset à poil court. À poil dur : le poil est rêche, dense, adhérant au corps et fourni de sous-poil. Les sujets à poil dur présentent une barbe et des sourcils broussailleux ; la queue a le poil bien couché et s'amenuise vers l'extrémité. Toutes les couleurs sont admises. Les taches blanches sur le poitrail sont admises, mais pas souhaitables.

• Histoire

Chiens au corps allongé et courts sur pattes, ils sont représentés sur les murs des anciens temples égyptiens, et par des statuettes en pierre ou en argile retrouvées au Mexique, en Grèce, au Pérou et en Chine. Toutefois, les os d'animaux très semblables au teckel allemand, retrouvés dans de nombreuses implantations romaines sur le territoire allemand, font penser que ces chiens ont une origine purement teutonique. Les cynophiles commencèrent à s'intéresser à cette race au XVIIIe siècle.

• Tempérament

Vif et intelligent, il peut parfois se montrer irritable et susceptible. Il est très communicatif, alerte, curieux et jaloux de son intimité. Il est apte à se charger de différentes tâches au sein de la maisonnée et très prompt à signaler la présence d'étrangers. Il doit être dressé avec fermeté et cohérence, car il peut devenir têtu et rebelle. Il ne doit pas être traité comme un chien miniature, mais comme un fier chasseur qui, malgré sa petite taille, a l'esprit et l'intelligence d'un gros chien. En échange de l'affection qu'il offre à son maître et à sa famille, il demande du respect pour sa forte personnalité. Il faut toutefois éviter de céder à ses caprices.

En haut, le basset nain à poil court.
En bas, le teckel kaninchen.

• **Soins**

Il a besoin d'une alimentation équilibrée et de beaucoup d'exercice pour ne pas prendre du poids. La robe des sujets à poil long a besoin d'un toilettage régulier. L'entretien des robes à poil dur est le même que pour les robes des schnauzers.

• **Habitat**

Il s'adapte bien à la vie en appartement, mais c'est un chien qui a besoin d'espace pour fouiller et s'activer ; il serait donc préférable qu'il ait un jardin à sa disposition. Il est toutefois très attaché à sa famille et il n'aime pas la solitude. Il aime jouer, même avec les enfants, mais ne supporte pas d'être taquiné.

• **Remarque**

S'agissant d'un chien qui doit être dressé correctement depuis son plus jeune âge, il est conseillé d'acheter des chiots élevés en famille ou dans des élevages spécialisés, et dont on est sûr que les parents sont équilibrés et bien dressés.

Basset nain

Cette race fut sélectionnée en croisant le basset avec le schnauzer et le pinscher, afin d'obtenir un chien qui puisse s'introduire dans des terriers très étroits. Jusqu'en 1931, les tailles étaient déterminées par rapport au poids et à la circonférence thoracique, mais ensuite le premier critère fut aboli. De nos jours, c'est donc la circonférence thoracique qui détermine le type de basset : pour le basset nain, elle est comprise entre 30 et 35 cm, avec un poids allant jusqu'à 4 kg. Il présente les mêmes caractéristiques morphologiques et psychologiques que le teckel allemand. Pour le basset nain aussi, on distingue trois races : à poil court, à poil long et à poil dur. Les soins et le milieu de vie sont les mêmes que ceux de son cousin plus grand.

Teckel kaninchen

Le nom allemand de cette race est *Kaninchenteckel*, c'est-à-dire teckel à lapin, car elle a été sélectionnée pour la chasse au lapin. Ces bassets aussi sont répertoriés en trois races et présentent les mêmes caractéristiques morphologiques et psychologiques que le teckel allemand. La seule différence concerne la circonférence thoracique qui, chez le kaninchen, doit être inférieure à 30 cm, pour un poids de 3,5 kg maximum.

Chiens de traîneau

Chien du Groenland

Le groenland est l'un des chiens de traîneau qui est resté le plus proche de ses origines : étonnamment puissant et résistant, il a gardé un sens aigu de la meute, un instinct très fort pour la chasse et pour le plaisir d'accomplir le travail de trait.

• **Morphologie**

Il a un corps massif, avec la tête large et le stop prononcé. Le museau est fort, cunéiforme, avec la truffe noire qui peut virer à la couleur chair en été. Les yeux sont légèrement obliques, ni proéminents ni trop enchâssés, sombres de préférence. Les oreilles, petites et triangulaires, arrondies aux extrémités, sont portées dressées. La robe, qui peut présenter toutes les couleurs, uniformes ou en plusieurs colorations, est constituée de poil droit, ni frisé, ni ondulé, assez long, et d'un sous-poil dense et doux. La queue est épaisse et assez courte, attachée haut et bien enroulée sur le dos.

• **Histoire**

Le groenland descend probablement du loup arctique, dont il présente certaines caractéristiques morphologiques (telles que l'œil oblique et le cou puissant), ainsi que le même instinct grégaire. Utilisé par les Inuits du Groenland comme chien de trait et de chasse, il commença à être connu en Europe au XIXe siècle, et contribua au succès des expéditions polaires.

• **Tempérament**

Le groenland est un chien de meute, qui vit bien en groupe et qui a besoin d'une autorité bien ferme. Loyal et amical, il supporte donc bien le changement de maître. Il a un caractère indépendant, volontaire, porté à la fuite. Il n'est pas indiqué pour la garde ou la défense.

• **Habitat**

Bien qu'habitué aux rigueurs du Grand Nord, il supporte bien les climats tempérés, à condition qu'il ne vive pas en appartement.

CARTE D'IDENTITÉ

Type
Lupoïde

Lieu d'origine
Pays nordiques

Nationalité
Pays nordiques

Taille
Moyenne

Hauteur au garrot
Mâle : 60 cm
Femelle : 55 cm et plus

Poids idéal
30 kg

Utilisation
Trait, compagnie

CARTE D'IDENTITÉ

Type
Vulpoïde
Lieu d'origine
Europe septentrionale
Nationalité
Pays nordiques
Taille
Moyenne
Hauteur au garrot
Mâle : 51-56 cm
Femelle : 46-51 cm
Poids idéal
20-30 kg
Utilisation
Compagnie

À la fin du XIXe siècle, la robe blanche du samoyède attira l'attention des marchands de fourrures qui essayèrent, sans succès, de l'élever pour en tirer profit.

Samoyède

Avec son pelage blanc comme neige et son expression « souriante », le samoyède éveille l'intérêt et la sympathie. Agile et élégant, il est à la mode comme chien d'exposition et de compagnie, mais, autrefois, il a été un excellent chien de travail.

• Morphologie

Agile et musclé, il a le tronc modérément long et la tête cunéiforme qui se rétrécit vers la truffe, que l'on préfère de couleur noire. Les yeux sont plutôt écartés, en amande, disposés obliquement, marron plus ou moins clair. Les oreilles, portées dressées, sont attachées latéralement et fournies d'un poil abondant. La robe a un sous-poil dense et doux et un poil long et droit, avec les pointes argentées de préférence, et qui ne doit pas adhérer au corps. Les couleurs admises sont le blanc, le blanc et beige, le crème. La queue est longue, bien garnie de poil et recourbée sur le dos. Elle est portée latéralement quand le chien est en alerte.

• Histoire

Le samoyède, descendant de la famille rustique des spitz de l'Europe septentrionale, doit son nom aux Samoyèdes, qui l'utilisaient pour tirer les traîneaux et pour guider les troupeaux de rennes. La race devint célèbre pour sa résistance et sa ténacité et participa aux premières expéditions polaires. À l'origine, les couleurs de la robe étaient plus variées (noir, blanc et noir, noir et marron clair), mais le blanc l'emporta sur les autres.

• Tempérament

Il est vif, intelligent, indépendant et sociable, même avec les inconnus. Son sourire caractéristique, dû à la forme de ses lèvres, révèle la vrai nature de la race : tranquille et douée d'un bon caractère. C'est un compagnon idéal, mais un mauvais gardien.

• Soins

Il faut toiletter soigneusement son long poil blanc.

• Habitat

Il sera mieux dans un jardin, où il pourra aussi dormir même en hiver, car il aime le froid et la neige.

Husky sibérien

Le nom *Husky* désigne plusieurs races de traîneau, mais celle-ci est la seule qui mérite ce titre. Le husky sibérien est un beau chien, doué d'un excellent caractère et d'une grande endurance.

• Morphologie

Agile et robuste, le husky a le corps inscrit dans un carré. La tête, de dimension moyenne, a l'occiput arrondi et le museau allongé, avec un stop bien prononcé. Les yeux sont obliques et en amande de toutes tonalités d'azur à marron, parfois de couleurs différentes l'un de l'autre. Les oreilles, triangulaires et de taille moyenne, sont portée hautes et rapprochées, et sont recouvertes d'un poil abondant à l'intérieur et à l'extérieur. Le sous-poil est dense, et le poil, moyennement long, est doux et droit. La robe peut présenter des colorations variées, avec le masque sur le museau généralement blanc. La queue, bien garnie, est pendante quand le chien est au repos ou au travail ; elle est portée recourbée sur le dos quand le chien est en alerte.

• Histoire

Il a été sélectionné par les Tchouktches, peuple aux habitudes nomades de la Sibérie orientale qui les utilisait pour tirer les traîneaux, rassembler les rennes et garder les troupeaux. C'était un chien idéal pour travailler dans l'environnement hostile de la Sibérie : endurant, capable de travailler en petites meutes et pendant de longues heures. Pendant des centaines d'années, le husky a vécu confiné dans les contrées isolées de la Sibérie, d'où il fut importé en Amérique du Nord par les marchands de fourrures. Il devint très tôt le champion incontesté des courses de traîneaux. De nos jours, il est très répandu comme animal de compagnie.

• Tempérament

Le husky sibérien est un chien doté d'une forte personnalité, qui a évolué dans des milieux naturels vastes et froids, et il faut en tenir compte lors-

CARTE D'IDENTITÉ

Type
Lupoïde

Lieu d'origine
Sibérie

Nationalité
Américaine

Taille
Moyenne

Hauteur au garrot
Mâle : 53-60 cm
Femelle : 51-56 cm

Poids idéal
Mâle : 20,5-27 kg
Femelle : 16-22,5 kg

Utilisation
Trait, compagnie

Le husky sibérien est un chien résistant au froid, parfaitement adapté aux climats rigoureux de la Sibérie.

qu'on le choisit comme compagnon. Il établit un excellent rapport avec la famille d'adoption, et il est sociable avec les enfants. Il a toutefois besoin d'une autorité bien ferme, car il obéit seulement aux personnes auxquelles il fait confiance, et accepte difficilement d'être dominé. Il est doué d'un naturel très vif, parfois un peu sauvage, et il doit être dressé de façon adéquate. Malgré sa force extraordinaire, il n'est pas adapté pour la garde, car il n'a pas le sens de la défense de la propriété. Généralement, il hurle au lieu d'aboyer.

• Soins

Il ne nécessite pas de soins particuliers.

• Habitat

Habitué aux grands espaces, il s'adapte bien à la vie en ville, mais il doit faire beaucoup d'exercice physique et bénéficier d'une certaine liberté. Il ne supporte pas la chaleur.

• Remarque

Il tolère difficilement la présence des chats. Certains sujets ont tendance à s'enfuir pour retrouver la liberté.

Malamute de l'Alaska

C'est l'une des plus anciennes races de chiens de traîneaux. Il est d'une vigueur et d'une endurance remarquables, si bien qu'autrefois il était aussi employé comme animal de bât sur les longues distances. Les Malamute – tribu esquimaude d'où ces chiens tirent probablement leur nom – étaient enviés par les autres tribus pour leurs chiens exceptionnels.

• Morphologie

Puissant, ramassé et carré, il a la tête large avec un stop léger ; le museau est allongé et la truffe, noire. Les yeux sont marron, en amande, moyens et obliques. Les oreilles, petites et triangulaires, sont très écartées ; elles sont portées dressées ou pliées vers l'arrière. La robe est constituée d'un sous-poil dense et laineux, et d'un poil superficiel dur, épais et hérissé. Les couleurs admises sont : blanc, gris clair à noir, or à rouge-brun, avec du blanc sur le ventre, sur les pieds, sur une parties des membres et sur la face. La queue, recouverte d'une épaisse fourrure, est attachée haut ; elle est portée pendante au repos, et ramenée sur l'échine lorsqu'il travaille.

• Histoire

La race était employée pour la chasse à l'ours polaire et au loup, ainsi que pour surveiller les troupeaux de caribous. Avec l'arrivée des pionniers en Alaska, la race fut menacée de disparition du fait des croisements avec des chiens importés. En 1926, les États-Unis adoptèrent des mesures de protection. De nos jours, elle connaît une popularité croissante aussi en Europe.

• Tempérament

C'est un animal fidèle et un travailleur infatigable, qui peut devenir un compagnon affectueux pour toute la famille. Il est très sociable. Il aime qu'on lui parle et répond par des glapissements. Il peut se montrer intolérant avec les autres chiens.

• Soins et habitat

La robe doit être brossée une fois par semaine, mais elle n'exige pas de bains fréquents. Il a énormément besoin d'exercice et affectionne la vie au-dehors. Toutefois, il s'adapte bien en appartement, s'il peut faire tous les jours de longues promenades.

CARTE D'IDENTITÉ

Type
Lupoïde

Lieu d'origine
Amérique du Nord

Nationalité
Américaine

Hauteur au garrot
Mâle : 64-71 cm
Femelle : 58-66 cm

Poids idéal
Mâle : 29-35 kg
Femelle : 22-31 kg

Utilisation
Trait, compagnie

Spitz européens

CARTE D'IDENTITÉ

Type
Vulpoïde

Lieu d'origine
Pays-Bas

Nationalité
Néerlandaise

Taille
Petite

Hauteur au garrot
43-46 cm

Poids idéal
25-30 kg

Utilisation
Garde, compagnie

Spitz loup

Le spitz loup est une race spitz hollandaise typique. On l'appelle également « chien de péniche » (il gardait les péniches qui naviguaient sur les canaux) et *Keeshond,* probablement du nom de deux patriotes hollandais, Kees de Witt et Kees de Gyselaer.

• Morphologie

Il a un corps court et à l'aspect ramassé, recouvert d'une robe grise, avec sous-poil doux et dense, et un poil superficiel long et dur. La tête est cunéiforme, avec un stop bien accusé, un museau moyennement long, semblable à celui d'un renard, et une truffe noire. Les yeux sont bruns et en amande, typiquement cerclés de lunettes. Les oreilles, veloutées et attachées haut, sont petites et portées dressées. La queue, à pointe noire, est de longueur moyenne et insérée haut ; elle est rabattue sur le dos. La double boucle est très appréciée.

• Histoire

Au XVIIIe siècle, le spitz loup était appelé « le chien du peuple », étant devenu le symbole de la résistance hollandaise contre Guillaume d'Orange. Il descend probablement d'une des premières formes de spitz issues du loup boréal, répandu sur les côtes de la mer Baltique. Il fut introduit en Grande-Bretagne vers 1900, et il eut tout de suite beaucoup d'admirateurs. Son succès poussa les Hollandais à rédiger son standard.

• Tempérament

Vif et sociable, c'est un excellent chien de garde, alerte, obéissant et désireux d'apprendre. Il a tendance à instaurer un rapport très étroit avec un seul membre de la famille.

• Soins et habitat

Il faut toiletter sa robe tous les jours. C'est un chien habitué aux espaces réduits. Il n'a pas besoin de faire beaucoup d'exercice. Il jouit d'une longue espérance de vie.

Grand spitz allemand

Un seul standard décrit les différentes races de spitz allemands qui ne se distinguent entre elles que par la taille et les couleurs de la robe, variant du blanc au noir, au marron et au gris.

• Morphologie

Il a une tête de renard avec une abondante collerette. Le stop est modéré et le chanfrein légèrement aplati. La truffe est noire. Les yeux sont bruns et obliques ; le regard est alerte. Les oreilles sont petites, triangulaires, très mobiles, et rapprochées. La robe (blanche, marron, noire), présente un poil hérissé, et un sous-poil dense. La queue, broussailleuse, est enroulée sur le dos.

• Histoire

On croyait, autrefois, que tous les lupoïdes de type spitz dérivaient du loup arctique. En fait, la présence à une époque très ancienne de différents types de chiens, présentant tous les mêmes caractéristiques morphologiques que les spitz, loin de la zone arctique, fait penser que ces chiens sont issus de l'ancien chien des marais.

• Tempérament

Il se montre très possessif dans la relation avec son maître : il ne supporte pas la présence d'autres animaux et peut tomber malade de jalousie. Il est courageux et n'a pas peur d'affronter des chiens plus gros que lui ; il a un penchant inné pour la garde. On peut le dresser facilement car il est doté d'une excellente mémoire.

• Soins et habitat

La robe doit être soigneusement entretenue et brossée trois à quatre fois par semaine. Le bain est déconseillé. Pour qu'il conserve la brillance de son poil, il lui faut une alimentation saine, intégrant de la margarine et de la levure de bière. Il supporte aussi bien la chaleur que le froid. Discret et propre, il peut vivre en appartement, mais il aime avoir un jardin pour courir et jouer.

CARTE D'IDENTITÉ

Type
Vulpoïde

Lieu d'origine
Allemagne

Nationalité
Allemande

Taille
Moyenne-petite

Hauteur au garrot
40-50 cm

Poids idéal
25 kg environ

Utilisation
Garde, compagnie

Deux petits spitz, également appelés loulous de Poméranie.

Spitz moyen

Il a les mêmes caractéristiques somatiques que les grands spitz, duquel il se distingue par sa taille (hauteur au garrot : 29-36 cm) et par les couleurs de la robe : blanc ou marron uniformes (jugés ensemble dans les compétitions), noir, orange, gris nuage. C'est un chien gai, vif et alerte. Il aboie peu, mais c'est un bon gardien. Discipliné et propre, il vit bien en appartement.

Petit spitz

Aussi connu sous le nom de loulou de Poméranie, il se distingue du spitz moyen par sa taille (hauteur au garrot : 23-28 cm) et il est classifié selon la couleur de sa robe. Dans les siècles passés, il a été le chien préféré des nobles et des artistes : Mozart en a eu un à ses côtés, dans ses derniers jours, et Louis XVI fut, avec Marie-Antoinette, un grand passionné de la race, et c'est lui qui lui attribua en France le surnom de loulou. Il est encore très répandu en Europe et aux États-Unis. Il est enjoué, éveillé et affectueux, dévoué à son maître et très méfiant envers les étrangers. Il est aussi facile à dresser. Il a une voix aiguë.

Spitz nain

C'est le petit spitz miniature (hauteur au garrot : 22 cm maximum) ; les différentes variétés sont jugés ensemble. On admet un poids un peu plus important pour les femelles (2-2,5 kg, contre 1,8-2 kg pour les mâles), pour favoriser la gestation. Il a le même caractère que le petit spitz, mais il est encore plus sensible et attaché à son maître. Il souffre beaucoup s'il est éloigné de sa famille. Il est peu sociable avec les étrangers. Il est assez répandu en Europe, mais plus encore en Grande-Bretagne et aux États-Unis.

Spitz asiatiques

Chow-chow

Il présente deux caractéristiques absolument uniques : la bouche et la langue sont noir bleuté, et il se déplace d'un pas sautillant, car ses membres postérieurs sont pratiquement rigides. Dans l'Antiquité, il était considéré comme l'ennemi des mauvais esprits.

CARTE D'IDENTITÉ

Type
Vulpoïde

Lieu d'origine
Mongolie

Nationalité
Britannique

Taille
Moyenne-petite

Hauteur au garrot
Mâle : 48-56 cm
Femelle : 46-51 cm

Poids idéal
21 kg environ

Utilisation
Compagnie

• **Morphologie**

C'est un chien musclé et bien proportionné, avec le dos court et droit. La tête est large et plate, avec un stop petit, un museau carré, et les yeux petits, en amande et généralement bleus. Les oreilles, petites et épaisses, sont dressées et très écartées. Le poil est long, dense, abondant et hérissé. La robe est toujours unicolore : noire, bleue, crème, blanche ou fauve, d'habitude un peu plus claire derrière les cuisses et sous la queue. Le poil peut être rêche (le plus répandu) ou lisse. Il présente une crinière autour du cou et des culottes sur les jambes. La queue, attachée haut, est recourbée vers l'avant sur le dos.

• **Histoire**

Il est probablement originaire de Mongolie. Introduit en Chine, à des époques fort éloignées, il devint le chien de garde et de chasse de la cour impériale et des nobles. Il fut importé en Europe après 1850, lorsque certains exemplaires furent transportés en Grande-Bretagne à bord de navires marchands.

• **Tempérament**

Sa crinière de lion, son museau puissant le font ressembler à un ours ; son expression courroucée lui donne un air agressif. Il est toutefois rare qu'il attaque un autre chien. Il a un caractère indépendant et tranquille, il est affectueux et fidèle à son maître et méfiant envers les étrangers.

• **Soins et habitat**

Un toilettage soigné est nécessaire. Silencieux et très propre, il peut vivre en appartement.

CARTE D'IDENTITÉ

Type
Vulpoïde

Lieu d'origine
Allemagne

Nationalité
Allemande

Taille
Moyenne

Hauteur au garrot
Mâle : 52-60 cm
Femelle : 48-56 cm

Poids idéal
Mâle : 25-30 kg
Femelle : 20-26 kg

Utilisation
Garde, compagnie

Eurasier

Cette race très récente (1973) a été obtenue par sélection contrôlée à partir de parents chow-chow et wolfspitz.

• Morphologie

Solide et élégant, il est recouvert d'une robe à poil dense et semi-long. Les couleurs sont le roux (jusqu'au sable), le gris-noir et le noir, avec des taches plus claires. La tête est triangulaire avec chanfrein droit et la truffe toujours noire. Les yeux sont sombres, légèrement en amande. Les oreilles sont petites, dressées, triangulaires. La queue pend jusqu'au jarret lorsque l'animal est au repos. Elle est portée enroulée sur le dos ou de côté quand il est en activité.

• Histoire

L'eurasier a été sélectionné dans les années cinquante par l'éthologiste autrichien Konrad Lorenz sous la houlette de l'université de Göttingen et de l'institut Max Planck de Heidelberg : le but était d'obtenir un chien primitif. Les résultats ont été excellents.

• Tempérament

Vif et affectueux, il est très fidèle à un seul maître et à une seule famille ; il a les caractéristiques d'un chien primitif, y compris l'aptitude à protéger son maître et sa propriété. Il doit être dressé avec beaucoup de douceur. Il aboie peu et parfois il émet un grondement semblable à celui du loup. Il aime se sentir libre et n'apprécie pas, par exemple, d'être enfermé dans un enclos.

• Habitat

Il s'adapte bien à la vie en appartement, à condition qu'il puisse faire de l'exercice régulièrement. S'il est bien dressé, il devient un compagnon idéal.

• Remarque

Puisqu'il n'aime pas changer de maître, il doit être adopté dans les trois premiers mois de sa vie.

Chiens de type primitif

Basenji

Il trotte comme un cheval, il se maintient propre en se léchant sans arrêt et, surtout, il est le seul chien qui n'aboie pas mais émet un son très semblable à un gargouillis, ou à celui d'un *yodle* tyrolien. Son nom d'origine bantoue signifie « natif de » (en l'occurrence, de la brousse). Appelé aussi terrier du Congo, il est utilisé comme limier et comme chien de garde.

CARTE D'IDENTITÉ

Type
Lupoïde

Lieux d'origine
Probablement Égypte ancienne, ensuite Congo

Nationalité
Britannique

Taille
Petite

Hauteur au garrot
Mâle : 43 cm
Femelle : 40 cm

Poids idéal
Mâle : 10,8 kg
Femelle : 9,9 kg

Utilisation
Garde, chasse

• Morphologie

Il a le dos court et horizontal, la tête moyenne avec le museau qui va s'amenuisant ; il a sur le front des rides caractéristiques qui lui confèrent un air perplexe. Les yeux, pas trop grands, sont bruns et en amande. Les oreilles, fines et bien proportionnées, sont pointues et dressées. Le poil est court et fin. La robe peut être noire, marron clair, blanche, blanc et noir, blanc et marron, marron et noir, en deux tonalités de marron. La queue est attachée haut et étroitement enroulée sur le dos.

• Histoire

Les ancêtres de cette race étaient probablement répandus dans l'ancienne Égypte, si l'on en croit les représentations trouvées dans les tombeaux des pharaons. Les Européens l'ont découvert, il y a une centaine d'années, en Afrique centrale, où il était utilisé comme chien de meute. Les premiers sujets furent introduits en Europe au début du XXe siècle, mais ils furent décimés par la maladie de Carré. L'élevage commença en Grande-Bretagne à partir de 1937, et aux États-Unis en 1941.

• Tempérament

Gai, enjoué et un peu « coquin », aussi faudra-t-il lui pardonner, de temps à autre, quelques petites bêtises. Il est parfois distant avec les étrangers. Il est particulièrement sociable avec les enfants.

Chien mince et gracieux, le basenji trotte comme un cheval.

• Soins et habitat

Il n'exige pas de soins particuliers : c'est un chien très propre qui se lave comme un chat. Il s'adapte à la vie en appartement, mais il doit faire beaucoup d'exercice. S'il doit cohabiter avec d'autres chiens, il y aura des bagarres et des chamailleries tant que la fonction de chef n'aura pas été attribuée.

CARTE D'IDENTITÉ

Type
Graioïde

Lieu d'origine
Afrique du Nord

Nationalité
Maltaise

Taille
Moyenne

Hauteur au garrot
Mâle : 56 cm
Femelle : 53 cm

Poids idéal
18 kg environ

Utilisation
Compagnie

Terrier des pharaons

Élancé, élégant et harmonieux, ce chasseur habile au flair exceptionnel est de nos jours élevé en Grande-Bretagne presque exclusivement comme chien de compagnie.

• Morphologie

Il a le corps typique d'un lévrier, avec le dos long et le ventre rentré. La tête est allongée, avec un stop très peu marqué. Le museau est conique et la couleur de la truffe se fond avec celle du manteau. Les yeux sont couleur ambre, ovales, avec une expression alerte. Les oreilles sont grandes et fines, portées dressées. Le poil est court, brillant, fin, sans franges. La couleur de la robe est couleur rouge-brun ou rouge brique, avec des taches blanches sur le poitrail, les pattes et la queue.

• Histoire

Les origines du terrier des pharaons remontent aux lévriers de l'ancienne Égypte, dont nous sont parvenues des dépouilles momifiées. La race est protégée par le Kennel Club britannique qui lui reconnaît la nationalité maltaise, car les premiers sujets arrivés en Grande-Bretagne en 1920 provenaient de Malte et Gozo. La race a été reconnue en 1977.

• Tempérament

Orgueilleux et indépendant, il est toutefois affectueux et toujours prêt à jouer, car la sélection a privilégié les caractéristiques de sociabilité pour créer un chien de compagnie. Il est intelligent, éveillé et très attentif.

• Soins et habitat

C'est un chien robuste et rustique qui n'exige pas de soins particuliers. Il souffre du froid. Il s'adapte bien à la vie en appartement, mais il doit pouvoir courir en toute liberté au moins une fois par semaine.

Type primitif de chasse

Podengo portugais

Les limiers portugais sont répertoriés en six races : deux de grande taille, deux de taille moyenne et deux de petite taille, soit à poil court soit à poil dur.

• Morphologie

Il a le dos long et droit, la cage thoracique bien descendue et les flancs minces, comme les lévriers. La tête est en forme de pyramide tronquée avec un stop peu prononcé. Les yeux sont petits, obliques, couleur miel. Les oreilles sont dressées, très mobiles, triangulaires, assez longues. La queue, de longueur moyenne et attachée haut, est épaisse et en pointe. Les variétés à poil dur ont le poil de longueur moyenne, rêche, long sur le museau, sans sous-poil. Les variétés à poil court ont le poil dense, court et lisse. La robe peut être jaune ou fauve dans toutes ses tonalités, noire unicolore, avec ou sans marques blanches.

• Histoire

Comme le terrier des pharaons, il descend des anciens lévriers de la vallée du Nil. La race a été menacée d'extinction et, bien qu'actuellement elle soit en train de se reconstituer, elle est peu connue en dehors du Portugal. Du podengo de grande taille est issu, par sélection, le podengo moyen, et de ce dernier le petit podengo.

• Tempérament

Le podengo de grande taille est un animal très méfiant qui est utilisé aussi comme chien de garde ; il est vif et intelligent, mais querelleur avec les autres chiens. Le podengo moyen est un excellent chasseur, qui réunit les caractéristiques du lévrier et du limier ; il est également un bon gardien. Le podengo de petite taille est un chien actif et enjoué, bon gardien et compagnon agréable pour la famille.

• Soins

Toutes les races sont robustes, rustiques et simples.

CARTE D'IDENTITÉ

Type
Graioïde

Lieu d'origine
Égypte

Nationalité
Portugaise

Hauteur au garrot
Grande taille :
de 55 à 70 cm
Taille moyenne :
de 40 à 55 cm
Petite taille :
de 20 à 30 cm

Poids idéal
Grand : 30 kg
Moyen : 16-20 kg
Petit : 4-5 kg.

Utilisation
Compagnie

Deux des six races de podengo portugais : ci-dessus, le podengo moyen à poil court ; en haut, le podengo petit à poil dur.

CARTE D'IDENTITÉ

Type
Braccoïde

Lieu d'origine
Belgique

Nationalités
Belge et britannique

Taille
Moyenne-grande

Hauteur au garrot
Mâle : 63-69 cm
Femelle : 58-63 cm

Poids idéal
40-48 kg

Utilisation
Chien policier
et de compagnie

Chien saint-hubert

Le célèbre limier de la criminologie, réelle ou littéraire, est un chien agréable, doux, naturellement gentil, assez réservé et d'une grande bonté. Son nom anglais, *Bloodhound,* dérive de son extraordinaire habileté à localiser le gibier en suivant la trace du sang (*blood* signifie en effet « sang »). Mais, une fois qu'il a atteint la proie, il n'est pas rare qu'au lieu de l'achever avec ses crocs, il se montre très amical avec elle. C'est pourquoi, puisqu'il préfère suivre des empreintes humaines et non animales, il est aujourd'hui utilisé pour rechercher les personnes disparues ou comme chien policier.

• **Morphologie**

Imposant et robuste, à l'allure noble et digne, il a une peau « abondante » formant de larges plis autour de la tête. La poitrine est bien descendue et le ventre n'est pas rentré. La tête est étroite et longue par rapport au tronc. Le museau est carré, avec les lèvres pendantes et le chanfrein légèrement busqué. Les yeux sont marron foncé ou noisette, de taille moyenne et de forme ovale. Les oreilles, attachées bas sont très longues, fines et soyeuses. La robe a le poil court et dense, plus doux et fin sur la tête et les oreilles. Les couleurs admises sont : noir et marron clair, brun et marron clair, roux ; on tolère des taches blanches sur le poitrail, les pieds et à l'extrémité de la queue. La queue, attachée bas, est longue, grosse et conique.

Limier hors pair, le chien saint-hubert a un caractère doux et calme, idéal pour la vie en famille.

• Histoire

Ce chien à l'aspect solennel n'est pas seulement l'une des races les plus pures, mais aussi un des plus anciens limiers. Ses origines remontent au VIIIe siècle, époque où saint Hubert, patron des chasseurs, chassait dans les forêts des Ardennes, dans la Belgique actuelle, accompagné par une grosse meute, composée de ces chiens. La race fut ensuite l'une des préférées des rois de France, et Guillaume le Conquérant l'apporta en Angleterre en 1066. Pendant des siècles, la Belgique a eu son chien saint-hubert et l'Angleterre son *Bloodhound*, jusqu'à ce que les deux races soient unifiées par la FCI.

• Tempérament

Il est timide, gentil et distingué ; très affectueux avec son maître et distant avec les étrangers. Lorsqu'il est occupé à flairer quelque chose, il n'entend plus rien, même pas la voix de son maître. Il est très sensible aux compliments et aux reproches, et donc très facile à dresser. On doit le corriger avec douceur et ne jamais le punir, pour ne pas lui causer un gros chagrin. Il ne se montre jamais agressif.

• Soins et habitat

Il doit faire beaucoup d'exercice pour éviter les prises de poids. Les chiots sont assez délicats et doivent être élevés avec beaucoup de soin. Malgré sa taille, c'est un compagnon idéal, propre, silencieux et très doux, ainsi qu'un grand ami des enfants.

Poitevin

CARTE D'IDENTITÉ

Type
Braccoïde

Lieu d'origine
France

Nationalité
Française

Taille
Moyenne-grande

Hauteur au garrot
Mâle : 62-72 cm
Femelle : 60-70 cm

Poids idéal
30-35 kg

Utilisation
Chasse

Ce chien élégant est le seul limier pour gros gibier dont la forme rappelle celle d'un lévrier. Il est doué d'un excellent flair et il est très rapide à la course.

• Morphologie

Grand et robuste, doté de membres longs et musclés, le poitevin a la tête allongée, avec le museau effilé et légèrement busqué, et la truffe large et proéminente. Le poil est court et brillant, et la robe est noire ou avec de larges taches blanches et orange ; on trouve aussi du gris chez de nombreux sujets. Les yeux sont grands, bruns, avec des cernes noirs, et un regard expressif. Les oreilles sont de largeur moyenne, fines, attachées plutôt bas, mi-longues, légèrement rabattues. La queue, de longueur moyenne, est fine et portée avec élégance ; elle doit être légèrement recourbée.

• Histoire

Il fut sélectionné dans le haut Poitou. Il descend des limiers tricolores importés à la fin du XVIIe siècle et utilisés essentiellement pour la chasse au loup. Après 1820, Émile de la Besge commença un travail de perfectionnement de la race, mais en 1842 ses chiens furent décimés par la rage. Seule une femelle survécut, qui fut croisée avec des foxhounds anglais. Après une sélection rigoureuse des portées, la race acquit en 1860 les caractéristiques recherchées. De nos jours, le poitevin est utilisé dans la chasse au sanglier, au cerf, au chevreuil et au lièvre.

Presque disparu à cause d'une épidémie de rage vers la moitié du XIXe siècle, le poitevin fut sauvé grâce à un patient et rigoureux travail de sélection.

• Tempérament

Chasseur obstiné et infatigable, c'est un chien au caractère doux.

• Soins et habitat

Chien de santé robuste, il n'exige pas de soins particuliers, à l'exception d'un contrôle périodique des conduits auditifs. Il aime vivre en plein air aux côtés de ses camarades et ne peut devenir un animal de compagnie.

Billy

Ce chien à l'allure aristocratique doit son nom à une petite ville du Poitou.

• Morphologie

Son corps fort et léger, est recouvert d'une robe au poil ras, dur au toucher, souvent un peu grossier, totalement blanc, ou blanc café-au-lait, orange clair, citron, ou blanc orange. La tête est fine, mince, de longueur moyenne, avec un museau assez large et busqué, une truffe noire ou orange foncé. Les yeux sont grands et foncés. Les oreilles sont attachées haut, de longueur moyenne, plates, légèrement retournées. La queue est longue et forte.

• Histoire

Le billy descend des chiens blancs du roi qui composaient les meutes de chasse des rois de France au XVe siècle. Sur l'origine de ces chiens s'affrontent diverses théories. Il est certain qu'ils disparurent presque complètement pendant la Révolution française. Seules deux lignées survécurent, chez deux familles différentes : de leurs croisements est issu le billy.

• Tempérament

Chasseur tenace et résistant, c'est un grand coureur doté d'un flair exceptionnel, indiqué pour la chasse au gros gibier, mais aussi au lièvre.

• Soins et habitat

Ce chien ne supporte pas le froid. Par ailleurs, il faut contrôler périodiquement ses conduits auditifs. Il n'est pas indiqué comme chien de compagnie, et ne s'adapte pas à la vie en appartement.

CARTE D'IDENTITÉ

Type
Braccoïde

Lieu d'origine
France

Nationalité
Française

Taille
Moyenne-grande

Hauteur au garrot
Mâle : 60-70 cm
Femelle : 58-62 cm

Poids idéal
30-32 kg

Utilisation
Chasse

CARTE D'IDENTITÉ

Type
Chien courant
Lieu d'origine
France
Nationalité
Française
Taille
Grande
Hauteur au garrot
Mâle : 65-72 cm
Femelle : 62-68 cm
Poids idéal
30-35 kg
Utilisation
Chasse

Français blanc et noir

C'est la plus répandue des races de français, elle présente de nombreuses ressemblances avec le gascon saintongeois, même si parmi ses ancêtres figure également le foxhound anglais.

• Morphologie

Plus lourd que le français tricolore, il a la robe couverte de poil ras, dur et dense, blanc et noir avec un large manteau, de grandes taches noires, ainsi que des marques feu pâle sur les yeux, les joues, etc. La tête est allongée, avec un museau busqué et la truffe noire. Les yeux sont foncés, et ont une expression intelligente et confiante. Les oreilles sont larges et longues, attachée bas. La queue est grosse à la racine et plutôt longue.

• Tempérament

C'est un chien de meute typique, et, encore de nos jours, il est utilisé exclusivement pour la chasse. Il ne s'adapte pas à la vie en appartement.

Français tricolore

CARTE D'IDENTITÉ

Type
Braccoïde
Lieu d'origine
France
Nationalité
Française
Taille
Moyenne-grande
Hauteur au garrot
Mâle : 62-72 cm
Femelle :
60-68 cm
Poids idéal
30 kg environ
Utilisation
Chasse

Il ressemble beaucoup au poitevin, dont il est issu – de même que les deux autres races de français – suite à des croisements avec le saintongeois et le foxhound anglais, réalisés par les maîtres des meutes pour améliorer les performances de ces chiens de chasse.

• **Morphologie**

Ce chien élégant et musclé, a une robe à poil ras et fin, typiquement tricolore, avec manteau foncé plus ou moins large. La tête est allongée, le museau droit, assez long et légèrement busqué. Les yeux sont grands et bruns, parfois cernés de noir, à l'expression intelligente. Les oreilles sont larges et longues, attachées bas. La queue est assez longue et portée haute.

• **Tempérament**

Fort et équilibré, c'est un limier pour gros gibier.

Français blanc et orange

Cette race se situe à mi-chemin du français tricolore et du français blanc et noir. C'est la moins répandue des trois.

• **Morphologie**

Le poil est ras et fin, blanc et citron ou blanc et orange, pas trop foncé ni rougeâtre. La tête est large et longue ; les yeux, grands et foncés. Les oreilles longues, attachées bas, sont tire-bouchonnées. La queue est longue.

CARTE D'IDENTITÉ

Type
Braccoïde
Lieu d'origine
France
Nationalité
Française
Taille
Moyenne-grande
Hauteur au garrot
62-70 cm
Poids idéal
30-35 kg
Utilisation
Chasse

CARTE D'IDENTITÉ

Type
Braccoïde
Lieu d'origine
France
Nationalité
Française
Taille
Moyenne-grande
Hauteur au garrot
Tricolore et blanc
orange : 60-70 cm
Blanc et noir
Mâle : 65-72 cm
Femelle : 62-68 cm
Poids idéal
30-35 kg
Utilisation
Chasse

Grand anglo-français

Élégants et musclés, excellents chasseurs à l'odorat très fin, les chiens courants anglo-français de grande taille sont indiqués pour la chasse à courre en grandes meutes. La FCI (Fédération Canine Internationale) distingue trois races : tricolore, blanc et noir, blanc et orange. Toutefois dans les trois standards, on relève d'autres différences.

• Morphologie

La robe présente un poil court, assez fort, dans les couleurs indiquées précédemment : tricolore (blanc, noir, feu) ; blanc et noir (parfois moucheté), blanc citron (ou blanc orange). Chez la race tricolore, la tête est allongée, avec un museau modérément large. Le blanc et noir a la tête forte, courte et massive, avec le museau plus large ; le blanc orange a le museau court, large, avec stop prononcé. Les yeux sont grands et foncés. Les oreilles sont attachées au niveau de la ligne de l'œil ; elles sont assez longues, plates, légèrement rabattues. La queue, assez longue, est portée avec beaucoup d'élégance.

• Histoire

Pour éviter la disparition du poitevin, qui montrait les signes négatifs d'une consanguinité trop élevée, les éleveurs croisèrent ce chien avec le foxhound anglais, créant ainsi le rapide et tenace anglo-français.

• Tempérament

Chasseur excellent et infatigable, c'est un chien de meute fort et puissant, fait pour son travail, mais qui ne pourra pas devenir un chien de compagnie.

La robe de ce chien de meute existe en trois couleurs : tricolore (page de gauche, en haut), blanc et noir (page de gauche, en bas) ou blanc et orange (ci-contre).

CARTE D'IDENTITÉ

Type
Braccoïde

Lieu d'origine
France

Nationalité
Française

Taille
Grande

Hauteur au garrot
Mâle : 65-72 cm
Femelle : 62-68 cm

Poids idéal
30-35 kg

Utilisation
Chasse

Grand bleu de Gascogne

Caractérisé par sa robe bleue, ce chien est un galopeur à l'allure singulière.

• Morphologie

Sa robe se distingue par des taches noires sur un fond blanc moucheté de noir, ce qui lui confère un reflet bleu ardoise typique ; on remarque des taches feu sur les sourcils, les joues, les membres, sous la queue. Le poil est assez gros, dense et pas trop court. La tête à l'attitude noble est allongée, avec un ou deux plis de peau sur les joues. Le museau est long, busqué, avec la truffe noire. Les yeux sont brun foncé avec une expression douce et triste. Les oreilles, attachées bas, sont grandes, longues, fines et noires. La queue est assez longue et grosse.

• Histoire

Cette race descend des chiens saint-hubert et de ceux des Ardennes.

• Tempérament

Doux et obéissant avec l'homme, le grand bleu est très affectueux, mais un peu paresseux et donc difficile à dresser. Il doit suivre un régime équilibré.

Grand gascon saintongeois

Ressemblant beaucoup au grand bleu de Gascogne, c'est un chien élégant et robuste, sélectionné pour la chasse en meute.

• Morphologie

La robe est de poil court et dense, blanc moucheté de noir, avec deux grandes taches noires sur les côtés de la tête qui s'élargissent vers les oreilles et se mélangent à des taches feu pâle. La tête est allongée avec un stop modérément prononcé. Le museau est long avec un chanfrein droit ou busqué et la truffe noire. Les yeux sont marron foncé, doués d'une expression douce et confiante. Les oreilles sont grandes, attachées bas, fines et tire-bouchonnées. La queue est longue et portée avec élégance.

• Histoire

Ce chien est issu d'un croisement entre le grand bleu de Gascogne et le chien de Saintonge dont on ne connaît pas les origines mais qui fut très utilisé lors des chasses royales. La race a été reconnue officiellement après l'exposition parisienne de 1863.

• Tempérament

Docile, bon travailleur, rapide, il apprend vite, poussé par le désir de plaire à son maître. Il doit vivre en plein air et en lieu sec. Il sollicite beaucoup de marques d'affection.

CARTE D'IDENTITÉ

Type
Braccoïde

Lieu d'origine
France

Nationalité
Française

Taille
Moyenne-grande

Hauteur au garrot
Mâle : 63-70 cm
Femelle : 60-65

Poids idéal
30-35 kg

Utilisation
Chasse

CARTE D'IDENTITÉ

Type
Braccoïde
Lieu d'origine
France
Nationalité
Française
Taille
Moyenne
Hauteur au garrot
60-65 cm
Poids idéal
30-35 kg
Utilisation
Chasse

Grand griffon vendéen

Aujourd'hui le grand griffon vendéen est plus un chien d'exposition qu'un chien de chasse ; toutefois, il est encore considéré en France comme le meilleur limier dans l'absolu. Courageux et tenace, c'est un chasseur de loups et aussi, parfois, de sangliers. La race a été menacée d'extinction après la Seconde Guerre mondiale.

• Morphologie

Robuste, avec une tête allongée et un regard profond, un peu rêveur, le grand griffon vendéen a un corps athlétique et bien proportionné. Il est recouvert de poil long, parfois ébouriffé, grossier et dur, avec un sous-poil dense. Les sourcils doivent être prononcés, sans recouvrir les yeux. Les couleurs admises pour la robe sont : fauve, lièvre, blanc et orange, blanc et gris, blanc à poil de lièvre, tricolore dans les nuances indiquées ci-dessus. Les yeux sont sombres, grands et vifs. Les oreilles sont étroites, fines et flexibles. Attachées bas et tournées vers l'intérieur, elles sont recouvertes de longs poils et allongées vers l'extrémité. La queue, attachée assez haut, est en forme de sabre ; grosse à la racine, elle va en s'amenuisant progressivement.

• Histoire

On compterait parmi ses ancêtres : le chien blanc du roi, dont il existait une variété à poil dur, le chien courant italien, le chien gris de saint Louis et le chien fauve de Bretagne. Ce dernier aurait contribué à la formation de sa robe caractéristique.

• Tempérament

Son audace et sa trempe dans la chasse des plus dangereux fauves l'ont rendu célèbre. C'est un chien intelligent et déterminé.

Foxhound

C'est le chien idéal pour la chasse au renard.

• **MORPHOLOGIE**

La robe est constituée d'un poil court et lisse, tricolore, blanc orange, gris-blanc-noir. La tête est allongée, les yeux sont grands et ronds. Les oreilles, attachées haut, ne sont pas très grandes et pendent à plat sur les joues. La queue est fuselée, attachée haut et portée recourbée, mais jamais sur le dos.

• **HISTOIRE**

On trouve sa trace à partir du XIIIe siècle, lorsque se répandit, en Angleterre, la chasse organisée au renard. La race est le résultat d'une longue et rigoureuse sélection pour obtenir des chiens dotés d'un excellent flair, courageux et résistants à la course. Il est probable que parmi ses ancêtres figurent le saint-hubert, le tabot hound, outre les terriers, les bulldogs et les greyhounds.

• **TEMPÉRAMENT**

Vif, sympathique et gai, il peut parfois se montrer têtu et désobéissant. Il faut le dresser avec fermeté. Habitués à travailler en meute, ils n'aiment pas la solitude ni l'inactivité.

CARTE D'IDENTITÉ

Type
Braccoïde

Lieu d'origine
Angleterre

Nationalité
Britannique

Taille
Moyenne

Hauteur au garrot
Mâle : 58,5 cm
Femelle : 56 cm

Poids idéal
30 kg environ

Utilisation
Chasse au renard

Le foxhound est l'un des rares chiens dont les origines soient bien documentées : au XIIIe siècle, il était apprécié pour ses qualités dans la chasse au renard.

CARTE D'IDENTITÉ

Type
Braccoïde

Lieu d'origine
Angleterre

Nationalité
Britannique

Taille
Moyenne-grande

Hauteur au garrot
Mâle : 67 cm
Femelle : 60 cm

Poids idéal
30-35 kg

Utilisation
Chasse à la loutre

Otterhound

Agile, résistant et grand nageur, c'est un chien doué d'une forte personnalité.

• Morphologie

Il a la tête plus longue que large. Le museau est fort, avec les lèvres pendantes, moustaches et barbe. La couleur des yeux se fond avec celle de la robe. Les oreilles sont longues, pendantes, avec le bord plié ou enroulé vers l'intérieur. La robe est constituée d'un poil long, dense, rêche, imperméable, avec un sous-poil visible. Toutes les couleurs acceptées pour les chiens courants sont admises. La queue est droite et descend jusqu'à hauteur du jarret.

• Histoire

Cette race descend des chiens utilisés pour la chasse à la loutre par le roi Édouard III d'Angleterre, au début du XIIe siècle.

• Tempérament

Très habile dans la chasse en eau, il repère vite les cachettes de ses proies. Il ne s'adapte pas en ville.

Foxhound américain

CARTE D'IDENTITÉ

Type
Braccoïde

Lieu d'origine
États-Unis

Nationalité
Américaine

Taille
Moyenne

Hauteur au garrot
Mâle : 56-64 cm
Femelle : 53,5-61 cm

Poids idéal
25 kg

Utilisation
Chasse au renard

Il a été sélectionné dans le but d'obtenir un limier adapté aux vastes territoires d'Amérique du Nord et chasser les animaux sauvages.

• Morphologie

La tête est longue, avec un stop modéré et un museau droit et carré. Les yeux grands, de couleur brune ou noisette, expriment la douceur. Les oreilles sont longues, attachées bas. La robe est constituée de poil dense et grossier, de longueur moyenne. Toutes les couleurs acceptées pour les chiens courants sont admises. La queue, attachée haut, est portée légèrement recourbée.

• Histoire

Vers 1770, George Washington introduisit les chiens courants français dans sa meute de foxhounds anglais, contribuant ainsi à la création de la race américaine. Des croisements successifs avec des chiens courants anglais ou irlandais ont perfectionné la race qui est aujourd'hui plus rapide que l'anglaise.

CARTE D'IDENTITÉ

Type
Braccoïde

Lieu d'origine
États-Unis

Nationalité
Américaine

Taille
Moyenne-grande

Hauteur au garrot
Mâle : 63-68 cm
Femelle : 58-63 cm

Poids idéal
30 kg

Utilisation
Chasse
au raton-laveur

Coonhound noir et feu

Réservé et digne, le coonhound est essentiellement un chien de travail, très robuste et adapté aux terrains difficiles. C'est le seul limier américain sélectionné pour la chasse au raton-laveur à avoir été reconnu par le Kennel Club Américain. Il n'est répandu qu'aux États-Unis.

• Morphologie

Fort, agile et vif, il a la tête bien modelée, avec le stop placé à égale distance de la truffe et de l'os occipital. Les yeux sont de couleur variable (noisette à marron foncé). Les oreilles sont pendantes, attachées bas et portées vers l'arrière et forment des plis qui donnent à ce chien un aspect majestueux. La robe est noir feu, avec un poil court mais très dense. La queue est forte et portée librement.

• Histoire

Il descend du bloodhound à travers des croisements avec des limiers locaux, et notamment avec le foxhound de Virginie.

• Tempérament

Ce chien est amical, de bon caractère, mais agressif avec la proie et passionné par son travail de chasseur. Il a besoin de travailler et ne peut pas s'adapter à la vie en appartement.

Anglo-français de petite vénerie

Ce chien présente toutes les caractéristiques qui sont typiques de celles des limiers.

• Morphologie

Solide et équilibré, il a la tête allongée avec le museau droit ou légèrement busqué. Les yeux sont grands et foncés exprimant douceur et vivacité. Les oreilles, attachées bas, sont longues et souples. La robe est constituée de poil court, dense et lisse, qui peut être tricolore, blanc et noir, ou blanc et orange. La queue est fine, de longueur moyenne.

• Histoire

Contrairement à ce que l'on peut croire, il n'a pas les mêmes origines que le grand anglo-français. Il est en effet le produit de croisements effectués entre le petit bleu de Gascogne et le gascon saintongeois avec le harrier et le beagle. Le but de cette sélection était d'obtenir un limier fort et agile pour chasser le gibier de taille moyenne.

• Tempérament

Sélectionné pour la chasse, il a besoin de vivre en meute et de chasser. Il a un odorat très développé et il est très résistant. Combatif, il peut être également utilisé pour la chasse au sanglier.

CARTE D'IDENTITÉ

Type
Braccoïde

Lieu d'origine
France

Nationalité
Française

Taille
Moyenne-petite

Hauteur au garrot
48-56 cm

Poids idéal
25 kg

Utilisation
Chasse

CARTE D'IDENTITÉ

Type
Braccoïde
Lieu d'origine
France
Nationalité
Française
Taille
Moyenne
Hauteur au garrot
Mâle : 55-60 cm
Femelle : 53,5-58 cm
Poids idéal
25-30 kg
Utilisation
Chasse

Ariégeois

Grand chasseur de lièvres, il est très recherché pour son excellente attitude dans la chasse, et pour sa voix très particulière.

• Morphologie

L'ariégeois est un chien léger, fin, avec une poitrine profonde et bien descendue, le dos droit et le ventre légèrement rentré. La tête est sèche et allongée : le chanfrein est droit ou légèrement busqué et la truffe noire. Le poil est fin et dense. La couleur de la robe est blanc et noir, parfois mouchetée ou ardoise, avec des marques feu clair sur les joues et sur les yeux ; le rouge vif n'est pas exclu. Les yeux sont foncés. Les oreilles sont fines, souples, tire-bouchonnées, pas trop longues, et attachées bas. La queue est portée un peu recourbée.

• Histoire

Cette race provient de l'ancien ariégeois, issu d'un croisement entre le gascon et le saintongeois, auquel on ajouta du sang de briquette de pays. On obtint ainsi un chien excellent de chasse. La race alors fut fixée et on rédigea le standard.

• Tempérament

Distingué, très résistant à la chasse et docile avec son maître, l'ariégeois suscite la sympathie grâce à son regard doux.

Beagle-harrier

CARTE D'IDENTITÉ

Type
Braccoïde
Lieux d'origine
Grande-Bretagne ou France
Nationalité
Française
Taille
Petite
Hauteur au garrot
43-48 cm (mâle)
Poids idéal
20-25 kg
Utilisation
Chasse, compagnie

• **MORPHOLOGIE**

C'est un chien bien bâti, solide et élégant, avec une robe tricolore, un poil épais, plat et pas trop court. La tête, à la structure typiquement braccoïde, présente un stop peu prononcé et un museau assez long, mais pas carré, avec un chanfrein droit. Les yeux, de couleur foncée, ont une expression franche et intelligente. Les oreilles sont pendantes, en forme de « V » et de longueur moyenne.

• **TEMPÉRAMENT**

Bien que chien de meute, le beagle-harrier s'adapte facilement à la vie en famille. Il est doux, loyal, aimable et jamais agressif.

Chien d'Artois

• **MORPHOLOGIE**

La tête est grosse, large et plutôt courte, avec le museau large, le chanfrein droit et la truffe grosse et noire. Les yeux sont grands, bruns. Les oreilles sont assez longues, attachées à hauteur de l'œil. La robe est constituée de poil ras, épais et assez grossier ; elle est tricolore avec de grandes taches, et fauve sur la tête. La queue est portée en faucille.

• **HISTOIRE**

Sélectionné pour la chasse du petit gibier, il est issu du croisement entre un chien courant et un limier (probablement le saint-hubert). À l'époque de Henri IV et Louis XIII, il était appelé *chien picard.*

• **TEMPÉRAMENT**

Dévoué à la tâche et très amical avec l'homme, il s'adapte bien à la vie en famille, à condition qu'il fasse régulièrement de l'exercice.

CARTE D'IDENTITÉ

Type
Braccoïde
Lieu d'origine
France
Nationalité
Française
Taille
Moyenne
Hauteur au garrot
52-58 cm
Poids idéal
25 kg
Utilisation
Chasse au renard

Porcelaine

CARTE D'IDENTITÉ

Type
Braccoïde
Lieu d'origine
France
Nationalité
Française
Taille
Moyenne
Hauteur au garrot
Mâle : 55-58 cm
Femelle : 53-56 cm
Poids idéal
25 kg
Utilisation
Chasse

• Morphologie

Le garrot est bien marqué, le dos est large et droit et la poitrine bien descendue. La tête est sèche, allongée, avec le stop bien accusé, le chanfrein légèrement busqué et la truffe noire. Les yeux sont sombres, avec une expression douce et intelligente. Les oreilles sont longues, attachées bas, pointues à l'extrémité. Le poil est court, fin, compact et brillant. La robe est très blanche, avec des taches orange caractéristiques sur les oreilles. La queue, de longueur moyenne, est grosse à la base et va en s'amenuisant vers l'extrémité ; elle est portée légèrement recourbée.

• Tempérament

Chien vif et gai, le porcelaine est un chasseur endurant, doué d'un flair d'une excellente finesse. Il est facile à dresser, car il est assez docile.

Petit bleu de Gascogne

• Morphologie

La tête est assez longue, avec le museau allongé, légèrement busqué, et la truffe noire. Les yeux sont marron. Les oreilles, longues et attachées bas, sont légèrement tire-bouchonnées. La robe est constituée de poil assez gros, bien dense et pas trop court ; les couleurs sont le bleu, le blanc à taches noires, plus ou moins moucheté sur fond blanc. La queue est longue et fine.

• Histoire

La taille de ce chien a été réduite pour l'adapter à celle du gibier chassé.

• Tempérament

Il signale fort bien la trace du gibier, mais il n'est pas toujours obéissant.

CARTE D'IDENTITÉ

Type
Braccoïde
Lieu d'origine
France
Nationalité
Française
Taille
Moyenne
Hauteur au garrot
Mâle : 52-60 cm
Femelle :
50-60 cm
Poids idéal
30 kg
Utilisation
Chasse

Briquet griffon vendéen

Autrefois, ce chien au port noble et athlétique faisait partie des grandes meutes utilisées pour la chasse au loup et au sanglier.

• **Morphologie**

Il a le dos solide et court, droit et légèrement remontant. Le poil de la robe est long, rêche au toucher, et le sous-poil est dense. Les couleurs sont le fauve, le lièvre, blanc et orange, blanc et gris, blanc et lièvre, blanc et noir ou tricolore. La tête est assez courte et légère, avec le museau large et droit, orné de moustaches bien garnies. La truffe est grosse et noire. Les yeux sont grands et foncés, surmontés par d'épais sourcils. Fines et souples, les oreilles sont longues, attachées bas, en pointe vers l'extrémité. La queue est courte, attachée haut, portée en lame de sabre.

• **Histoire**

Il est probablement le premier chien courant français à avoir acquis une bonne stabilité de caractère. Il est issu de croisements entre chien blanc du roi, saint-hubert, lévrier italien et chien gris de saint Louis, et également fauve de Bretagne, duquel il tient le poil dur.

• **Tempérament**

C'est un chien courageux, tenace, rapide et passionné, qui montre détermination et intelligence dans toutes ses activités.

CARTE D'IDENTITÉ

Type
Braccoïde

Lieu d'origine
France

Nationalité
Française

Taille
Moyenne

Hauteur au garrot
50-55 cm

Poids idéal
25 kg

Utilisation
Chasse au sanglier

CARTE D'IDENTITÉ

Type
Braccoïde

Lieu d'origine
France

Nationalité
Française

Taille
Moyenne

Hauteur au garrot
Mâle : 55-60 cm
Femelle : 53-58 cm

Poids idéal
25-30 kg

Utilisation
Chasse

Griffon nivernais

Actif, agile et infatigable, c'est un chasseur particulièrement adapté aux sous-bois des reliefs escarpés.

• Morphologie

D'aspect un peu lourd, il a le dos allongé et la poitrine bien descendue. Sa tête est mince et légère, avec un chanfrein droit et une truffe noire. Sous le menton, on remarque une petite barbe. Il a les yeux sont foncés, et le regard vif et perçant. Les oreilles sont mi-longues, attachées bas. La robe est constituée de poil long, hirsute et ébouriffé, gros et dur, jamais laineux, ni frisé, de couleur gris ou gris-bleu, noir décoloré ou marengo, avec des marques feu, ou bien fauve avec un mélange de poils noirs et blancs qui crée un effet foncé. La queue est de longueur moyenne, portée en lame de sabre.

• Histoire

Ce chien descend probablement des lévriers de chasse arabes, apportés en France par les croisés. Dans les meutes de Louis IX, il y avait en effet des chiens qui ressemblaient au griffon nivernais. La forme actuelle est toutefois issue de croisements avec le griffon vendéen, le bleu de Gascogne et le foxhound.

Griffon bleu de Gascogne

CARTE D'IDENTITÉ

Type
Braccoïde

Lieu d'origine
France

Nationalité
Française

Taille
Moyenne-petite

Hauteur au garrot
43-52 cm

Poids idéal
15 kg environ

Utilisation
Chasse, compagnie

• Morphologie

Chien rustique, sa robe est recouverte d'un poil sec et rêche, pas trop long, légèrement ondulé, à taches noires plus ou moins abondantes sur fond blanc moucheté d'un noir aux reflets bleu ardoise, et avec des marques feu sur les yeux, les joues, etc. La tête est sèche, avec un stop peu prononcé et un chanfrein droit ou légèrement busqué. Les yeux sont brun doré. Les oreilles, attachées bas. La queue est assez longue et légèrement recourbée.

• Histoire

Ses origines remontent au grand bleu de Gascogne, dont il est issu, suite à des croisements avec des races de griffons.

• Tempérament

Doux et affectueux, il est très apprécié comme animal de compagnie.

Griffon fauve de Bretagne

CARTE D'IDENTITÉ

Type
Braccoïde

Lieu d'origine
France

Nationalité
Française

Taille
Moyenne-petite

Hauteur au garrot
48-56 cm

Poids idéal
25 kg

Utilisation
Chasse, compagnie

• Morphologie

Ce chien a la tête plate, avec un stop à peine perceptible, un chanfrein droit ou légèrement busqué ; la truffe est noire ou marron foncé. Les yeux sont bruns. Les oreilles, attachées bas, sont longues et terminées en pointe. Le poil est très dur, sec et assez court, jamais laineux ni frisé. Les couleurs sont le fauve, du froment doré au rouge brique, avec parfois une petite tache blanche sur la poitrine. La queue, moyenne, est portée en faucille.

• Histoire

Il est issu du grand fauve de Bretagne. La race, officielle depuis 1951, est répandue dans l'ouest de la France.

• Tempérament

Sérieux et indépendant, il se montre très patient avec les enfants.

CARTE D'IDENTITÉ

Type
Braccoïde
Lieu d'origine
Angleterre
Nationalité
Britannique
Taille
Moyenne-petite
Hauteur au garrot
48-55 cm
Poids idéal
20 kg
Utilisation
Chasse

Harrier

Son nom dérive du mot anglais *hare* qui signifie « lièvre », ce qui indique clairement l'utilisation traditionnelle de ce chien. De nos jours, la chasse au lièvre avec des meutes étant très rare, le harrier est élevé, surtout aux États-Unis, pour la chasse au gibier de grande taille.

• Morphologie

Musclé et charpenté, le harrier est recouvert d'une robe à poil lisse, plat et pas trop court, généralement tricolore, avec fond blanc et avec toutes les nuances du noir et de l'orange. La tête, moyennement large, présente un museau assez long, plus pointu que carré. La truffe est noire. Les yeux, de grandeur moyenne, sont foncés. Les oreilles, assez courtes et attachées haut, sont en forme de « V ». La queue est modérément longue.

• Histoire

Il est issu de chiens qui existaient déjà au XIIe siècle dans le sud de l'Angleterre, ce qui fait penser à certains experts que ce n'est pas le harrier qui descend du foxhound, mais l'inverse.

• Tempérament

Il a le même caractère que les autres chiens courants ; il est doué d'un flair exceptionnel et chasse de préférence sur terrains plats.

• Remarque

Parmi les chiens courants de taille moyenne et petite, il ne faut pas oublier les chiens allemands, à savoir le chien courant allemand proprement dit et le chien courant de Westphalie, des chiens très robustes, sélectionnés en Allemagne à partir de chiens courants d'Europe centrale. Le premier est de taille moyenne-petite (de 40 à 53 cm) et le second de taille petite (de 30 à 38 cm). La coloration va du roux au fauve avec manteau noir, et avec les marques blanches typiques des chiens courants.

Chiens courants suisses de taille moyenne

Depuis 1987, les chiens courants suisses de taille moyenne sont considérés comme une seule race avec un seul standard, divisée en quatre variétés de couleurs, chacune jugée séparément dans les compétitions. Les variétés sont : chien courant bernois, chien courant du Jura (avec deux types : le brun et le saint-hubert), chien courant de Lucerne et chien courant suisse proprement dit. Doués d'un flair d'une extrême finesse, ils ont une voix puissante avec laquelle ils communiquent avec leur maître tout au long de la chasse.

• Morphologie

La tête est sèche, avec le stop prononcé, le museau allongé et le chanfrein légèrement busqué ; la truffe est grosse et noire. Les yeux sont foncés, avec une expression douce. Les oreilles sont grandes, attachées bas et derrière, très longues et tire-bouchonnées. Le poil est toujours dense et abondant, ras ou dur (pour le chien courant de Lucerne, on admet le poil ras) dans les colorations suivantes : chien courant bernois : tricolore taché et pointillé de noir sur fond blanc et avec des marques feu sur les yeux, les joues, l'intérieur des oreilles et la base de la queue ; chien courant du Jura : noir feu de type brun avec robe identique à celle du saint-hubert ; chien courant de Lucerne : moucheté de

CARTE D'IDENTITÉ

Type
Braccoïde

Lieux d'origine
Italie ou Basse-Autriche

Nationalité
Suisse

Taille
Petite

Hauteur au garrot
42-50 cm

Poids idéal
25-30 kg

Utilisation
Chasse

Ci-contre, le chien courant du Jura. Ci-dessus, le chien courant bernois. Depuis 1987, les chiens d'arrêt suisses de taille moyenne sont regroupés en une seule race, classée en quatre variétés.

Le chien courant lucernois.

bleu et de gris sur fond blanc, avec de larges taches gris foncé ou noir, des marques feu et des taches jaune-brun ; chien courant suisse : blanc avec taches orange ou jaune orange, mais le rouge aussi est toléré. Le dos est assez long, droit et vigoureux et la queue, pas très longue, est portée horizontale ou recourbée sur le côté.

• **HISTOIRE**

Autrefois utilisés à la chasse à courre en Italie et en Autriche, les ancêtres de ces chiens sont aussi les parents des chiens courants italiens et français, auxquels on a toutefois ajouté du sang anglais. Les chiens courants suisses étaient déjà élevés et sélectionnés au XVIe siècle, mais ils ont été présentés pour la première fois à l'exposition de Zurich en 1880.

• **TEMPÉRAMENT**

Vifs, endurants, passionnés par la chasse, ils sont dévoués et très doux avec leur maître. Assez rustiques, ils ne sont jamais agressifs.

• **HABITAT**

Ils ne sont pas adaptés à la vie en appartement.

Chiens courants suisses de petite taille

Les chiens courants suisses de petite taille.

Les éleveurs suisses ont sélectionné de petits chiens courants qui ont les mêmes caractéristiques que les chiens courants suisses de taille moyenne, mais qui sont plus bas sur pattes (hauteur au garrot 30-38 cm) et donc plus adaptés pour la chasse au petit gibier dans des milieux rocheux et broussailleux. Ils sont répertoriés en quatre variétés comme leurs cousins de plus grande taille. Il s'agit de chiens typiques de meute, à utiliser à la chasse ou dans les épreuves de travail. Parmi eux, seul le petit chien courant bernois peut être utilisé comme chien de compagnie.

Chien courant d'Istrie

C'est le plus populaire des chiens courants yougoslaves. Il en existe deux variétés : à poil ras et à poil dur.

CARTE D'IDENTITÉ

Type
Braccoïde

Lieu d'origine
Yougoslavie

Nationalité
Croate

Taille
Moyenne-petite

Hauteur au garrot
46-58 cm

Poids idéal
20 kg

Utilisation
Chasse

• Morphologie

La tête est longue, étroite et sèche, avec un stop léger mais non abrupt. Le museau est long avec le chanfrein droit et la truffe noire. Les yeux sont ovales, avec un iris sombre. Les oreilles sont fines, larges à l'encolure, attachées un peu au-dessus de la ligne de l'œil. Elles retombent à plat sur les côtés de la tête. Chez la variété à poil ras, le poil est court, fin, dense, brillant, parfois un peu plus long sur les cuisses et sur la queue. Chez la variété à poil dur, le poil de couverture est dur, long de 5 à 10 cm, ni frisé, ni ondulé. Le sous-poil est dense et court. Une seule couleur pour les deux variétés : le blanc neige avec des taches orange. La queue est fine et légèrement portée en lame de sabre.

• Histoire

Ce chien courant existe en Istrie depuis fort longtemps, et a su conserver la pureté et l'uniformité de son type. Comme les autres chiens courants suisses, il descend probablement des chiens courants apportés en Europe depuis l'Orient par les Phéniciens.

• Tempérament

Il est infatigable sur les terrains accidentés et dans une végétation dense. Excellent auxiliaire à la chasse au lièvre, il n'est pas toujours performant à la chasse au renard.

CARTE D'IDENTITÉ

Type
Bassetoïde

Lieu d'origine
France

Nationalité
Française

Taille
Petite et naine

Hauteur au garrot
25-36 cm

Poids idéal
15 kg environ

Utilisation
Chasse, compagnie

Basset artésien normand

Le basset artésien normand est sans doute le plus populaire des bassets français de chasse.

• Morphologie

Par rapport au corps, qui est long et bas sur pattes, la tête semble volumineuse, avec le museau long, le chanfrein droit et la truffe noire. Les yeux sont grands et foncés, avec une expression calme et sérieuse. Les oreilles sont très longues et attachées bas. La robe présente un poil lisse, court, plat, plutôt grossier, tricolore ou blanc et orange. La queue est longue, parfois recourbée vers le haut, mais elle n'est jamais enroulée sur le dos.

• Histoire

Cette race est issue du croisement entre le basset d'Artois et le basset de Normandie, aujourd'hui disparus.

• Tempérament

Courageux, au flair et à la sensibilité extraordinaires, avec un penchant inné pour la poursuite du gibier. Ce chien est intelligent, doux et affectueux, aimant les enfants. Il est facile à dresser.

Basset bleu de Gascogne

Le plus petit des chiens courants « bleus » de Gascogne a les mêmes origines que ses cousins plus grands, dont il est issu grâce à une sélection faite par l'homme.

• Morphologie

Bas sur pattes, c'est un chien bien bâti, mais pas lourd. La tête est sèche, en forme d'ogive, avec le chanfrein légèrement busqué ou droit. Les yeux sont foncés, d'une expression douce et un peu triste. Les oreilles, attachées bas, sont longues, fines et tire-bouchonnées. La robe est constituée d'un poil court, abondant et pas trop fin. Elle est bleue à taches noires plus ou moins étendues, avec des traces de feu sur les yeux, les joues, etc. La queue est portée gaiement.

• Tempérament

Excellent chien de chasse, il est aussi apprécié comme animal de compagnie, pour sa nature douce et agréable.

CARTE D'IDENTITÉ

Type
Braccoïde

Lieu d'origine
France

Nationalité
Française

Taille
Petite

Hauteur au garrot
34-42 cm

Poids idéal
15 kg environ

Utilisation
Chasse, compagnie

CARTE D'IDENTITÉ

Type
Bassetoïde

Lieu d'origine
France

Nationalité
Française

Taille
Petite et naine

Hauteur au garrot
32-36 cm

Poids idéal
15-20 kg

Utilisation
Chasse

Basset fauve de Bretagne

Chien courant courageux et très fiable, c'est un chasseur particulièrement bien adapté aux terrains escarpés plantés de buissons épais.

• Morphologie

Ce chien a la tête légèrement convexe, avec le museau large et le chanfrein droit ou légèrement busqué. La truffe est noire ou marron foncé. Les oreilles, moyennement longues, sont tombantes et attachées au niveau de la ligne de l'œil. Les yeux sont foncés, petits, au regard vif. Le poil de la robe est très dur, dense, assez court, adhérant bien au corps. Les couleurs de la robe sont le froment doré ou le fauve, avec parfois une tache blanche au poitrail. La queue, épaisse à la base, de moyenne longueur, est portée en faucille et s'effile bien à l'extrémité.

• Histoire

Il est issu du griffon fauve de Bretagne par sélection du caractère basset.

• Tempérament

Il est vif et doux, et donc très indiqué aussi comme chien de compagnie.

Basset griffon vendéen

Répandue depuis très longtemps en France, surtout dans l'ouest de la Vendée, cette race se subdivise en deux variétés : le grand basset griffon vendéen et le petit basset griffon vendéen, qui se différencient essentiellement par la hauteur au garrot et d'autres petits détails.

• Morphologie

Le corps est recouvert d'un poil long et grossier, jamais soyeux ni laineux, avec un sous-poil dense (qu'on ne doit pas raccourcir pour les expositions) ; la robe est blanche avec diverses combinaisons de taches jaune citron, orange, tricolores ou grises. La tête est assez volumineuse ; le museau est carré, avec un chanfrein légèrement busqué (droit chez la variété plus petite). La truffe est noire. Les yeux sont grands et foncés ; le blanc de l'œil et le rouge de la paupière ne doivent pas apparaître. Les oreilles, attachées bas, sont longues, ovales, recouvertes de longs poils à leur pointe. La queue, attachée haut, est légèrement effilée et fournie d'un poil abondant.

• Histoire

La race, issue d'antiques limiers gaulois et du griffon de Vendée, avait vers la moitié du XIXe siècle les caractéristiques d'un basset hound à poil rêche. La variété la plus grande, utilisée au début à la chasse au renard, participe à la chasse au sanglier encore de nos jours. La variété plus petite n'est qu'une version naine de la plus grande, obtenue par sélection artificielle.

• Tempérament

C'est un excellent chasseur pour gibier à poil et à plumes, capable de suivre une piste avec détermination. Toutefois, c'est également, et surtout le petit, un chien affectueux, gai, sociable, loyal, excellent compagnon pour les enfants.

• Soins et habitat

Il faut brosser énergiquement le poil, surtout durant la mue. Après les promenades ou la chasse, il faut examiner avec soin les pieds pour détacher tous les corps étrangers accrochés dans le poil. Les deux variétés doivent faire beaucoup d'exercice physique et ne sont pas adaptées à la vie en appartement.

CARTE D'IDENTITÉ

Type
Bassetoïde

Lieu d'origine
France

Nationalité
Française

Taille
Petite

Hauteur au garrot
Petit : 34-38 cm
Grand : 39-43 cm

Poids idéal
15 kg

Utilisation
Chasse

CARTE D'IDENTITÉ

Type
Braccoïde
Lieu d'origine
Probablement Grèce ancienne
Nationalité
Britannique
Taille
Petite
Hauteur au garrot
33-40 cm
Poids idéal
17 kg
Utilisation
Chasse, compagnie

Beagle

Aussi heureux à la chasse que sur le tapis de la maison, le beagle est un compagnon vif et fidèle, qui connaît une popularité grandissante, non seulement comme chien courant (il chasse le lièvre ou le lapin, seul, en couple ou en meute), mais aussi comme chien de compagnie. Il est caractérisé par une voix particulièrement harmonieuse.

• Morphologie

D'allure ramassée, vigoureux, il a la tête assez longue, avec le stop prononcé et le museau carré. Les yeux sont grands et ronds, de couleur marron foncé ou noisette. Les oreilles sont longues, plates et fines, légèrement portées vers l'avant. Le poil de la robe est court, fin et imperméable, dans toutes les couleurs typiques des chiens courants, sauf la couleur rouge-brun. La queue est robuste, de longueur moyenne et de forme conique ; elle est portée dressée, jamais enroulée sur le dos.

• Histoire

C'est le plus petit des limiers et ses origines remontent probablement à la Grèce antique. Les Normands l'utilisaient pour la chasse au lièvre ; ils l'introduisirent en Angleterre en 1066. À cette époque, il était plus menu. C'est l'un des chiens les plus célèbres et les plus répandus en Grande-Bretagne où fut fondé, en 1865, le Beagle Club. De nos jours, il est très populaire un peu partout. Durant les championnats, on le soumet à des épreuves de travail, pour qu'il ne perde pas ses qualités de chasseur.

• Tempérament

Il est actif et gai. Bien que ce soit un chien de meute, il est affectueux comme un chien de compagnie et n'a pas l'exigence de vivre avec d'autres chiens. Il lui faut toutefois une main ferme, car il se montre parfois assez têtu.

• Soins et habitat

C'est un chien rustique, qui n'exige que des brossages périodiques et un régime riche en protéines. Il s'adapte bien en appartement, s'il fait de longues promenades.

Basset hound

Le basset hound est un excellent chasseur. Doté d'une agilité et d'une énergie surprenantes, ainsi que d'un flair exceptionnel, il suit aisément les traces olfactives de lièvres, lapins et faisans dans les sous-bois les plus denses. Il a un aboiement typique, profond, qui résonne comme une cloche.

• Morphologie

Il a la structure typique du basset, avec le corps allongé et les membres courts. Il doit posséder une ossature forte, sans donner toutefois une impression de lourdeur dans les mouvements. La tête s'amincit vers le museau, le stop est peu marqué ; la peau peut présenter des rides. Les oreilles sont longues et veloutées, attachées juste en dessous de la ligne de l'œil. Les yeux sont de couleur variable, de noir à brun moyen, d'une expression un peu triste. Le rose de la paupière inférieure ne doit pas être trop visible. La robe, au poil lisse, court et compact, peut être noire, marron clair et blanc, citron et blanc, et de toute autre couleur admise pour les chiens courants. La queue, longue et conique, est recourbée vers le haut quand le chien est en mouvement.

• Histoire

La race s'est créée en France vers la fin du XVIe siècle. On croit, à cause de la forme de sa tête et de son odorat très développé, qu'il s'agit d'une variété naine du bloodhound. Vers la moitié du XIXe siècle, le basset hound fut introduit en Grande-Bretagne et, en 1833, il fut inscrit officiellement parmi les races reconnues

CARTE D'IDENTITÉ

Type
Bassetoïde

Lieu d'origine
France

Nationalité
Britannique

Taille
Petite

Hauteur au garrot
33-38 cm

Poids idéal
23 kg environ

Utilisation
Chasse, compagnie

par le Kennel Club britannique. Ce furent toutefois les Américains qui se spécialisèrent dans la sélection des sujets de compagnie et d'exposition, domaines dans lesquels la race est de plus en plus populaire.

Agile et doté d'un excellent flair, le basset hound est très efficace pour chasser dans les sous-bois.

• Tempérament

Malgré leur aspect un peu grave, les bassets hounds sont des animaux vifs, sociables, doux et de bon caractère, très dévoués à leur maître et affectueux. Ils ont besoin de beaucoup d'exercice physique et ils aiment les promenades à la campagne, où ils peuvent passer des heures à explorer les buissons et les petits bois.

• Soins

S'il est gardé à la maison et contraint à des habitudes sédentaires, qu'il apprécie néanmoins, le basset hound a tendance à grossir, et court le risque de souffrir d'arthrite lorsqu'il sera vieux.

Chiens de recherche au sang

Chien courant de Hanovre

Chien de chasse calme et tenace, doué d'un flair très sensible, il est issu de races différentes utilisées pour sentir le sang.

• **Morphologie**

Il a le corps rectangulaire et le dos long. Le poil de la robe est dense, lisse et doux. Les couleurs vont du roux, plus ou moins foncé, au bringé, avec ou sans masque noir. La tête est typiquement braccoïde, avec un stop prononcé et un museau robuste ; le chanfrein est légèrement busqué. Les yeux sont bruns. Les oreilles sont assez longues, très larges, attachées haut et tombantes. La longue queue doit descendre jusqu'à la moitié du jarret.

CARTE D'IDENTITÉ

Type
Braccoïde

Lieux d'origine
France, Allemagne

Nationalité
Allemande

Taille
Moyenne

Hauteur au garrot
Mâle : 60-65 cm
Femelle : 50-54 cm

Poids idéal
40-48 kg

Utilisation
Chasse

• **Histoire**

Il descend des anciens chiens courants celtiques élevés par les Gaulois, mais son ancêtre le plus récent est le chien saint-hubert. La race a été reconnue en 1880.

Contrairement à d'autres chiens courants, le chien courant de Hanovre ne s'adapte pas à la vie en appartement.

• **Tempérament**

Tranquille, têtu mais réfléchi, il peut suivre des pistes sur de longues distances et dans des conditions difficiles. Son dressage est assez long et exige patience et douceur car, bien qu'il soit très attaché à son maître, il est têtu et introverti.

• **Habitat**

Il n'est pas du tout adapté à la vie en appartement.

• **Remarques**

Du croisement entre le chien courant de Hanovre et le chien courant suisse, est issu le chien courant de Bavière, plus petit.

CARTE D'IDENTITÉ

Type
Braccoïde
Lieu d'origine
Allemagne
Nationalité
Allemande
Taille
Moyenne-grande
Hauteur au garrot
Mâle : 61-69 cm
Femelle : 56-65 cm
Poids idéal
25-30 kg
Utilisation
Chasse

Chien courant de Weimar

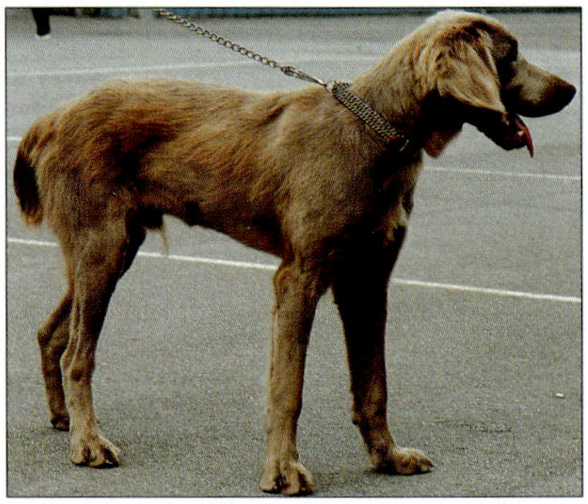

Son nom allemand est *Weimaraner*. Rapide au trot et au galop, il est très apprécié pour sa capacité d'adaptation. Utilisé, à l'origine, pour chasser les loups, les ours et les sangliers, il fut employé ensuite à la chasse et au rapport des oiseaux sauvages. Deux variétés distinctes sont reconnues par la FCI : l'une à poil court et l'autre à poil long, dont c'est la seule distinction.

• **MORPHOLOGIE**

Le tronc, inscrit dans un carré, est assez long, ramassé et élégant, avec le thorax bien descendu et l'abdomen un peu rentré. La tête est sèche, le stop modéré et le museau long. Les yeux sont moyens, gris-bleu ou ambre. Les oreilles, attachées haut, sont assez longues, légèrement repliées. La variété à poil court est couverte d'un poil uniformément court et brillant. La robe présente diverses tonalités de gris : argenté, chevreuil, souris, parfois avec de petites taches blanches sur le poitrail et sur les pieds. La queue, attachée au-dessous de la ligne du dos, est généralement écourtée.

Les deux variétés de chien courant de Weimar : à poil court (ci-dessus) et à poil long (en haut).

• **HISTOIRE**

Des chiens avec des caractéristiques proches de celles du chien courant de Weimar étaient déjà utilisés à partir du XVIIe siècle, mais la race a été identifiée au début du siècle dernier. Elle fut sélectionnée par le duc de Weimar, d'où son nom – probablement à partir du Leithund, issue à son tour du chien courant allemand antique – et elle garde des caractéristiques de pureté extraordinaires. Après la Seconde Guerre mondiale, elle a acquis une grande popularité.

• **TEMPÉRAMENT**

Actif, déterminé, intelligent et intrépide, il exige un dressage adéquat et une main ferme de la part de son maître, car il est têtu, parfois agressif. Ce chien a besoin de faire beaucoup d'exercice physique tous les jours.

Chien courant d'Auvergne

C'est le chien courant français le plus répandu. Excellent chasseur, il est utilisé surtout pour la chasse aux perdrix.

• **MORPHOLOGIE**

Il a un corps puissant, avec des membres robustes. La tête est longue, avec le stop peu marqué ; la truffe est noire. Les yeux sont assez grands, noisette foncé. Les oreilles, longues et un peu tire-bouchonnées, sont attachées bas et vers l'arrière. Le poil est court, brillant, jamais dur, et pas trop fin. Les couleurs admises sont : blanc, avec ou sans taches noires, avec des mouchetures plus ou moins étendues ; charbonné, noir et blanc, avec parfois une prédominance du noir. Recherchée, la robe blanche avec des taches bleu-noir : les grandes taches et les mouchetures sont ornées de reflets bleus caractéristiques. La queue, de grosseur moyenne, est portée droite, et elle est coupée à un tiers environ.

CARTE D'IDENTITÉ

Type
Braccoïde

Lieu d'origine
France

Nationalité
Française

Taille
Moyenne

Hauteur au garrot
Mâle : 57-63 cm
Femelle : 55-60 cm

Poids idéal
25-32 kg

Utilisation
Chasse

• **HISTOIRE**

Selon certains cynophiles ses origines sont très anciennes : des chevaliers de Malte l'auraient conduit en pays arverne, où ils possédaient de vastes terre. Pour d'autres, il aurait été importé toujours par les chevaliers de Malte, mais beaucoup plus tard, en 1798, après que Napoléon ait conquis l'île. D'autres encore affirment que le chien courant d'Auvergne est un chien autochtone, qui s'est conservé pur à travers les siècles. Quelle que soit la vérité, on sait qu'au XIXe siècle la race a été croisée avec le pointer.

• **TEMPÉRAMENT**

Il faut l'éduquer avec fermeté et douceur, pour qu'il devienne un chien dévoué et fiable.

• **HABITAT**

Ce n'est pas un chien d'appartement et il est bon qu'il puisse se dépenser.

Grâce à ses excellentes qualités de chasseur, le chien courant d'Auvergne est le plus répandu des braques français.

Chien courant du Bourbonnais

CARTE D'IDENTITÉ

Type
Braccoïde
Lieu d'origine
France
Nationalité
Française
Taille
Moyenne
Hauteur au garrot
55-60 cm
Poids idéal
25-30 kg
Utilisation
Chasse, compagnie

Il a un arrêt solide, il est capable de diriger les déplacements du gibier et de maintenir l'arrêt lorsque le gibier se lève.

• Morphologie

La tête est ovale avec un museau long, droit et assez large. Les yeux sont grands, couleur ambre foncé, avec un regard franc et doux. Les oreilles sont assez fines, peu détachées de la tête, pas trop larges et légèrement tire-bouchonnées. Le poil de la robe est dense et court, un peu gras et opaque. Les couleurs admises sont le blanc et le marron clair, qui donnent ensemble un effet « lie de vin » ou légèrement fauve, sans taches, mais avec de nombreuses mouchetures qui se fondent avec le blanc et qui sont distribuées de façon uniforme sur tout le corps. La queue, attachée assez bas, peut être absente ou très courte : 15 cm maximum.

• Histoire

Chien antique, typique du Bourbonnais, de l'Ariège et des régions limitrophes, il a les mêmes ancêtres que le chien courant français. Il a été plusieurs fois menacé d'extinction, et notamment dans la deuxième moitié du XIXe siècle. Il réapparut au début du XXe grâce à la sélection entreprise sous la demande pressante des chasseurs qui en appréciaient la robustesse. Mais la consanguinité et les événements de la Première Guerre mondiale menacèrent à nouveau sa survie. Dans les années vingt, l'élevage du chien courant du Bourbonnais repartit presque de zéro, avec une douzaine de sujets, avec lesquels les éleveurs réussirent à différencier des lignées de sang très stables.

Le chien courant du Bourbonnais est élevé également pour être un chien de compagnie en raison de son caractère doux et docile.

• Tempérament

Il se déplace au petit trot ou au petit galop, effectuant une quête restreinte, discrète, et devançant le chasseur de 20 à 40 mètres. Cette caractéristique lui permet une grande économie d'énergie, et il est capable de chasser toute une journée sans se fatiguer. Très docile et doux, il est également élevé comme chien de compagnie.

Chien courant français type Gascogne

Son élevage est orienté vers la production de sujets de hauteur moyenne (60 cm environ) et, puisqu'on enregistre une tendance inverse parmi les amateurs du chien courant français type Pyrénées, très semblable mais de taille inférieure, on peut facilement prévoir que les deux races finiront par se fondre.

CARTE D'IDENTITÉ

Type
Braccoïde

Lieu d'origine
France

Nationalité
Française

Taille
Moyenne

Hauteur au garrot
56-65 cm

Poids idéal
25-32 kg

Utilisation
Chasse, arrêt

• Morphologie

La tête est assez importante, avec un stop pas très prononcé et un museau ni rectangulaire, ni pointu. Les yeux sont marron ou jaune. Les oreilles, attachées haut, sont moyennes. La robe a le poil fin et court. Les couleurs admises sont : blanc avec des taches plus ou moins foncées, avec ou sans mouchetures ; entièrement tacheté de marron ; marron zain ou marron avec du blanc sur la tête, sur le poitrail et sur l'extrémité des membres ; blanc tacheté de cannelle, ou entièrement cannelle. Il peut y avoir des marques feu sur les yeux, les joues et les membres. La queue peut être longue ou écourtée.

• Tempérament

Chien d'arrêt, adapté pour le travail en montagne, ce chien courant alterne, lorsqu'il quête, le trot et le galop, avec une préférence marquée pour l'allure plus lente.

Ci-dessous, le chien courant français des Pyrénées. En haut, le chien courant français de Gascogne.

Chien courant français type Pyrénées

De petite taille (47-56 cm de hauteur au garrot pour un poids de 17 à 25 kg), c'est un chien rustique, assez musclé sans être lourd. Il a un poil gros et dense, plus fin sur la tête et les oreilles ; les couleurs de la robe sont les mêmes que pour le chien courant type Gascogne. Son crâne est plus court et son museau moins rectangulaire. Ses oreilles sont attachées plus haut et sont un peu plus courtes.

Chien courant saint-germain

CARTE D'IDENTITÉ

Type
Braccoïde

Lieu d'origine
France

Nationalité
Française

Taille
Moyenne

Hauteur au garrot
Mâle : 56-62 cm
Femelle : 54-59 cm

Poids idéal
25-30 kg

Utilisation
Chasse, compagnie

Le saint-germain est le chien courant français le plus élégant. Sec et robuste, il ressemble au pointer.

• Morphologie

Le front est très large avec un stop bien prononcé, mais pas trop accentué ; le museau est long, droit ou légèrement convexe. Les yeux sont jaune or. Les oreilles sont attachées au niveau de la ligne de l'œil, bien détachées de la tête, triangulaires et pendantes. La peau doit être fine et souple. La robe présente un poil court, pas trop fin, mais jamais dur. Elle doit être de couleur blanc opaque avec des taches orange vif, auxquelles peuvent se mélanger parfois des poils blancs. Les mouchetures sont tolérées, mais ne sont pas souhaitables. La queue, attachée au-dessous de la ligne des reins, ne dépasse pas la pointe du jarret ; elle est grosse à la base et va s'amenuisant vers l'extrémité. Elle doit être portée horizontalement.

• Histoire

Il a été sélectionné en 1830 par le baron Larminat, à partir d'un croisement entre une femelle pointer et un chien courant français blanc et marron. La race doit son nom aux gardes forestiers de Saint-Germain, qui poursuivirent l'œuvre commencée par Larminat en utilisant les sujets nés du premier croisement.

• Tempérament

Intelligent, calme et docile, il a une bonne capacité d'apprentissage et il est donc facile à dresser.

• Soins et habitat

Il doit suivre un régime bien équilibré en protéines végétales et animales. Pour que la robe garde toute sa brillance, il suffit de la brosser une ou deux fois par semaine. Il faut contrôler régulièrement les conduits auditifs. Il peut bien s'adapter à la vie en appartement, à condition qu'il puisse faire beaucoup d'exercice.

Chien courant hongrois

Connu aussi sous le nom de *Vizsla*, il est élevé surtout comme chien de piste, d'arrêt et de rapport, mais il peut également être un excellent animal de compagnie, à condition que son maître aime faire de l'exercice physique. La FCI reconnaît deux variétés : l'une à poil court et l'autre à poil dur. Cette dernière est plus adaptée pour la chasse en milieu aquatique.

CARTE D'IDENTITÉ

Type
Braccoïde

Lieu d'origine
Hongrie

Nationalité
Hongroise

Taille
Moyenne

Hauteur au garrot
Mâle : 57-64 cm
Femelle : 53-60 cm

Poids idéal
25-32 kg

Utilisation
Chasse, compagnie

• Morphologie

Chez la variété à poil court, le poil est dense, droit et court, brillant et presque huileux au toucher. Chez la variété à poil dur, le poil est rêche, adhérent au corps, opaque et le chien présente une petite barbiche sous le menton. La robe est rouge doré unicolore dans les deux variétés. Il a le museau carré à l'extrémité ; la couleur de la truffe se fond avec celle de la robe. Le stop est modérément prononcé. Les yeux sont ovales, de taille moyenne, de couleur légèrement plus foncée que celle de la robe. Les oreilles sont longues et tombantes, en forme de « V » arrondi. La queue, attachée bas, est portée horizontalement quand le chien est en action ; elle est généralement coupée aux deux tiers de sa longueur.

• Histoire

Ses origines remontent au Moyen Âge ; il descend probablement de chiens qui arrivèrent en Europe autour de l'an mil avec les hordes magyares. Il a sûrement développé sa vigueur caractéristique dans les plaines hongroises riches en gibier. La race risqua de disparaître à cause des deux guerres mondiales, mais après, quelques exemplaires furent importés en Autriche, où ils furent élevés. Ils se répandirent ensuite dans les autres pays. La variété à poil dur a été sélectionnée à partir de croisements entre la variété à poil court et le drahthaar.

• Tempérament

Il est extrêmement actif, affectueux, doux, intelligent et obéissant. Facile à dresser, il doit être éduqué avec douceur. C'est un excellent chasseur, très efficace également dans le rapport du gibier.

CARTE D'IDENTITÉ

Type
Braccoïde

Lieu d'origine
Allemagne

Nationalité
Allemande

Taille
Moyenne

Hauteur au garrot
Mâle : 60-65 cm
Femelle : 58-63 cm

Poids idéal
30 kg environ

Utilisation
Chasse, compagnie

Grand épagneul de Münster

Très docile, proche du spaniel anglais dans le travail, il n'est pas très répandu en dehors de sa patrie.

• Morphologie

Élégant et sec, mais également musclé, il a le poil long, dense et lisse. La robe est blanche avec des taches noires, ou pointillée de noir. La tête est élégante et allongée, avec le stop petit, le chanfrein droit et la truffe noire. Les yeux sont foncés. Les oreilles sont larges, attachées assez haut, tout contre la tête, et arrondies à l'extrémité. La queue est modérément longue et attachée bas.

• Histoire

Le grand épagneul de Münster descend du Langhaar, chien d'arrêt allemand à poil long. Dans un premier temps, précisément en 1919, les grands épagneuls de Münster eurent leur propre club, même si la race n'était pas encore officiellement reconnue. Ensuite leur club s'unit à celui du Langhaar, et les deux types eurent un livre généalogique commun, dans lequel, toutefois, les portées des deux races étaient enregistrées séparément. Malgré les croisements entre les deux types, on ne réussit pas à obtenir leur fusion : en effet, dans la même portée, on trouvait des sujets de Langhaar et des sujets d'épagneuls de Münster, avec des caractères bien différenciés. Dans les années cinquante, les deux clubs se séparèrent, mais les passionnés des deux races continuèrent de travailler ensemble pour améliorer les qualités de leurs chiens dans le domaine de la chasse.

Peu connu en dehors de l'Allemagne, le grand épagneul de Münster est un chien docile et doté de grandes capacités.

• Tempérament

Il est très docile et apprend facilement. Il peut se révéler un chien de compagnie tout à fait agréable et disponible, car il aime vivre en compagnie de l'homme et en famille.

Petit épagneul de Münster

C'est le plus petit des chiens d'arrêt allemands. Fort et endurant, il est capable de chasser sur tous types de terrain.

• Morphologie

La tête de ce chien est élégante, sèche, légèrement convexe, avec un stop petit, et un museau robuste, long et droit. Les yeux sont marron foncé de préférence. Les oreilles, larges, sont attachées haut, tout contre la tête, et se terminent en pointe. La robe a le poil lisse, dense, de longueur moyenne et peu ondulé ; il est très adhérent au corps, toujours de couleur blanc et marron (on tolère des taches rougeâtres sur le museau et sur les yeux). La queue, de longueur moyenne, frangée, est légèrement recourbée vers le haut à l'extrémité.

Carte d'identité

Type
Braccoïde

Lieu d'origine
Allemagne

Nationalité
Allemande

Taille
Moyenne

Hauteur au garrot
Mâle : 52-56 cm
Femelle : 50-54 cm

Poids idéal
23 kg environ

Utilisation
Chasse, compagnie

• Histoire

En dépit de son nom, il ne descend pas du grand épagneul de Münster. Selon des cynophiles allemands, un chien de la même taille, et utilisé pour les mêmes tâches, existait déjà au Moyen Âge en Westphalie, mais son élevage fut ensuite abandonné, car les chasseurs préféraient des chiens de plus grande taille. Au début du XXe siècle, on croisa les exemplaires rescapés avec des chiens français ayant les mêmes caractéristiques de travail, et on obtint le petit épagneul de Münster. La sélection commença juste après la Première Guerre mondiale.

Malgré son nom, le petit épagneul de Münster n'est pas issu du grand épagneul de Münster, mais d'un chien de chasse déjà présent en Allemagne au Moyen Âge.

• Tempérament

Tout comme le grand épagneul de Münster, il est très docile, possède une grande capacité d'apprentissage et aime vivre en famille. Il est toutefois plus gai et vif, et aussi plus curieux. Il peut être un bon chien de compagnie.

CARTE D'IDENTITÉ

Type
Braccoïde

Lieu d'origine
France

Nationalité
Française

Taille
Moyenne

Hauteur au garrot
55-60 cm

Poids idéal
25-28 kg

Utilisation
Chasse

Épagneul picard

Très apprécié par tous ceux qui préfèrent chasser avec un seul chien, il est caractérisé par une quête méthodique et minutieuse, un flair très aigu et un arrêt solide.

• Morphologie

La tête est élégante, avec le crâne rond et large ; le stop n'est pas en angle droit, mais oblique. Le museau, long et assez large, se rétrécit vers l'extrémité ; il est légèrement proéminent. Les yeux sont ambre foncé, bien ouverts. Les oreilles sont assez basses et encadrent bien la tête. Le poil est gros et très soyeux, fin sur la tête et légèrement ondulé sur le tronc. La robe est grise tachetée, avec de larges bandes marron sur les différentes parties du corps et à la base de la queue. Elle présente souvent des marques feu sur la tête et sur les pattes. La queue, pas très longue et bien fournie en poil, forme deux courbes légères, l'une convexe et l'autre concave.

• Histoire

On trouve des traces de ce chien à partir du XIe siècle, en Picardie, dans la vallée de la Somme. Délaissée au XIXe siècle, la race fut redécouverte en 1904. Trois exemplaires, issus d'une longue et intelligente sélection, furent présentés à l'exposition de Paris. Cette apparition réveilla l'intérêt pour cet épagneul.

• Tempérament et soins

Robuste et intelligent, il possède une trempe extraordinaire qui le rend apte à tous types de chasse. Spécialisé dans la chasse au canard sauvage, il affectionne les terrains humides. Doux et sensible, gai et sociable, c'est un compagnon affectueux et fidèle. Sa robe exige un brossage quotidien et des bains à l'occasion. Les chiots ont le poil long à l'âge de trois ou quatre mois.

• Habitat

Il peut vivre en appartement, mais il a besoin d'exercice.

Épagneul bleu de Picardie

Il ressemble à l'épagneul picard, mais s'en distingue par la couleur de la robe. Il est aussi plus rapide, plus calme et plus léger dans ses mouvements.

CARTE D'IDENTITÉ

Type
Braccoïde

Lieu d'origine
France

Nationalité
Française

Taille
Moyenne

Hauteur au garrot
Mâle : 57-60 cm
Femelle : un peu moins

Poids idéal
25-28 kg

Utilisation
Chasse, compagnie

• Morphologie

La tête présente un crâne ovale, assez large, avec un stop modérément prononcé mais bien défini. Le museau est long et assez large. Les yeux sont foncés, grands et bien ouverts. Les oreilles, attachées un peu au-dessus de la ligne des yeux, sont assez épaisses et bien ondulées. Elles encadrent la tête. Le poil de la robe est lisse ou légèrement ondulé. La couleur admise par le standard est le gris-noir tacheté, qui crée un effet bleuté avec des taches noires. La queue ne doit pas trop dépasser le jarret, et elle ne doit surtout pas se terminer en crochet.

• Histoire

Ce chien doit son nom à sa robe caractéristique aux reflets bleuâtres. La race a été sélectionnée au début du XXe siècle, en croisant un épagneul picard avec un setter gordon auquel elle doit les mouchetures et les taches noires, et peut-être aussi avec un setter anglais. Vers les années soixante-dix, la race a failli disparaître à cause de sa faible diffusion. Elle a réussi à se reprendre grâce aux efforts de quelques éleveurs qui en ont sauvé les lignées de sang les plus importantes.

• Tempérament

Docile et facile à dresser, il aime jouer, surtout dans les premiers mois de sa vie. C'est non seulement un excellent chasseur, mais aussi un bon chien de compagnie, agréable et disponible. Destiné aux mêmes emplois que l'épagneul picard, il a toutefois des comportements différents, car il est plus rapide et passionné. Il aime surtout la chasse aux oiseaux aquatiques, dans les marais et les milieux humides.

Épagneul breton

C'est le plus petit, mais aussi le plus répandu des épagneuls français. Beau, habile et doux, il a su conquérir la place qui lui revient, non seulement en Europe mais aussi aux États-Unis.

CARTE D'IDENTITÉ

Type
Braccoïde

Lieu d'origine
Bretagne

Nationalité
Française

Taille
Moyenne-petite

Hauteur au garrot
Mâle : 48-50 cm
Femelle : 47-49 cm

Poids idéal
23-25 kg

Utilisation
Chasse

• Morphologie

Ramassé, fort, mais très élégant, il est recouvert d'un poil fin, assez plat ou légèrement ondulé. Les couleurs admises pour la robe sont : blanc et orange, blanc et marron, blanc et noir, tricolore ou rouan, avec l'une de ces couleurs. La tête est arrondie, avec un stop évident, mais pas trop accusé, et un museau droit ou légèrement recourbé. Les yeux sont de couleur ambre foncé, en harmonie avec la robe, vifs et expressifs. Les oreilles, attachées haut, sont assez courtes et légèrement arrondies ; elles sont légèrement frangées, mais bien garnies d'un poil ondulé. La queue, lorsqu'elle est présente, est droite ou pendante ; longue d'environ 10 cm et souvent un peu tortillée, elle se termine par une touffe de poils.

L'épagneul breton est le plus petit mais aussi le plus répandu des épagneuls français. Parmi les couleurs admises par le standard de la race, il y a le rouan et orange (ci-contre) et le blanc, noir et orange (ci-dessous).

• HISTOIRE

La race, créée en Bretagne, est assez récente. Ses caractères ont été fixés au début du xxe siècle, tandis que la sélection a commencé quelques décennies plus tôt. Il semblerait que dans ses veines coule aussi du sang de setter écossais.

• TEMPÉRAMENT

Très actif et éveillé, l'épagneul breton est le compagnon préféré de nombreux chasseurs, en raison de son caractère gai et docile, ainsi que de son efficacité et de son astuce dans son travail de chien d'arrêt. D'un naturel très sensible, cet épagneul doit être éduqué avec douceur, car il peut se montrer têtu face à un maître trop dur.

• SOINS ET HABITAT

Il faut contrôler périodiquement les pavillons auriculaires et nettoyer les conduits auditifs, pour éviter les inflammations auxquelles l'épagneul breton est naturellement prédisposé. La robe exige un brossage hebdomadaire, mais le bain n'est conseillé qu'en cas de nécessité. Il a besoin de beaucoup d'exercice physique, avec de longues promenades et des courses dans des espaces ouverts. Il s'adapte bien à la vie en famille, grâce à sa sensibilité et à son dévouement envers son maître.

Ci-dessus, un épagneul breton blanc et orange. En bas, une portée de chiots.

CARTE D'IDENTITÉ

Type
Braccoïde

Lieu d'origine
France

Nationalité
Française

Taille
Moyenne

Hauteur au garrot
Mâle : 55-61 cm
Femelle : 54-59 cm

Poids idéal
23-25 kg

Utilisation
Chasse

Épagneul français

Plus grand que l'épagneul breton, c'est un chien d'arrêt adapté à toutes sortes de gibier et de terrains.

• Morphologie

Fort et robuste, sans être lourd, il a la robe dotée d'un poil plat, soyeux et dense sur le tronc, et légèrement ondulé derrière le cou et sur le poitrail. Les couleurs admises sont le blanc et marron légèrement bigarré, à taches irrégulières, ou le rouan plus ou moins tacheté ; les tonalités du marron vont de la cannelle au rouge-brun très foncée ; l'étoile sur la tête est souhaitable. La tête est bien sculptée, avec le stop prononcé et le museau légèrement convexe (préférable au museau droit). Les yeux sont ambre foncé, assez grands et ovales. Les oreilles, tout contre la tête et attachées légèrement derrière la ligne de l'œil, sont fournies de poils ondulés, et arrondies à l'extrémité. La queue, qui descend jusqu'à la pointe du jarret, est portée oblique et légèrement recourbée en forme de « S ». Assez grosse à la base, elle s'amenuise vers la pointe.

• Histoire

Ses origines remontent au XIIIe siècle. À partir du XIXe siècle, il commença à être négligé par les chasseurs français, qui lui préféraient le setter anglais, beaucoup plus rapide. La race a été reconnue au XIXe siècle grâce à l'abbé Fournier.

• Tempérament

Lent et méthodique, il alterne, dans la quête, le trot et le galop. Prudent, il parcourt le terrain en zigzaguant avec beaucoup d'attention et en signalant le gibier avec un arrêt solide. Excellent retriever dans les eaux glacées, il est assez docile et facile à dresser. Il est fidèle, doux et très sociable.

• Soins et habitat

Il doit faire beaucoup d'exercice pour se maintenir en forme, et il souffre d'eczéma s'il mène une vie trop sédentaire. Pour garder sa robe propre et brillante, il suffit de la brosser régulièrement.

Épagneul de Pont-Audemer

Peu répandu, ce chien est caractérisé par la présence de boucles sur le crâne et sur les oreilles.

• Morphologie

La tête présente un crâne rond et un front haut, avec un stop léger mais visible. Le museau est long avec une protubérance au milieu du chanfrein. Les yeux sont de couleur ambre foncé ou noisette, assez petits, avec un regard franc et doux. Les oreilles sont moyennement épaisses, plates, attachées bas, longues et garnies de boucles. Le poil de la robe est bouclé et légèrement rêche ; les couleurs admises sont le marron, le marron et gris tacheté, avec des reflets de feuille morte. La queue, attachée presque à la hauteur des reins, est grosse à la base et de longueur moyenne. Elle est portée assez droite et garnie de poils bouclés.

• Histoire

Il descend de l'antique chien d'oysel et de l'épagneul normand, aujourd'hui disparus. La race actuelle a été fixée au XIXe siècle, à partir de croisements avec l'épagneul français et, très probablement, avec le picard et l'épagneul d'eau irlandais *(Irish Water Spaniel)*, qui lui a transmis l'aptitude au travail en eau et la robe bouclée. De ses ancêtres français, il a hérité son habileté dans la quête et dans l'arrêt.

• Tempérament

Sa méthode de travail est identique à celle des autres épagneuls, à l'exception du breton. On peut le considérer comme un spécialiste de la chasse au gibier aquatique, dans laquelle il manifeste aussi une excellente aptitude au rapport.

• Soins

Sa robe exige un brossage régulier. Il faut avoir rarement recours au bain, et jamais en période de chasse dans les marais. Il est conseillé d'utiliser un savon neutre pour ne pas éliminer la graisse du poil et de la peau, qui le protège de l'humidité.

CARTE D'IDENTITÉ

Type
Braccoïde

Lieu d'origine
France

Nationalité
Française

Taille
Moyenne

Hauteur au garrot
52-58 cm

Poids idéal
25-28 kg

Utilisation
Chasse

L'épagneul de Pont-Audemer est un spécialiste de la chasse au gibier aquatique.

CARTE D'IDENTITÉ

Type
Braccoïde

Lieu d'origine
Pays-Bas

Nationalité
France

Taille
Moyenne

Hauteur au garrot
50-60 cm

Poids idéal
25 kg environ

Utilisation
Chasse

Griffon à poil dur

Appelé également *Korthals*, du nom de son inventeur E.K. Korthals, d'origine néerlandaise, qui, en 1872, entreprit la sélection d'un griffon à poil dur, en utilisant des griffons français. Bien que sélectionné dans les Pays-Bas, il est officiellement considéré comme français de nationalité.

• Morphologie

C'est un chien bien bâti et d'aspect rustique. La robe présente un poil dur, jamais frisé ni laineux, avec un sous-poil imperméable. Les couleurs sont le gris avec des taches marron, le marron unicolore, le rouan, le blanc et marron, et le blanc et orange. La tête est grande, longue, avec le museau long et carré. Le chanfrein est légèrement busqué, et la truffe est brune. Les yeux sont grands, de couleur variable du brun au jaune, avec un regard inquisiteur. Les oreilles sont pendantes, plates, jamais tire-bouchonnées. La queue est coupée d'un tiers ou d'un quart.

Ci-dessus, le griffon à poil dur, à la robe hirsute comme celle d'un sanglier.

• Tempérament

C'est un chien énergique, svelte, prompt à réagir, courageux et dévoué à son maître.

Griffon à poil doux

Il existe un griffon à poil doux, de nationalité française, connu sous le nom de boulet. Il doit ce nom à son créateur, qui entreprit la sélection vers la moitié du XIXᵉ siècle en utilisant des griffons locaux, des chiens de bergers et peut-être aussi le barbet. Le boulet est un chien de taille moyenne, bien charpenté. Le poil de la robe est plutôt soyeux, lisse ou ondulé, jamais frisé. Il a de grosses moustaches sur le museau. La couleur est toujours marron feuille morte, avec ou sans blanc. Les avis sur ses qualités de chasseur sont très partagés.

Chiens d'arrêt britanniques

Pointer

Le pointer anglais est très apprécié pour sa rapidité, son intelligence et son enthousiasme. Spécialisé dans la chasse sur le terrain, il possède des qualités presque légendaires pour localiser et « pointer » la proie, mais il ne rapporte pas le gibier.

CARTE D'IDENTITÉ

Type
Braccoïde

Lieu d'origine
Grande-Bretagne

Nationalité
Britannique

Taille
Moyenne

Hauteur au garrot
55-62 cm

Poids idéal
24-31 kg

Utilisation
Chasse

• Morphologie

Le poil de la robe est ras, lisse et brillant. Les couleurs admises sont : blanc, noir, noir feu, orange, fauve, roux, marron dans toutes les nuances, avec ou sans blanc. Son corps s'inscrit dans un carré ; le thorax est bien descendu. Le dos est musclé et l'abdomen sec. La tête a le crâne assez large. Le stop est bien marqué et le museau est légèrement concave. La couleur des yeux varie de noisette à marron. Les oreilles, tout contre la tête, sont attachées assez haut et moyennes. La queue, grosse à la base, s'amenuise et se termine en pointe. Elle est portée à hauteur du dos.

• Histoire

En 1713, les officiers britanniques ramenèrent dans leur patrie des chiens courants français et espagnols qu'ils appelèrent *pointers* (du verbe *point*, « pointer »). La sélection de la race commença en 1825. Au début du XXe siècle, elle fut exportée et révolutionna les habitudes de chasse dans toute l'Europe.

Le pointer possède des qualités presque légendaires pour repérer et signaler la proie.

• Tempérament

Vif, éveillé, jamais agressif, il montre une grande passion pour son travail. Gai, affectueux et docile, il est facile à dresser et c'est un excellent compagnon.

• Soins et habitat

Il ne faut pas oublier d'inspecter les oreilles et les coussinets plantaires après chaque battue. Il a besoin de beaucoup d'espace et d'exercice physique.

Setter anglais

CARTE D'IDENTITÉ

Type
Braccoïde

Lieu d'origine
Grande-Bretagne

Nationalité
Britannique

Taille
Moyenne

Hauteur au garrot
Mâle : 56-62 cm
Femelle : 54-60 cm

Poids idéal
Mâle : 27-29,5 kg
Femelle : 25-28 kg

Utilisation
Chasse

Appelé également *Lawerack,* d'après le nom de son sélectionneur, ce setter est un galopeur élégant et actif.

• Morphologie

Son corps est inscrit dans un rectangle ; il a le dos court et le ventre légèrement rentré. Il est recouvert d'un poil fin, long de 5 à 6 cm, soyeux, un peu frangé, et d'un sous-poil abondant en hiver. Les couleurs de la robe sont le blanc et noir *(blue belton),* le blanc et citron, le blanc et rouge-brun, le tricolore (noir avec des taches blanches et feu). La tête est longue, sèche, jamais lourde, avec un stop bien marqué et un museau carré ; le chanfrein est droit, et la truffe est noire ou couleur rouge-brun, selon la robe. Les yeux doivent être le plus foncés possible, de noisette à marron. Les oreilles sont attachées bas, pendantes tout contre les joues et frangées. La queue, attachée au niveau de la ligne du dos, est moyennement longue et portée légèrement recourbée ou en lame de sabre, mais jamais sur le dos.

• Histoire

Le setter anglais est le résultat de la sélection entreprise par sir Edward Lawerack (1798-1877), qui utilisa probablement des épagneuls, et continuée par Richard Purcell Llawellin. Avec le pointer, c'est l'un des chiens d'arrêt les plus recherchés.

• Tempérament

Très attaché à sa famille d'adoption, il est doux et tendre à la maison, et réservé dans la manifestation de ses sentiments. Il libère toute son énergie à la campagne et il parcourt le terrain au galop, à la recherche de traces olfactives. S'il est élevé correctement, il sait instaurer une excellente relation d'entente avec son maître, et n'a pas besoin d'un dressage particulier. Il est dévoué à toute la famille.

• Soins et habitat

Il a besoin de bouger beaucoup. La robe doit être brossée et peignée régulièrement. Le bain n'est nécessaire qu'à de rares occasions. Il doit pouvoir courir régulièrement en toute liberté.

Setter Gordon

Aussi connu sous le nom de setter écossais, c'est le plus gros et le plus robuste des setters : il possède une excellente endurance et il est capable de travailler longtemps sans boire. Il est plus calme que les autres setters, et chasse avec lenteur et méthode.

CARTE D'IDENTITÉ

Type
Braccoïde

Lieu d'origine
Écosse

Nationalité
Britannique

Taille
Moyenne

Hauteur au garrot
Mâle : 66 cm environ
Femelle : 62 cm

Poids idéal
Mâle : 29 kg
Femelle : 25 kg

Utilisation
Chasse

• Morphologie

La tête est plus haute que large, le stop est bien marqué et le museau est long. Le chanfrein est droit et la truffe, noire. Les yeux sont assez grands, de couleur brun foncé avec une expression intelligente. Les oreilles, attachées bas, pendent tout contre la tête. La robe présente un poil lisse, plat, ni frisé, ni ondulé, frangé et de couleur noir charbon avec des marques feu. La queue, assez courte, droite ou légèrement en lame de sabre, est portée horizontalement ou au-dessous du niveau du dos. Elle est recouverte d'un poil long et droit.

• Histoire

Le setter gordon est né vers 1800, grâce au duc Alexandre IV de Gordon. Habitué à chasser avec des chiens de berger, il avait remarqué que ces animaux possédaient des capacités olfactives extraordinaires et un instinct pour l'arrêt bien supérieur à celui d'autres races de chasse existantes à cette époque. Après des croisements très scrupuleux avec ses propres setters, il obtint l'actuel setter noir feu. La sélection continua après la mort du duc de Gordon (1827), et les caractères de la race ne furent fixés qu'en 1880. Moins répandu que les autres setters, il est néanmoins élevé dans toute l'Europe et aux États-Unis.

• Tempérament

Le setter gordon est tranquille, docile, prudent dans le travail. En famille aussi, c'est un chien sérieux et fiable, facile à éduquer et doué pour la garde ; il est très dévoué à son maître.

• Soins et habitat

Il exige des contrôles périodiques des coussinets plantaires et des conduits auditifs, surtout après ses sorties à la campagne. Il a besoin de faire beaucoup d'exercice, mais il s'adapte bien à la vie à la maison, à condition qu'il puisse faire de longues promenades à la campagne.

Setter irlandais

CARTE D'IDENTITÉ

Type
Braccoïde

Lieu d'origine
Irlande

Nationalité
Irlandaise

Taille
Moyenne

Hauteur au garrot
Mâle : 61-66 cm
Femelle : un peu moins

Poids idéal
20-30 kg

Utilisation
Chasse

Rapide et doué d'un flair d'une grande finesse, le setter irlandais *(Irish Setter)* est l'un des chiens d'arrêt les plus élégants. C'est un pur sang authentique.

• Morphologie

La robe, à la couleur acajou ou rouge feu caractéristique, a le poil de longueur moyenne, plat, ni ondulé, ni frisé, avec des franges sur le ventre, sur la queue et derrière les membres. La tête est longue et sèche, avec le stop peu marqué et le museau assez carré, avec le chanfrein droit et la truffe noire. Les yeux sont en amandes, noisette foncé ou marron foncé. Les oreilles, moyennes, sont attachées bas et très en arrière. Elles tombent contre la tête. La queue, effilée et attachée bas, est portée horizontalement ou au-dessous de la ligne du dos.

• Histoire

Il est issu de croisements entre l'épagneul et le vieux épagneul irlandais, avec du sang de setter anglais. Au début du siècle dernier, il n'avait pas encore cette couleur flamboyante et il était plus bas, plus lourd et plus court. En 1860, après différentes tentatives de sélection, il fut reconnu comme une race à part et, en 1885, on rédigea le standard qui n'admettait que la couleur rousse. Il est répandu et apprécié dans le monde entier.

• Tempérament

Il a besoin d'une main ferme car il aime à n'en faire qu'à sa tête.

• Soins et habitat

La robe exige les mêmes soins que celle du setter anglais. Il lui faut de l'exercice physique et de l'espace pour courir.

• Remarque

En 1987, la FCI a reconnu le setter irlandais roux et blanc, qui a les mêmes origines que le setter irlandais à poil unicolore roux. À part la coloration de la robe, peu de caractères les distinguent. Il est très peu connu en dehors des îles britanniques.

Labrador retriever

Le labrador est le retriever le plus répandu et le plus connu, grâce à sa capacité à effectuer différents types de travail. Traditionnellement utilisé dans la chasse à terre et dans l'eau, il est aujourd'hui également employé comme chien policier et guide pour les aveugles. Grâce à son excellent caractère, c'est aussi un agréable chien de compagnie.

CARTE D'IDENTITÉ

Type
Braccoïde

Lieu d'origine
Angleterre

Nationalité
Canadienne

Taille
Moyenne

Hauteur au garrot
Mâle : 56-57 cm
Femelle : 54-56 cm

Poids idéal
30-35 kg

Utilisation
Chasse, compagnie, chien policier et guide pour les aveugles

• Morphologie

La tête est large, avec un stop prononcé, un museau robuste, et la truffe large d'une couleur qui se fond avec celle de la robe. Les yeux sont moyens, marron ou noisette. Les oreilles sont attachées très en arrière ; peu lourdes, elles tombent contre la tête. Le poil est court, droit et dense, dur au toucher et imperméable, avec un bon sous-poil. La robe peut être entièrement noire, jaune ou rouge chocolat. La queue, recouverte d'un poil dense, donne une apparence de « queue de loutre ». Elle est épaisse à la naissance, s'effilant vers l'extrémité.

• Histoire

Malgré son nom, ce chien n'est pas originaire du Labrador mais des côtes de Terre-Neuve, où il était utilisé pour ramener à la rive les filets des pêcheurs, dans les eaux glacées. Au XIXe siècle, quelques exemplaires furent vendus en Grande-Bretagne par des pêcheurs provenant du Labrador. La race montra immédiatement une excellente aptitude à la chasse, et, en 1903, elle fut reconnue officiellement par le Kennel Club britannique.

Très connu et apprécié partout, le labrador est également utilisé comme chien policier et guide pour les aveugles.

• Tempérament

Il est gentil, loyal, calme et intelligent, entièrement fiable avec les enfants. Il est méfiant avec les étrangers et il peut devenir un bon gardien. Il faut l'éduquer avec fermeté et douceur.

• Habitat

La vie à la campagne lui convient mieux, mais il peut s'adapter à la vie en appartement, s'il fait de l'exercice.

CARTE D'IDENTITÉ

Type
Braccoïde

Lieu d'origine
Grande-Bretagne

Nationalité
Britannique

Taille
Moyenne

Hauteur au garrot
Mâle : 56-61 cm
Femelle : 51-56 cm

Poids idéal
30 kg environ

Utilisation
Chasse, compagnie, guide pour les aveugles

Équilibré, tranquille et très patient avec les enfants, le golden retriever s'adapte bien à la vie en famille.

Golden retriever

Il a été sélectionné pour la chasse au gibier à plumes, et en particulier pour le rapport : c'est pourquoi il ne craint pas de nager dans l'eau, même très glacée. Répandu comme chien de compagnie, il reste cependant l'un des chiens préférés des chasseurs.

• Morphologie

Il a la tête large mais non lourde, avec un bon stop et un museau puissant, large et haut. Le chanfrein est droit. Les oreilles, moyennes, sont attachées au niveau des yeux, qui sont bien écartés, marron foncé, avec le bord des paupières sombre. Il est recouvert de poil lisse ou ondulé, avec de bonnes franges plumeuses. Le sous-poil est dense. La robe est or ou crème (on admet quelques poils blancs uniquement au poitrail). La queue atteint le jarret et ne s'enroule jamais à l'extrémité.

• Histoire

Elle semble avoir été sélectionnée, au XIXe siècle, par lord Tweedmouth à partir de croisements entre des bergers du Caucase et des spaniels, avec l'apport de sang de flat-coated retriever, de bloodhound et de water spaniel. En 1913, le Kennel Club le reconnut comme une race à part. Le golden retriever fait également preuve d'excellentes aptitudes comme guide pour les aveugles et aide pour les handicapés, ainsi que dans la recherche des personnes ensevelies sous les décombres.

• Tempérament, soins et habitat

Il est obéissant, équilibré et loyal, très patient avec les enfants. Il est facile à dresser et non agressif avec les autres animaux. Avant d'acheter un chiot, il faut s'assurer que ses parents n'ont de dysplasie de la hanche. La robe exige un brossage hebdomadaire. Il a besoin de beaucoup d'exercice physique, mais il s'adapte bien en ville. Il n'apprécie pas de se sentir exclu.

Chesapeake bay retriever

Il serait le seul retriever américain issu d'un couple de terre-neuve croisé avec des chiens locaux. Très puissant (60 cm au garrot pour 30 kg environ), il aime le travail dans l'eau. Très réservé, il est dévoué à son maître. Il a le poil court et épais, avec un sous-poil laineux. La robe varie de la couleur feu à paille.

Chiens leveurs de gibier

Cocker spaniel anglais

Il est imbattable pour faire prendre leur vol aux bécasses, aux faisans et aux perdrix, et pour les rattraper dans l'eau ou à terre : le nom *cocker* est probablement une abréviation de *woodcocker*, qui veut dire « chasseur de bécasses ». Cependant, de nos jours, il est plus connu comme chien de compagnie et d'exposition.

• **Morphologie**

Carré et ramassé, il a le poil long et soyeux, ondulé, avec des franges sur les membres et sur l'abdomen. Les couleurs admises sont le rouge-brun, le roux, l'orange et citron avec du blanc, le rouan bleu, le noir et le noir feu. Dans les robes unicolores, on admet la présence d'une tache blanche sur le poitrail. La tête est importante, avec le museau carré et le stop bien marqué ; la couleur de la truffe est en harmonie avec celle de la robe. Les yeux sont grands, de couleur marron foncé ou noisette foncé, et ils ont une expression amicale et intelligente. Les oreilles sont longues, attachées bas au niveau de la ligne des yeux, et recouvertes de poils droits et soyeux. La queue, attachée bas, est généralement coupée.

CARTE D'IDENTITÉ

Type
Braccoïde

Lieu d'origine
Espagne

Nationalité
Britannique

Taille
Petite

Hauteur au garrot
Mâle : 39-41 cm
Femelle : 38-39 cm

Poids idéal
12,7-14,5 kg

Utilisation
Chasse, compagnie

• Histoire

Le mot *spaniel* dérive probablement de *espagnol*, ancien terme français qui désignait les chiens espagnols. Les origines de la race se situent en effet en Espagne, et remontent au XVIIe siècle. À cette période, de nombreux types de spaniels de chasse étaient déjà répandus en Europe occidentale. Au XVIIIe siècle deux d'entre eux furent introduits en Grande-Bretagne : le springer spaniel et le cocker spaniel. La race que nous connaissons aujourd'hui s'est stabilisée vers la fin du XIXe siècle. Le premier club a été fondé en 1904.

• Tempérament

C'est un chien très actif, joyeux et intelligent, mais il peut se révéler parfois un peu têtu. Son enthousiasme et son désir de plaire à son maître se manifestent par les mouvements incessants de sa queue, surtout quand il est en activité ou quand il travaille. Il est sociable et doux avec les enfants, et c'est également un bon gardien.

• Soins et habitat

Il faut éviter les régimes à prise de poids. La robe doit être toilettée régulièrement. Après chaque sortie à la campagne, il faut contrôler les pavillons auriculaires et les coussinets plantaires. Il s'adapte bien à la vie en appartement, mais il a besoin de bouger pour éviter de devenir obèse.

Sur cette page et la précédente, trois exemples de cocker spaniel anglais. Aujourd'hui, il est plus souvent présenté comme chien de compagnie dans les expositions que comme spécialiste de la chasse à la bécasse.

Springer spaniel

Adapté à tous les types de chasse, il est plus grand et plus mince que les autres spaniels. Il tient son nom de son utilisation originelle : faire lever (en anglais *to spring*) les proies des fauconniers.

• Morphologie

La tête est de longueur moyenne avec un museau important. Les yeux sont de taille moyenne, de couleur noisette foncé et d'une expression douce et attentive. Les oreilles sont assez larges et longues, tout contre la tête, attachées au niveau de la ligne des yeux. Le poil de la robe est dense, lisse, résistant aux intempéries, dans toutes les couleurs admises pour les spaniels, mais les plus souhaitables sont le blanc et rouge-brun, le blanc et noir, avec également des taches feu. La queue est basse, jamais portée au-dessus de la ligne du dos, bien frangée et toujours frétillante.

• Histoire

C'est l'une des plus anciennes races de chiens de chasse anglais, dont sont issus tous les autres spaniels, hormis le clumber. Il était utilisé, à l'origine, pour déloger et lever le gibier pour les filets, les faucons ou les lévriers. De nos jours, il est essentiellement employé pour débusquer, lever et rapporter le gibier dans la chasse au fusil.

• Tempérament

Gai et actif, c'est un chien bon et docile.

Welsh springer spaniel

Très semblable au springer spaniel anglais, le welsh springer spaniel se distingue par sa taille plus petite, les oreilles plus courtes et la robe toujours bicolore blanc et roux. Il est plus utilisé comme chien de compagnie que comme chien de chasse, surtout dans les

CARTE D'IDENTITÉ

Type
Braccoïde

Lieu d'origine
Grande-Bretagne

Nationalité
Britannique

Taille
Moyenne

Hauteur au garrot
50 cm environ

Poids idéal
22-24 kg

Utilisation
Chasse

L'épagneul springer anglais est l'ancêtre de tous les autres épagneuls anglais.

CARTE D'IDENTITÉ

Type
Braccoïde

Lieu d'origine
États-Unis

Nationalité
Américaine

Taille
Petite

Hauteur au garrot
Mâle : 36-39 cm
Femelle : 34-36 cm

Poids idéal
12-14 kg

Utilisation
Chasse, compagnie

Cocker spaniel américain

De nos jours considéré surtout comme un chien d'exposition et de compagnie, le cocker spaniel américain a cependant un passé de chasseur, qui se manifeste encore par son caractère vif et intelligent.

• Morphologie

Un peu plus petit que le cocker anglais, il a le poil dense, soyeux, lisse ou ondulé et assez long, avec de bonnes franges. La robe peut présenter différentes couleurs : noir, marron, roux, crème, noir et marron clair, marron foncé et marron clair, multicolore et tricolore. La tête se distingue de celle de la race anglaise par son museau, carré, plus court et avec une truffe noire. Les yeux sont ronds et saillants, d'une couleur allant du marron foncé au noir. Les oreilles sont longues, attachées bas et abondamment recouvertes d'un poil long et ondulé. La queue, généralement coupée aux trois cinquièmes de la longueur, est portée à la hauteur de la ligne du dos, ou un peu au-dessus.

• Histoire

Le cocker spaniel anglais fut introduit aux États-Unis peu après 1880. Sélectionné en fonction des caractéristiques requises par les chasseurs américains, il acquit tous les caractères d'une race autonome. Vers les années trente, les deux types, anglais et américain, étaient désormais très différenciés, et quelquetemps après, ils furent reconnus comme deux races séparées. Après la Seconde Guerre mondiale, le cocker spaniel américain devint l'un des chiens les plus populaires aux États-Unis.

Le cocker spaniel américain est issu du cocker spaniel anglais, introduit aux États-Unis après 1880.

• Tempérament

Intrépide, vif, intelligent et bon travailleur, il est adapté aussi bien pour la chasse que pour la vie en famille.

• Soins et habitat

Sa robe exige un toilettage régulier. Il faut surveiller son alimentation. Il s'adapte bien à la vie en appartement, mais il a besoin d'exercice physique pour ne pas prendre de poids.

Chiens d'eau

Irish water spaniel

Facilement reconnaissable aux boucles foncées de sa robe, ce chien est spécialisé dans la chasse du gibier aquatique.

• **Morphologie**

Le crâne est en forme de dôme, et le museau est long, un peu carré, avec le stop peu marqué. La truffe est couleur rouge-brun foncé. Les yeux sont foncés et plutôt petits. Les oreilles sont grandes, attachées bas, pendantes tout contre les joues et recouvertes de longues boucles. Le poil de la robe est huileux, avec des boucles denses et serrées, non laineuses, et avec d'abondantes franges et un sous-poil imperméable. La couleur admise est le rouge-brun tendant au violet. La queue, courte et droite, est grosse à la racine, s'effilant brusquement vers l'extrémité. Elle est attachée bas et dépourvue de poils à la pointe.

• **Histoire**

La race, sélectionnée à partir de 1834, appartient au groupe appelé des « irlandais roux », comprenant les setters, les spaniels, les terriers et les wolfhound. Elle est le résultat d'une tentative, brillamment réussie, d'obtenir un chien idéal pour la chasse, réunissant les caractéristiques du pointer, des setters, des retrievers et des spaniels, avec en plus une prédisposition pour la chasse dans l'eau. Elle fut présentée pour la première fois à l'exposition canine de Birmingham en 1862.

• **Tempérament**

Résistant à la fatigue, grand passionné de l'eau, il est particulièrement adapté pour la chasse aux oiseaux aquatiques. C'est aussi un excellent chien de compagnie, intelligent et facile à dresser, de bon caractère.

CARTE D'IDENTITÉ

Type
Braccoïde

Lieu d'origine
Irlande

Nationalité
Irlandaise

Taille
Moyenne

Hauteur au garrot
Mâle : 53-58 cm
Femelle : 51-56 cm

Poids idéal
25-28 kg environ

Utilisation
Chasse

American water spaniel

Issu de croisements entre l'irish water et le curly-coated retriever, l'american water spaniel est de taille plus petite que la moyenne, fort et robuste, au poil dense et frisé, unicolore rouge-brun ou chocolat. Élevé aux États-Unis depuis longtemps, il a été reconnu par la FCI en 1971.

Bichons

CARTE D'IDENTITÉ
Type Vulpoïde
Lieu d'origine Canaries
Nationalité Française
Taille Naine
Hauteur au garrot Jusqu'à 30 cm, parfois plus petit
Poids idéal 3-4 kg
Utilisation Compagnie

Bichon frisé

Ami des marins, chien préféré de la cour française au XVIe siècle, artiste de cirque réputé, il remporte de plus en plus de succès dans les expositions : la carrière du bichon frisé est aussi surprenante que son aspect.

• **Morphologie**

Le museau, ni trop long, ni trop effilé, a la truffe noire. Les yeux, assez gros et ronds, sont foncés. Lorsque le regard est dirigé vers l'avant, le blanc de l'œil ne doit pas être visible. Les oreilles, étroites et délicates, pendent tout contre la tête. Elles sont recouvertes de poils longs et fins. Le poil, fin et soyeux, forme des boucles en tire-bouchon, s'il n'est pas peigné. La robe est blanche, avec le pigment de la peau foncé. La queue, attachée bas, est portée recourbée sur le dos, mais pas enroulée.

• **Histoire**

Considéré comme une race française, il est toutefois probablement originaire des Canaries ; il aurait atteint l'Europe au XIVe siècle, amené par des voyageurs italiens. Devenu le compagnon préféré de l'aristocratie française, il subit un certain déclin après la Révolution. Obligé d'abandonner les palais, il dut s'exhiber sur les pistes des cirques où, avec le caniche, il était utilisé comme animal de parade, gai et facile à dresser. Pendant la Première Guerre mondiale, le nombre de bichons frisés diminua fortement. La race se reconstitua en France dans les années trente. En 1933, on rédigea le standard et on lui attribua ce nom.

• **Tempérament**

Le bichon frisé aime la compagnie de l'homme, mais il a toutefois un caractère fort et indépendant.

• **Soins et habitat**

La robe exige des soins très fréquents avec brossage, bain et tonte. Hors compétition, le toilettage peut être plus simple. C'est un excellent chien d'appartement.

Bichon bolonais

Reconnu comme une race italienne, le bichon bolonais est de nos jours ignoré et peu répandu dans la péninsule.

• Morphologie

Ce chien a un tronc moyen et une tête qui n'est pas trop longue. Le museau est allongé, le chanfrein droit et la truffe noire. Les yeux grands, ronds, avec les bords des paupières noirs et l'iris ocreux, ne doivent jamais être saillants. Le poil est long, bouclé et hérissé. La robe est blanc pur sans taches ; toutes les muqueuses externes et les scléroses doivent être noires. Les oreilles sont longues et pendantes, avec des boucles. La queue est recourbée sur le dos et recouverte de boucles.

• Histoire

Comme le bichon maltais, dont il peut être considéré comme le frère à poil bouclé, il est originaire de Dalmatie. À la Renaissance, il était très prisé dans les cours comme chien de manchon.

• Tempérament

C'est un chien sérieux, peu vif, mais intelligent et très attaché à son maître. C'est aussi un gardien vigilant.

• Soins et habitat

Il est très délicat : il souffre du froid et a besoin d'un régime particulier. La robe exige un toilettage régulier. Il doit vivre à la maison : c'est un excellent chien d'appartement.

CARTE D'IDENTITÉ

Type
Vulpoïde

Lieu d'origine
Italie

Nationalité
Italienne

Taille
Naine

Hauteur au garrot
25-30 cm

Poids idéal
2,5-4 kg

Utilisation
Compagnie

CARTE D'IDENTITÉ

Type
Vulpoïde

Lieu d'origine
Italie

Nationalité
Italienne

Taille
Naine

Hauteur au garrot
Mâle : 21-25 cm
Femelle : 20-23 cm

Poids idéal
3-5 kg

Utilisation
Compagnie

Bichon maltais

En hommage à Issa, la petite chienne maltaise du gouverneur de Malte, le poète latin Catulle (Ier siècle av. J.-C.), écrit ces vers : « Issa est plus gaie que le moineau de Catulle. Issa est plus pure que le baiser d'une colombe. Issa est plus douce qu'une jeune fille. Issa est plus précieuse que les gemmes indiennes. Craignant que les derniers jours où il verra encore la lumière ne la lui enlèvent pour toujours, Publius a fait faire son portrait ».

• Morphologie

Caractérisé par sa démarche chaloupée, il a le tronc long et la tête robuste, toute recouverte de longs poils, avec la truffe noire. Les yeux sont assez grands, ovales, de couleur marron foncé, avec le bord des paupières noir. Les oreilles, assez longues, abondamment recouvertes de franges et attachées bas, pendent tout contre la tête. Le poil est très long, droit et soyeux, lourd, sans boucles, de couleur blanc candide. Il doit atteindre en longueur, et de préférence dépasser, la hauteur au garrot et toucher le sol, comme une longue robe. La queue, recouverte d'un poil abondant, forme comme une plume enroulée sur le dos.

• Histoire

On a retrouvé des statues représentant des chiens de ce type dans des tombeaux égyptiens remontant au XIIIe siècle av. J.-C. D'aucuns pensent qu'il descend du *Canis melitoeus* dont parle Strabon, historien et géographe grec du Ier siècle av. J.-C. Pour d'autres, il serait le fruit du croisement entre le barbet nain et l'épagneul nain. Quoi qu'il en soit, il est certain qu'il fut au Moyen Âge le compagnon inséparable de toutes les dames de la noblesse italienne, et que sa popularité n'a pas fléchi depuis.

• Tempérament

Affectueux et loyal, très dévoué à son maître et à sa famille, le bichon maltais est un excellent chien de compagnie. Curieux et vif, il est aussi adapté pour la garde.

• Soins et habitat

Un toilettage fréquent est nécessaire et il doit être brossé et peigné deux fois par semaine. C'est un chien d'appartement qui n'aboie que pour signaler la présence d'étrangers.

Caniches

Caniche

CARTE D'IDENTITÉ

Type
Braccoïde
Lieu d'origine
France, probablement
Nationalité
Française
Tailles
Quatre tailles : grande, moyenne, naine et toy
Hauteur au garrot
Grande : 45-58 cm
Moyenne : 35-45 cm
Naine : 28-35 cm
Toy : moins de 28 cm
Poids idéal
Selon la taille
Utilisation
Compagnie

C'est l'un des chiens les plus aimés même si, malheureusement, il est plus apprécié pour les toilettages extravagants auxquels il est soumis à l'occasion des expositions, que pour son intelligence et ses étonnantes capacités d'imitation. LA FCI reconnaît sept variétés en fonction de la taille (grande, moyenne, naine et toy) et de la couleur de la robe.

• **Morphologie**

C'est un chien bien proportionné, avec le tronc généralement plus long que la hauteur au garrot. La tête est élégante, avec un stop peu accusé, un museau solide et le chanfrein droit. Les yeux sont en amande, sombres et assez écartés. Les oreilles, larges et longues, attachées bas, pendent tout près des côtés de la tête. Le poil, abondant et de bonne texture, peut être frisé ou cordé (les deux variétés sont jugées ensemble dans les compétitions). Le premier est fin, laineux, très frisé, élastique et résistant à la pression de la main ; le deuxième, également dense et laineux, forme des cordelettes très longues et toutes de la même longueur. Les couleurs admises pour la robe sont : noir, marron, blanc, gris, or, bleu et abricot, dans différentes tonalités, mais toujours unicolores. La queue, attachée haut, est portée avec un léger angle par rapport au corps. Elle est généralement coupée à un tiers de sa longueur, mais on peut aussi la laisser intacte.

Ci-dessus : deux caniches blancs de grande taille encadrent un caniche nain.
Page précédente : en haut, deux caniches de taille moyenne (blanc et noir) ; à gauche, un sujet nain noir.

• Histoire

Un caniche toy de couleur abricot.

Le caniche est présent dans toute l'Europe occidentale depuis plus de 400 ans. Ses origines restent toutefois incertaines, bien qu'on lui ait attribué une paternité française, en tant que descendant du barbet, ancien chien d'arrêt. En effet, jusqu'à une époque récente, le caniche était utilisé en France pour la chasse au canard. À la fin du XVIe siècle, il était encore apprécié comme chien de chasse dans l'eau. Mais lorsqu'on commença à différencier les tailles, les sujets les plus petits furent introduits dans les cours comme chiens de compagnie des dames. Grâce à sa capacité à accomplir les tâches les plus différentes, le caniche a su s'adapter, au fil des siècles, à toutes sortes de situations : il a été, lui aussi, utilisé dans les cirques pour sa disposition à s'exhiber. Aujourd'hui, il est très diffusé dans toute l'Europe et aux États-Unis. Le premier standard de la race a été rédigé en 1936.

• Tempérament

Vif et de bon caractère, ainsi que très intelligent, le caniche est un chien amical et fidèle. Il apprend très facilement et il est toujours gai et prêt à faire tout ce qui peut faire plaisir à son maître.

• Soins et habitat

Il vit longtemps, mais il doit faire beaucoup d'exercice physique pour éviter de grossir. La robe doit être peignée tous les jours et toilettée une fois par mois. Dans les expositions, ne sont admis que les toilettages « lionceau » et « moderne », qui donne au chien une apparence de nounours. Les caniches s'adaptent très bien à la vie en appartement. Ils sont de très bons compagnons pour les personnes seules ou âgées qui vivent en ville. Ils apprennent facilement à faire fonctionner des mécanismes très simples en cas de nécessité.

Ces trois caniches de grande taille offrent trois variantes de gris.

Chiens belges de petite taille

CARTE D'IDENTITÉ

Type
Molossoïde

Lieu d'origine
Belgique

Nationalité
Belge

Taille
Naine

Hauteur au garrot
25 cm environ

Poids idéal
3-5 kg ; il est préférable que les femelles soient plus grosses.

Utilisation
Compagnie

Griffon de Bruxelles

Le cynologue français Lafond a ainsi décrit ce petit chien : « Curieux comme un journaliste, affectueux comme un enfant provençal, amoureux comme un troubadour. »

• **Morphologie**

Barbu et moustachu, petit mais robuste et ramassé, il est recouvert de poil dur, ébouriffé, mi-long et dense. La robe doit être de couleur rousse ; on tolère un peu de noir sur les moustaches et sur le menton. La tête est large et arrondie, avec le front bombé et le museau court et prognathe. La truffe est toujours noire et très courte. Les yeux sont grands, proéminents, très foncés. Les oreilles sont fines, attachées haut et repliées en avant. La queue est coupée des deux tiers.

• **Histoire**

Les trois « belges de petite taille » (griffon de Bruxelles, griffon belge et petit brabançon) ont une origine commune : issus des chiens à rats, ils sont généralement appelés « griffons d'écurie », répandus en Europe, et notamment en France, aux Pays-Bas et en Allemagne. Ces chiens étaient d'une grande utilité à des époques où le cheval représentait le seul moyen de locomotion. Ils se révélèrent d'excellents chiens de compagnie, peu encombrants et peu coûteux, mais aussi capables d'éliminer les rongeurs et de garder la maison. Il fut admis au *Livre des origines* en 1883, et son standard fut rédigé en 1905. Pendant l'occupation allemande en Belgique, lors de la Première Guerre mondiale, il fut menacé d'extinction. La race fut sauvée grâce aux efforts d'éleveurs britanniques.

Griffon de Bruxelles.

• **Tempérament**

Il est très affectueux et dévoué à une seule personne. Il est de plus très vif et curieux, parfois un peu impertinent. C'est un bon gardien, courageux et loyal envers les étrangers.

• **Soins et habitat**

La robe n'exige qu'un brossage régulier. Il s'adapte très bien à la vie en appartement.

Griffon belge.

Griffon belge

Il ressemble beaucoup au griffon de Bruxelles, mais il est classifié à part par la FCI, en raison des différentes colorations de la robe, qui, chez le petit griffon belge, est noire, noir feu ou noir et roux mélangés. Il est moins répandu que le griffon de Bruxelles.

Petit brabançon.

Petit brabançon

Cette race se distingue des deux races précédentes uniquement par le poil plus court et le museau, dépourvu de barbe et de moustaches. Les couleurs admises pour la robe sont les mêmes que pour les petits griffons (roux et noir feu). Les caractéristiques décrites par le standard et l'utilisation sont identiques. Évidemment, la robe est plus facile à entretenir, car elle n'exige qu'un simple brossage.

Chiens du Tibet

CARTE D'IDENTITÉ

Type
Bassettoïde
Lieu d'origine
Tibet
Nationalités
Tibétaine, britannique
Taille
Naine
Hauteur au garrot
Mâle : 25,4 cm
Femelle : un peu moins
Poids idéal
3-4 kg
Utilisation
Compagnie

Chien ancien d'origine tibétaine, le lhassa apso se distingue par son poil long et dru au toucher.

Lhassa apso

On ne connaît pas l'origine exacte du nom de cette race tibétaine. *Lhassa* dérive peut-être du nom de la cité sacrée du Tibet, tandis qu'*apso* viendrait de l'expression tibétaine *abso seng kye* signifiant « chien de sentinelle qui aboie », du mot *apsoo* qui veut dire « chèvre ».

• Morphologie

Le poil superficiel est long, rêche et droit avec un sous-poil dense ; il présente une ligne de division nette le long du dos. Les couleurs admises sont : sable, miel or, ardoise, gris foncé, gris anthracite, noir, blanc, et marron. Les yeux sont ovales, de taille moyenne et marron foncé (le blanc dessous ou au-dessus de l'œil doit être absent). Les oreilles sont frangées et pendantes. La queue, recouverte de longues franges, est attachée haut et portée enroulée sur le dos. La pointe est souvent en crochet.

• Histoire

Pendant deux mille ans au moins, il fut élevé uniquement au Tibet par les nobles et les religieux. Utilisé comme chien de garde dans les temples et dans les monastères, il était considéré comme un animal de bon auspice, mais il était impossible d'en acheter un : ce devait être un cadeau. Au fil du temps, les lhassas se répandirent, car le Dalaï Lama, chef spirituel et politique du Tibet, en offrit quelques exemplaires à des diplomates étrangers.

• Tempérament

Amical, intelligent et vif, c'est un bon chien de compagnie qui se montre toutefois méfiant envers les étrangers.

• Habitat

Il s'adapte bien à la vie en appartement.

Shih tzu

En chinois, le nom de la race signifie « lion », et en effet ce petit chien est connu également sous le nom de « chien lion du Tibet », peut-être en raison de son abondante crinière.

• Morphologie

Plus long que haut, il est recouvert d'un long poil doux et dense, qui peut être lisse ou ondulé, avec un sous-poil épais. Toutes les couleurs de la robe sont admises ; chez les sujets bigarrés, on préfère une tache blanche sur le front et sur la pointe de la queue. La tête est large, avec un museau court et carré, parfois légèrement prognathe. Les oreilles sont grandes et pendantes, bien garnies de poils. Les yeux, grands et bien écartés, sont foncés, mais des couleurs plus claires sont admises chez les sujets roux foncé ou avec des taches roux foncé. La queue, attachée haut, en panache, est portée recourbée sur le dos.

• Histoire

Quelques informations sur ses origines nous proviennent du lamaïsme, forme tibétaine du bouddhisme : Manjusri, le Bouddha de la sagesse, était souvent accompagné par un petit chien qui pouvait se transformer en lion. Le lhassa apso tibétain a été associé à cet animal mythologique. Des exemplaires furent offerts aux empereurs chinois par le Dalaï Lama du Tibet. Il est probable qu'ils aient été croisés avec des pékinois, et que de ces croisements soit née la race actuelle. Les Chinois se refusant au commerce et à l'exposition du shih tzu, celui-ci ne fut introduit en Europe et aux États-Unis que dans les années trente. Depuis, il a acquis une popularité grandissante comme chien de compagnie et d'exposition.

• Tempérament

Joyeux et assez vif, c'est un compagnon attachant et un chien de compagnie vigilant qui sait être un bon gardien pour son maître. Il est courageux et, souvent, il adopte face aux étrangers une attitude arrogante, car il a une grande confiance en lui.

• Soins

Il doit être toiletté tous les jours. Pour éviter des infections aux yeux, il est conseillé d'attacher les longs poils qu'il a sur la tête.

CARTE D'IDENTITÉ

Type
Bassetoïde

Lieu d'origine
Tibet

Nationalités
Tibétaine, britannique

Taille
Naine

Hauteur au garrot
26,5 cm maximum

Poids idéal
4,8-8,1 kg

Utilisation
Compagnie

Également connu sous le nom de « chien lion du Tibet », le shih tzu est un compagnon fidèle doté d'un véritable courage de félin.

Terrier tibétain

CARTE D'IDENTITÉ

Type
Vulpoïde
Lieu d'origine
Tibet
Nationalité
Tibétaine
Taille
Moyenne
Hauteur au garrot
35,6-40,6 cm
La femelle est un peu plus petite
Poids idéal
9-10 kg
Utilisation
Compagnie

Malgré son nom, ce chien ne présente pas les caractéristiques d'un terrier, c'est pourquoi il n'est pas classifié parmi eux.

• Morphologie

Son corps s'inscrit dans un carré ; il a la tête robuste, avec le museau court, le stop bien prononcé et la truffe noire. Les yeux sont grands, ronds, non saillants, de couleur marron foncé. Les oreilles sont pendantes, en forme de « V », avec de bonnes franges. Le poil de la robe est abondant, long et fin (ni soyeux, ni laineux) avec un sous-poil fin et laineux, dans les tonalités blanc doré, crème, gris, suie, noir uniforme, multicolore ou unicolore. Le poil sur la tête est dense et retombe sur les yeux. Il a aussi une petite barbe. La queue est de longueur moyenne, portée gaiement sur le dos.

• Histoire

Comme tous les chiens tibétains, il a des origines très anciennes : il faisait office de gardien des temples de la cité sacrée de Lhassa, où il vivait avec les moines lamaïstes, et il accompagnait les bergers des troupeaux de yacks. Un couple de terriers tibétains fut importé en Grande-Bretagne dans les années vingt. Leur descendance européenne fut reconnue par le Kennel Club britannique en 1930. La FCI attribue à ce chien la nationalité tibétaine, sous la houlette de la Grande-Bretagne.

Le poil du terrier tibétain est dense, long et fin, avec un sous-poil laineux.

• Tempérament

Vif, malin, sympathique et très affectueux, le terrier tibétain n'est pas du tout agressif, même s'il a tendance à aboyer très fort. C'est un charmant chien de compagnie, intelligent et toujours vigilant.

• Soins

C'est un chien robuste qui vit bien en plein air. La robe doit être brossée tous les jours avec une brosse métallique, et une fois par semaine avec une brosse semi-rigide.

Chihuahua

C'est le plus petit chien existant et il jouit d'une très grande popularité, sûrement grâce à son aspect de petit chiot qu'on a envie de dorloter ; cependant le chihuahua possède l'instinct inné pour la chasse et pour la garde typique des gros chiens. Il en existe deux variétés : l'une à poil long et l'autre à poil court.

• Morphologie

La tête présente une forme caractéristique en dôme ; le museau est court et pointu, avec un bon stop. Les yeux sont grands, ronds, et bien écartés, foncés ou rubis, parfois clairs si la robe est claire. Les oreilles sont grandes et larges. Chez la variété à poil long, le poil est doux, lisse ou légèrement ondulé, avec une magnifique crinière, très recherchée. Chez la variété à poil court, le poil est ras, brillant, jamais rêche, ni frisé ou épais. Toutes les couleurs et toutes les combinaisons sont admises. La queue, de longueur moyenne, est attachée haut et fournie d'un poil abondant ; elle est portée sur le dos.

• Histoire

Il fut importé du Mexique aux États-Unis. Il pourrait s'agir d'une race descendante des chiens sacrés des Aztèques, ou d'une race arrivée de Chine au XIXe siècle. Au Mexique, des gravures, datant de la période toltèque, montrent des chiens qui pourraient être ses ancêtres, et on a retrouvé, lors de fouilles archéologiques, des restes de petits animaux lui ressemblant. De nombreux documents décrivent également de tout petits chiens provenant d'Asie. Il est probable qu'il ne descende pas d'un seul chien, mais qu'il soit le fruit de croisements entre plusieurs races antiques et modernes. La race a connu un grand succès après son introduction aux États-Unis et en Grande-Bretagne.

• Tempérament

Il ne se laisse pas intimider par les gros chiens, et n'aime pas la compagnie d'autres chiens. C'est un bon chasseur de rats et il est très fidèle à son maître. Il est méfiant avec les étrangers, mais affectueux avec les membres de la famille.

• Soins

Il lui faut un régime approprié car il souffre de troubles digestifs et craint le froid. Il est conseillé de faire assister la femelle d'un vétérinaire lors de la mise bas.

CARTE D'IDENTITÉ

Type
Lupoïde

Lieu d'origine
Amérique du Sud

Nationalité
Mexicaine

Taille
Naine

Hauteur au garrot
16-22 cm

Poids idéal
Jusqu'à 2,7 kg

Utilisation
Compagnie

Célèbre pour sa taille minuscule, le chihuahua est un chien au caractère fier et vif.

Dalmatien

CARTE D'IDENTITÉ

Type
Braccoïde
Lieu d'origine
Probablement la Dalmatie
Nationalité
Britannique
Taille
Moyenne
Hauteur au garrot
Mâle : 58-61 cm
Femelle : 56-58 cm
Poids idéal
22-25 kg
Utilisation
Compagnie

Grâce à son incomparable robe blanche parsemée de taches noires, c'est l'un des chiens les plus élégants et sympathiques, devenu célèbre grâce au film de Walt Disney *Les 101 Dalmatiens.* Au XIXe siècle, en Europe, et surtout en Grande-Bretagne, il accompagnait au trot les carrosses. On dit que sa tâche était de protéger les passagers des brigands, mais il avait surtout une fonction décorative.

• Morphologie

Hormis ses taches, le dalmatien a le même aspect qu'un pointer. La tête est longue et un peu plate au sommet ; le stop est bien accusé. Le museau est long et robuste, avec le chanfrein droit. Les yeux sont ronds, foncés si les taches sont noires, et ambre si les taches sont marron. Les oreilles, attachées haut, pendent tout contre la tête. Le poil est brillant, court et fin ; la robe est blanche avec des taches marron ou noires (les chiots naissent complètement blancs, les taches apparaissent plus tard). La queue, tachetée, est longue et légèrement recourbée.

• Histoire

Il est considéré comme une race anglaise, car très présent dans les somptueux défilés de l'aristocratie britannique, mais, en réalité, ses origines sont très incertaines. D'aucuns pensent qu'il est originaire des régions septentrionales de l'Inde et qu'il serait arrivé en Europe au Moyen Âge avec les caravanes qui traversaient la Dalmatie (d'où le nom de la race). Pour d'autres, il aurait des origines grecques ou égyptiennes.

• Tempérament

Vif et intelligent, le dalmatien a un naturel amical et s'entend bien avec les enfants. Il n'est toutefois dévoué qu'à son maître et à sa famille. Il se montre rarement sociable avec les étrangers.

• Soins et habitat

La robe doit être maintenue propre, mais le poil court n'exige pas de soins particuliers. Il s'adapte bien à la vie en appartement, grâce à son tempérament calme et sérieux, mais il doit faire de longues promenades.

Épagneuls anglais de compagnie

King charles spaniel

Le roi Charles II d'Angleterre avait une véritable passion pour ce chien.

• **Morphologie**

Il a la robe soyeuse, avec le poil long, brillant et lisse (une petite ondulation est toutefois admise). Les couleurs sont le noir feu, le rubis, le tricolore et le blenheim (blanc avec des taches rousses). La tête est très convexe, avec le museau court et prognathe et la truffe noire. Les yeux sont grands, foncés et bien écartés. Les oreilles, très longues et attachées bas, sont bien garnies de franges et pendent tout contre la tête. La queue est bien frangée et portée au-dessous de la ligne du dos.

• **Histoire**

Il vient probablement de Chine ou du Japon. Au XVIe siècle, il arriva en Angleterre depuis la France, où il était répandu comme chien de chasse. Au début du XIXe siècle, il était encore utilisé pour la chasse aux volatiles, mais il fut ensuite sélectionné pour devenir un chien de compagnie d'aspect agréable et de bon caractère.

• **Tempérament**

C'est un animal affectueux, équilibré, bon avec les enfants et très facile à éduquer. Il s'entend bien avec les autres races de chiens.

• **Soins et habitat**

La robe exige un toilettage fréquent et soigné. Ce chien n'a pas besoin d'un grand exercice physique, bien qu'il aime se promener. Il est adapté pour la vie en appartement et en famille.

Cavalier king charles spaniel

Il est issu de divers croisements, réalisés au XIXe siècle, entre le king charles spaniel (auquel il ressemble beaucoup) et maintes autres races. Il se distingue par le crâne plus aplati et le museau plus allongé. C'est un chien de compagnie plein de vie.

CARTE D'IDENTITÉ

Type
Braccoïde

Lieux d'origine
Chine ou Japon

Nationalité
Britannique

Taille
Naine

Hauteur au garrot
Mâle : 26-32 cm

Poids idéal
Mâle : 3,6-6,3 kg

Utilisation
Compagnie

Appartenant à la même famille, le king charles spaniel (en haut) et le cavalier king charles spaniel (ci-dessous) sont d'excellents chiens de compagnie.

CARTE D'IDENTITÉ

Type
Bassetoïde

Lieu d'origine
Chine

Nationalité
Britannique

Taille
Naine

Hauteur au garrot
25 cm environ

Poids idéal
Mâle : 5 kg maximum
Femelle : 5,5 kg maximum

Utilisation
Compagnie

Pékinois

Il a été considéré pendant une longue période comme l'animal sacré de la famille impériale chinoise.

• Morphologie

Bas et compact, il a une grande tête, large et plate entre les oreilles. Le museau est large, ridé, très court. La dentition est parfois prognathe. Le stop est très marqué. Les yeux, bien écartés, sont saillants, foncés et ronds. Les oreilles, en forme de cœur, sont pendantes. Le poil est très long et droit, avec un sous-poil dense ; D'abondantes franges recouvrent le derrière des pattes, de la queue et des doigts. Toutes les couleurs sont admises pour la robe. La queue, attachée haut, est portée enroulée sur le dos.

• Histoire

En tant qu'incarnation du chien légendaire Foo, qui chassait les mauvais esprits, il était vénéré en Chine. Il était aussi appelé « chien lion », en raison de sa crinière, et « chien solaire », pour sa couleur dorée. En 1860, lorsque les troupes britanniques mirent à sac le palais d'Été, près de Pékin, les gardes impériaux reçurent l'ordre de tuer tous les pékinois pour qu'ils ne tombent pas aux mains des « démons étrangers ». Cinq sujets furent toutefois sauvés et importés en Angleterre. Le pékinois participa à sa première exposition en Grande-Bretagne en 1893, et le club de la race fut fondé en 1904. En Chine, en revanche, la race avait presque disparu et elle dut être réimportée d'Europe.

• Tempérament

Digne, fier et même hautain, il présente les caractéristiques d'un chien habitué à être servi. Peu sociable, il se montre toutefois très fidèle et affectueux avec ceux qu'il aime. Courageux, il ne craint rien ni personne.

• Soins et habitat

Sa robe exige un toilettage régulier. Il souffre parfois de difficultés respiratoires : il faut surveiller constamment sa santé. C'est un chien d'appartement qui s'adapte très bien à la vie en famille et aux voyages.

Épagneul japonais

Connu également sous le nom de *Chin* ou *Tchin*, ce chien est, en dépit de son nom, d'origine chinoise, et tout comme le pékinois et le carlin, il est issu des anciens spaniels tibétains.

• Morphologie

Carré et compact, il a la tête arrondie, avec le museau court, large et prognathe. Les yeux sont grands, saillants et foncés, très écartés entre eux. Les oreilles sont petites, en forme de « V », très écartées et attachées haut, de préférence plumeuses et portées légèrement vers l'avant. Le poil de la robe est de préférence soyeux, long, dense et droit, sans ondulations ni boucles, avec un collier abondant. Les couleurs admises sont le blanc et le noir, mais des nuances rouges et oranges sont également tolérées. La queue est recouverte de franges longues et abondantes, formant un panache qui retombe de côté sur le dos.

• Histoire

La longue et noble histoire de ce chien remonte à il y a plus de 2 700 ans, lorsqu'il fut introduit au Japon depuis la Chine. À la cour impériale du Japon, les tchin étaient gardés dans des cages dorées, comme des oiseaux exotiques et, par volonté de l'empereur, ils étaient vénérés comme des animaux sacrés. C'est la seule race japonaise qui se soit largement répandue en Europe, où elle serait arrivée au XVIIe siècle, apportée par les marins portugais.

• Tempérament

C'est un petit chien doux, docile, intelligent et doté en quelque sorte d'un certain sens de l'humour. Il est adapté pour la vie en appartement et est également un excellent chien d'exposition.

CARTE D'IDENTITÉ

Type
Braccoïde
Lieu d'origine
Chine
Nationalité
Japonaise
Taille
Naine
Hauteur au garrot
30 cm maximum
Poids idéal
5 kg environ
Utilisation
Compagnie

Intelligent et sympathique, l'épagneul japonais est la seule race nippone à avoir connu un grand succès en Occident.

Épagneuls nains continentaux

CARTE D'IDENTITÉ

Type
Vulpoïde
Lieu d'origine
Europe
Nationalité
France
Taille
Naine
Hauteur au garrot
28 cm maximum
Poids idéal
4 kg environ
Utilisation
Compagnie

Épagneul nain continental

On distingue deux variétés : l'épagneul papillon, aux oreilles dressées, et l'épagneul phalène, aux oreilles pendantes. Elles doivent leurs noms, respectivement au papillon diurne, qui tient ses ailes verticalement, et au papillon nocturne (phalène) qui les tient baissées, en référence à leurs oreilles, qui sont abondamment frangées et rappellent les ailes d'un papillon.

• Morphologie

Mince, plus long que haut, il a la tête petite, avec le museau pointu, le stop bien accusé et la truffe noire. Le poil est long, soyeux et plat, légèrement ondulé par endroit. Les couleurs admises sont le blanc avec des taches noires, ou de toutes autres couleurs, hormis le rouge-brun. Les yeux, qui ne doivent pas être saillants, sont moyens, en forme d'amandes larges, sombres et avec les bords des paupières foncés. Les oreilles sont grandes, très écartées et attachées vers l'arrière. La queue, longue et attachée haut, est enroulée sur le dos et avec la pointe bien fournie de poil.

• Histoire

Un document de 1545 atteste la vente d'un épagneul nain. On pense que son ancêtre est un épagneul nain apporté en Espagne depuis la Chine. Au XVIe siècle, le phalène était très apprécié par les nobles espagnols et français. À partir du XIXe, les éleveurs belges et français ont sélectionné la variété avec les oreilles dressées.

• Tempérament

Les deux variétés sont très amicales, intelligentes et vigoureuses. C'est un chien qui peut se montrer très possessif vis-à-vis de son maître et contrarié par la présence d'étrangers.

• Soins et habitat

La robe exige un toilettage soigné. Sélectionné pour vivre en appartement, il aime courir en plein air.

Molossoïdes de petite taille

Bouledogue français

Vers 1870, on obtint en Grande-Bretagne des bulldogs miniatures, ayant souvent les oreilles dressées. La race anglaise devint ensuite parisienne, et de nos jours elle est élevée dans le monde entier.

• **Morphologie**

Le corps compact et ramassé de ce chien s'inscrit dans un carré. La tête est large et carrée, avec le museau large et prognathe, et le chanfrein droit. Les yeux sont grands, globuleux, écartées et très foncés. Les oreilles, entières, sont de forme typique « en chauve-souris ». Le poil de la robe est ras, dense, brillant, bringé (noir et roux mélangés, avec un peu de blanc), tacheté (blanc avec des taches bringées), ou entièrement blanc. La queue est courte, attachée bas, parfois nouée.

• **Histoire**

Il est issu du bulldog anglais, dans la version naine aux oreilles dressées. Autour de 1885, les dames françaises tombèrent amoureuses de ce petit chien et le rendirent populaire. Des portraits de bouledogue figurent sur les tableaux de Toulouse-Lautrec. Depuis la France, il se répandit vite, d'abord aux États-Unis, et ensuite en Angleterre, lorsque le roi Édouard VII en adopta un exemplaire.

• **Tempérament**

C'est un chien aimable, doux, patient et très attentif, et de ce fait facile à dresser. Très affectueux avec son maître, il le suit partout avec joie et curiosité, s'adaptant bien à toutes les situations.

• **Soins et habitat**

C'est une race délicate, surtout en ce qui concerne l'alimentation. Un excès de poids peut provoquer des troubles respiratoires. Le bouledogue est idéal comme chien d'appartement (il aboie peu), et il est aussi un bon gardien pour la voiture.

CARTE D'IDENTITÉ

Type
Molossoïde

Lieu d'origine
Grande-Bretagne

Nationalité
Française

Taille
Naine

Hauteur au garrot
30 cm

Poids idéal
8-14 kg

Utilisation
Compagnie

Carlin

CARTE D'IDENTITÉ

Type
Molossoïde

Lieu d'origine
Extrême-Orient

Nationalité
Grande-Bretagne

Taille
Naine

Hauteur au garrot
32 cm maximum

Poids idéal
6,3-8 kg

Utilisation
Compagnie

Le carlin doit son nom à l'acteur italien Carlo Bertinazzi appelé « Carlino » : celui-ci était connu pour son interprétation d'Arlequin, pour laquelle il portait un masque noir qui rappelle le museau de ce curieux petit chien.

• Morphologie

La robe a le poil court, doux et brillant, dans les couleurs argent, abricot ou noir, tous avec masque et oreilles noirs. Son corps est compact et carré ; la tête est grande, massive, ronde, avec le museau court, carré, ridé et écrasé. La truffe est noire. Les yeux sont très gros, ronds et saillants, foncés et brillants. Les oreilles sont petites et fines, veloutées, « en rose » ou « en bouton ». La queue, attachée haut, est portée en boucle serrée, double, et sur le côté.

• Histoire

Certains cynophiles prétendent qu'il provient des Pays-Bas, où il serait arrivé depuis l'Extrême-Orient, avec les marchands hollandais. Selon une autre hypothèse, le carlin serait la version naine du dogue de Bordeaux. Quoi qu'il en soit, à partir du XVIIIe siècle, le carlin devint un chien très à la mode dans les cours européennes, atteignant sa plus grande popularité durant l'époque victorienne. On lui préféra ensuite le pékinois, mais aujourd'hui il connaît à nouveau une période très favorable.

• Tempérament

Le carlin est très affectueux, aimable et extraverti, même très attentionné, et jamais agressif. Le carlin s'exprime à travers une série d'ébrouements, de grognements et de sons nasaux, qui lui donnent l'air d'un grognon sympathique.

• Soins et habitat

Il n'exige pas beaucoup d'exercice, ni un toilettage fréquent. Il doit cependant faire de l'exercice physique pour éviter les prises de poids. Il faut également surveiller son régime alimentaire. Il peut souffrir de troubles de la respiration, et il a tendance à ronfler. La mise bas peut être difficile. C'est un chien d'appartement qui aime être en compagnie, et qui a besoin de chaleur et d'affection. Il est très propre.

Terrier Boston

C'est l'une des rares races à avoir été sélectionnées aux États-Unis. Elle est classée et jugée en trois types, selon le poids : léger, médium, maximum.

• Morphologie

Musclé et ramassé, il a la robe bringé, avec des taches blanches et le poil court et fin, lisse et brillant. La tête est carrée, sans rides, avec le museau court et le stop bien accusé. Les yeux sont grands, ronds, foncés et très écartés. Les oreilles sont dressées, fines, attachées aux coins du crâne. La queue, courte, attachée bas, droite ou en boucle, est toujours portée au-dessous de la ligne du dos.

• Histoire

Musclé et ramassé, il a la robe bringée, avec des taches blanches et le poil court et fin, lisse et brillant. La tête est carrée, sans rides, avec le museau court et le stop bien accusé. Les yeux sont grands, ronds, foncés et très écartés. Les oreilles sont dressées, fines, attachées aux coins du crâne. La queue, courte, attachée bas, droite ou en boucle, est toujours portée au-dessous de la ligne du dos.

• Tempérament

Il est intelligent, affectueux et très vif, dépourvu de l'agressivité qui caractérisait ses ancêtres, dont il garde toutefois le courage et l'impétuosité.

• Habitat

C'est un excellent chien de compagnie qui s'adapte bien à la vie en appartement.

CARTE D'IDENTITÉ

Type
Molossoïde

Lieu d'origine
États-Unis

Nationalité
Américaine

Taille
Petite

Hauteur au garrot
40 cm environ

Poids idéal
- moins de 6,8 kg
- 6,8-9,1 kg
- 9,1-11,4 kg

Utilisation
Compagnie

CARTE D'IDENTITÉ

Type
Lupoïde

Lieu d'origine
Allemagne

Nationalité
Allemande

Taille
Petite

Hauteur au garrot
38-46 cm

Poids idéal
25 kg environ

Utilisation
Compagnie, garde

Kromfohrländer

Ce chien a été sélectionné dans le but d'obtenir un compagnon et un petit gardien pour les citadins.

• Morphologie

Il a un corps fort et ramassé, couvert d'une robe à poil rêche ou dur, de longueur moyenne. La couleur est blanche avec des taches dans toutes les nuances du brun. La tête est cunéiforme, avec un stop bien accusé. Le museau s'effile progressivement vers la truffe ; le chanfrein est droit. Les yeux sont en oblique, de couleur brun foncé. Les oreilles sont attachées haut, triangulaires et pendantes. La queue, de longueur moyenne, est portée légèrement recourbée.

• Histoire

C'est une race récente, sélectionnée, presque par hasard, après la Seconde Guerre mondiale, à partir de différents terriers. Elle a été reconnue en 1953, et elle est encore très peu connue en dehors de son pays d'origine.

• Tempérament

Très affectueux et intelligent, il possède un instinct inné pour la garde.

• Habitat

C'est un chien adapté à la vie en appartement.

Lévriers

Lévrier afghan

C'est une race majestueuse et élégante, qui toutefois ne doit pas être jugée seulement sur ses qualités esthétiques. En effet, les lévriers afghans sont extraordinairement agiles et très robustes. Ils peuvent se déplacer rapidement sur les terrains les plus accidentés.

CARTE D'IDENTITÉ

Type
Graioïde

Lieu d'origine
Afghanistan

Nationalités
Afghane, britannique

Taille
Grande

Hauteur au garrot
Mâle : 68-74 cm
Femelle : 63-69 cm

Poids idéal
27 kg environ

Utilisation
Compagnie

• Morphologie

Le corps est inscrit dans un carré ; le thorax est profond et l'abdomen rentré. La tête est portée haute ; le cou est long et fort. Le museau est allongé, avec la truffe de couleur assortie à celle de la robe. Les yeux, bridés, sont couleur or ou foncés de préférence. Les oreilles sont longues, recouvertes de poils soyeux, attachées bas et portées près de la tête. La robe est constituée d'un poil long et soyeux, sauf sur la ligne médiane du dos et de la tête, où il est court et fin. Les oreilles et les pattes sont abondamment frangées, tandis que la tête est surmontée de poils longs et soyeux semblables à des cheveux. Toutes les couleurs sont admises. La queue, pas trop courte, est attachée bas, portée haute quand le chien est en action. Elle est bouclée à la pointe, avec des touffes plumeuses.

• Histoire

Appelée également chien de Kaboul, cette race figure dans des peintures afghanes remontant à 4 000 ans et sur une tapisserie grecque du VIe siècle av. J.-C. Probablement originaire du Moyen-Orient, elle se répandit grâce aux échanges commerciaux avec l'Afghanistan et fut utilisée pour la chasse aux antilopes, aux gazelles, aux loups et aux léopards des neiges.

Le lévrier afghan est un très bon chien de compagnie, paisible et jamais envahissant.

• Tempérament

C'est un chien vif, indépendant et sociable, mais il souffre s'il se sent délaissé par son maître. Aujourd'hui, il est surtout utilisé comme chien de compagnie.

• Soins et habitat

L'entretien de la robe représente un grand travail. Il peut s'adapter à la vie en appartement, mais il doit faire régulièrement de longues promenades.

Saluki

CARTE D'IDENTITÉ

Type
Graioïde
Lieu d'origine
Moyen-Orient
Nationalité
Britannique
Taille
Moyenne-grande
Hauteur au garrot
Mâle : 58-71 cm
Femelle : un peu moins
Poids idéal
30-40 kg
Utilisation
Course, chasse

Le saluki ou lévrier persan est un chien élancé et élégant, à l'allure noble. Il chasse à vue, sans suivre des pistes olfactives, et grâce à son agilité et à sa rapidité extraordinaires, il est capable d'abattre des proies de toutes sortes. Les bédouins de l'Arabie méridionale l'utilisent encore de nos jours, avec le faucon, pour chasser les gazelles et les outardes.

• Morphologie

La tête est longue et étroite, avec un stop léger. Le museau est également allongé, avec la truffe noire ou couleur rouge-brun. Les yeux sont grands, ovales, de couleur variable, allant du noisette au marron foncé. Les oreilles sont longues et recouvertes d'un poil soyeux et frangé. Le poil est doux, lisse et souple, avec des franges sur les membres. Les couleurs admises pour la robe sont : blanc, crème, fauve, rouge doré, gris, noir et marron clair, tricolore (blanc, noir et marron clair), ou dans diverses combinaisons de ces couleurs. La queue, attachée haut, est longue et forme une courbe gracieuse. Elle est ornée de franges sur la partie inférieure.

• Histoire

Race très ancienne du Moyen-Orient, il tient son nom de la ville arabe de Saluk, aujourd'hui disparue. Utilisée par de nombreuses populations nomades du désert, il se répandit de la mer Caspienne au Sahara. Le premier saluki arriva en Grande-Bretagne en 1835, mais la race fut reconnue en 1924 et le standard rédigé en 1968.

• Tempérament

Il est sensible, loyal, tranquille et intelligent. Réservé avec les étrangers, il n'est jamais agressif ni nerveux. Pour contrôler son instinct inné de chasseur, il faut l'entraîner à l'obéissance. Il est doux avec son maître, mais peu démonstratif.

• Soins et habitat

Il doit suivre un régime riche en protéines, mais pas trop abondant. Il faut peigner ses oreilles souvent et soigneusement. Il n'est pas adapté à la vie en appartement. Il vit bien dans un jardin, mais il faut veiller à le protéger du froid.

Barzoï

Le nom de ce lévrier russe signifie « rapide ». Il était utilisé par les tzars et l'aristocratie russe pour la traditionnelle chasse au loup. C'est un chasseur rapide et impétueux, et il faut savoir mettre un frein à son instinct en l'éduquant à l'obéissance.

• Morphologie

Il a le corps inscrit dans un carré. La tête est longue, étroite et sèche, avec un stop accusé. Le museau aussi est long, s'effilant vers la truffe. Le chanfrein est légèrement busqué, et la truffe noire. Les yeux sont en amande, de couleur foncée. Les oreilles sont petites, fines et pointues, attachées haut et derrière. Le poil est long, soyeux, frisé ou ondulé. Il est toutefois lisse et court sur la tête, les oreilles et les pattes antérieures, avec des touffes plumeuses sur le poitrail et les pattes. La robe est blanche avec des marques plus foncées, mais toutes les couleurs sont admises. La queue est longue, attachée bas, en forme de faucille et très plumeuse.

• Histoire

Le barzoï provient probablement du Moyen-Orient, d'un lévrier à poil court. Importé dans des régions plus nordiques, il fut croisé avec un type de collie russe à longues pattes pour obtenir un chien plus robuste et doté d'un long poil qui le protège du froid. Le tzar en offrit quelques exemplaires à la reine Victoria en 1842, suscitant une grande admiration auprès de l'aristocratie britannique. La race fut ensuite élevée et sélectionnée, non seulement en Grande-Bretagne, mais aussi en France, aux Pays-Bas, en Belgique, et ailleurs. Introduit en 1891 aux États-Unis, il y est aujourd'hui assez répandu.

• Tempérament

Réservé, raffiné, mais parfois têtu, le lévrier russe est généralement calme et attaché à son maître et à sa famille, mais toujours peu sociable avec les étrangers.

• Soins et habitat

Il lui faut un régime nourrissant, mais pas excessif. Il peut vivre en appartement malgré sa très grande taille, mais il faut qu'il puisse galoper tous les jours en liberté.

CARTE D'IDENTITÉ

Type
Graioïde

Lieu d'origine
Moyen-Orient

Nationalité
Russe

Hauteur au garrot
Mâle : 73-82 cm
Femelle : 68-77 cm

Poids idéal
35-45 kg

Utilisation
Chasse, compagnie

CARTE D'IDENTITÉ

Type
Graïoide

Lieu d'origine
Irlande

Nationalité
Irlandaise

Taille
Grande

Hauteur au garrot
Mâle : 78,5 cm
Femelle : 71 cm

Poids idéal
Mâle : 54 kg
Femelle : 41 kg

Utilisation
Compagnie, chasse

Irish wolfhound

Grâce à son courage et à sa gentillesse, l'irish wolfhound, connu également sous le nom de lévrier irlandais, a inspiré de nombreuses légendes, ballades et contes populaires dans sa terre d'origine. La race faillit bien disparaître au XIXe siècle, mais elle fut sauvée par le recours à du sang d'autres races, dont le lévrier écossais à poil rêche.

• Morphologie

Imposant et musclé, c'est le plus grand chien du monde. Il a la tête longue. Le museau aussi est long et modérément pointu. Les yeux sont foncés et ovales, avec les paupières noires. Les oreilles, veloutées et petites, pendent à plat. Le poil, rêche et dur, forme une barbe et des moustaches. Les couleurs admises pour la robe sont : gris, gris acier, bringé, rouge, noir, blanc, fauve et froment. La queue est longue, assez grosse et légèrement recourbée.

• Histoire

Cette race provient du *Cu,* chien massif au poil rêche, utilisé pour la chasse au renard, aux élans et aux sangliers, qui existait déjà à l'époque romaine. Depuis toujours, le lévrier irlandais est un chien très apprécié, à tel point que les armées d'Irlande portaient sur leurs armoiries son effigie, accompagnée de la devise : « Doux quand on me caresse, terrible quand on me provoque ». La maison royale d'Angleterre offrit tant d'exemplaires à des invités et des personnages illustres qu'Olivier Cromwell décida d'interdire l'exportation de l'irish wolfhound. Au XVIIIe siècle, avec l'extinction du renard en Irlande et en Écosse, la race commença à décliner ; au milieu du XIXe siècle, on entreprit la reconstitution de la race, jusqu'à l'obtention du type actuel, dont le standard à été rédigé en 1885.

L'irish wolfhound est le chien le plus haut du monde.

• Tempérament

C'est un chien fidèle, intelligent et doux, mais non timide. Il est très fiable avec les enfants. Il est discret et patient, mais il faut savoir gagner sa confiance, en l'élevant avec douceur, car les manières fortes l'amènent à se renfermer et à adopter une attitude passive. Il faut lui apprendre la laisse, dès son plus jeune âge. Ce peut être un bon gardien, mais il n'est pas combatif et il n'attaque pas. En fait, il est conseillé de ne pas l'inciter à attaquer, car il peut devenir dangereux.

• Soins et habitat

La robe exige un brossage régulier. Il n'a pas besoin de beaucoup d'espace. Il est assez sédentaire et malgré sa grande taille, il s'adapte bien à la vie en appartement, à condition qu'il puisse faire des promenades tous les jours.

CARTE D'IDENTITÉ

Type
Graioïde

Lieu d'origine
Moyen-Orient

Nationalité
Grande-Bretagne

Taille
Grande

Hauteur au garrot
Mâle : 71-76 cm
Femelle : 68-71 cm

Poids idéal
35-45 kg

Utilisation
Course, chasse, compagnie

Le lévrier anglais à poil ras est un chasseur extraordinairement rapide.

Greyhound

Descendant de l'une des races les plus anciennes, le greyhound, ou lévrier anglais à poil ras, est l'archétype du chien dressé pour la chasse à vue. C'est le chien le plus rapide : il peut atteindre une vitesse de 64 km/h. Sa capacité d'accélération à la course le rend très adapté à la chasse au petit gibier, comme par exemple, le lièvre.

• Morphologie

Grand, musclé et puissant, il est recouvert d'un poil dense, fin et soyeux. La robe peut être noire, blanche, rouge, fauve clair, bringé, roux, ou bleu, ou de l'une de ces couleurs mélangée à du blanc. Les yeux, foncés de préférence et brillants, sont ovales, d'une expression intelligente et vive. Les oreilles sont petites, fines et repliées vers l'arrière. La queue est longue, fine et conique. Elle est attachée haut et légèrement recourbée.

• Histoire

La race provient probablement du Moyen-Orient. Elle serait arrivée en Europe à bord des premiers voiliers phéniciens. Le greyhound, avec sa version de taille réduite, le petit lévrier italien, était très répandu dans l'Europe médiévale, et il fut l'une des races les plus appréciées dans les cours royales. De nos jours, les vraies compétitions de poursuite du lièvre sur terrain ouvert ayant disparu, le greyhound est, en Grande-Bretagne, la vedette incontestée des racings (poursuites derrière un leurre sur piste fermée).

• Tempérament

C'est un chien sensible, discret, doux et de bonnes manières. Très équilibré et sociable avec les enfants, il est doté d'une grande intelligence et il est d'agréable compagnie en famille.

• Soins et habitat

Ce chien est un athlète et il lui faut de longues promenades au trot. Son régime doit être nourrissant, mais ne doit pas le faire grossir. Malgré ses qualités de chien de course, il aime le confort paisible d'un intérieur. C'est pourquoi il s'adapte bien à la vie en appartement : en dépit de sa taille, il occupe peu de place et il est très discret.

Deerhound

Le deerhound, ou lévrier écossais à poil rêche, est un chien élégant, aux origines très anciennes et au glorieux passé de chasseur.

• Morphologie

Grand, doté d'une ossature sèche et très forte, il a la tête allongée, s'effilant progressivement, de même que le museau, dépourvue de stop. La truffe est noire, légèrement recourbée. Le poil, dur et hirsute, de 8 à 10 cm de long sur le cou et les membres, et un peu plus long sur les autres parties du corps, forme des moustaches et une petite barbe sur le museau. Les couleurs admises pour la robe sont : gris-bleu, gris foncé ou clair, et diverses tonalités de fauve. Les yeux sont de taille moyenne, foncés, au regard doux. Les oreilles, attachées haut, en rose, sont légèrement dressées quand le chien est en alerte. La queue est longue, effilée et en forme de sabre.

• Histoire

Le deerhound était utilisé dans les hautes terres d'Écosse pour la chasse aux cerfs (en anglais : *deer*) et aux daims, autrefois abondants dans les forêts écossaises. Sa rapidité et son tempérament rude se prêtaient bien aux étendues sauvages des Highlands. Le premier standard fut rédigé en 1892, mais ensuite la race se fit très rare. Au début des années soixante, un groupe de passionnés américains, canadiens et australiens entreprit un élevage très rigoureux, et la sauva de l'extinction. Elle reste toutefois assez rare encore de nos jours.

• Tempérament

Affectueux, un peu timide, gentil, calme et fidèle, il n'est jamais agressif ni méfiant. Il est très doux avec les enfants et sociable avec les autres chiens. Il garde une attitude digne et distinguée même lorsqu'il joue ou manifeste sa joie.

• Soins et habitat

Robuste, il peut dormir dans une niche à l'extérieur. Il n'exige pas de toilettage, mais un simple brossage. Il a besoin d'espace et de liberté, et il n'aime pas la vie en appartement.

CARTE D'IDENTITÉ

Type
Graioïde

Lieu d'origine
Écosse

Nationalité
Britannique

Taille
Grande

Hauteur au garrot
71-76 cm

Poids idéal
36,5-45,5 kg

Utilisation
Chasse, compagnie

Bien que sauvé de l'extinction, le deerhound est une race encore assez rare.

CARTE D'IDENTITÉ

Type
Graioïde
Lieu d'origine
Angleterre
Nationalité
Britannique
Taille
Moyenne-petite
Hauteur au garrot
Mâle : 47-51 cm
Femelle : 44-47 cm
Poids idéal
10-15 kg
Utilisation
Course, compagnie

Utilisé dans les courses de vitesse, le whippet est un chien élégant et gentil adapté à la vie en famille.

Whippet

Il a hérité du greyhound, son ancêtre, ses formes sculpturales et gracieuses. Il a aussi du sang de bedlington et de terrier manchester. Coureur confirmé, c'est l'un des meneurs des courses dans les cynodromes du monde entier.

• Morphologie

Son corps, athlétique et musclé, inscrit dans un rectangle, est recouvert d'un poil court, très fin et dense. Toutes les couleurs, même mélangées, sont admises pour la robe. La tête est longue et mince, avec un stop léger et un museau allongé et élégant. Les yeux, de forme ovale, sont foncés et brillants, d'une expression vigilante. Les oreilles sont petites, fines, en rose, et portées mi-dressées quand le chien est en alerte. La queue est longue et effilée, se terminant en une courbe gracieuse.

• Histoire

Au XIXe siècle, les mineurs du nord de la Grande-Bretagne croisèrent les terriers locaux avec des greyhounds assez petits afin d'obtenir des chiens rapides pour les *snap racing* (courses de lapins ou de lièvres). Ce sport, considéré comme cruel, fut interdit, et le whippet fut utilisé dans les *rag racing,* où il devait courir, à la plus grande vitesse possible, vers son maître, sollicité par un signe de la main ou par un mouchoir agité.

• Tempérament

C'est un chien assez agréable, gentil, affectueux, fidèle et aimant les enfants, mais qui ne résiste pas à la tentation de poursuivre et d'attraper tout ce qui bouge.

• Soins et habitat

Son régime doit être nourrissant, mais pas trop abondant. Bien qu'habitué à l'excitation des courses, le whippet s'adapte bien au confort de la vie familiale et peut très bien vivre en appartement, à condition qu'il fasse beaucoup d'exercice tous les jours.

Petit lévrier italien

Depuis fort longtemps, la renommée de cet athlète de grande trempe a été attestée par son apparition dans de nombreuses œuvres d'art. En 1857, Gustave Flaubert attribue à Madame Bovary « une petite levrette d'Italie ».

• Morphologie

Gracieux et élégant, il a le corps court. La tête est longue, avec le crâne et le museau de la même longueur ; le stop est très léger et le museau est pointu, avec la truffe toujours noire. Les yeux sont grands et foncés, la robe présente un poil ras, fin, toujours unicolore : noir, ardoise, isabelle (on tolère du blanc au poitrail et aux membres). Les oreilles, attachées haut, sont petites et en rose. La queue, attachée bas, s'effile vers la pointe.

• Histoire

Il a les mêmes origines que les lévriers du Moyen-Orient, malgré ses petites dimensions, fruit d'une sélection artificielle : des chiens de cette taille existaient en Égypte au quatrième millénaire av. J.-C. À la fin du XVIIIe siècle, il fut le chien préféré de Frédéric le Grand, roi de Prusse, qui fit ériger son tombeau au milieu de celui de ses petits lévriers. En 1923, deux élevages furent fondés en Italie pour la reconstruction de la race. Depuis l'après-guerre, on le trouve dans d'autres pays européens et aux États-Unis, où il est utilisé pour la chasse au lièvre et au faisan. En Italie, où d'autres races sont considérées comme plus adaptées à cet emploi, il est exclusivement un chien de compagnie.

• Tempérament

Malgré son apparence délicate, c'est un gardien énergique, un compagnon vif, qui montre une grande résistance en promenade. Il est également très affectueux. Chez un sujet de cette race, le tremblement est un signe d'instabilité nerveuse. Tout sujet craintif ou nerveux est à éviter.

• Soins et habitat

L'alimentation doit être nourrissante, mais pas trop abondante. Il s'adapte bien à la vie en appartement, mais a besoin de faire de l'exercice.

CARTE D'IDENTITÉ

Type
Graioïde

Lieu d'origine
Égypte

Nationalité
Italienne

Taille
Petite et naine

Hauteur au garrot
32-38 cm

Poids idéal
5 kg maximum

Utilisation
Course, garde, compagnie

La petite levrette italienne est un excellent gardien et un coureur très rapide, qui s'adapte bien à la vie en famille.

CARTE D'IDENTITÉ

Type
Graioïde
Lieu d'origine
Moyen-Orient
Nationalité
Marocaine
Taille
Grande
Hauteur au garrot
Mâle : 66-72 cm
Femelle : 61-68 cm
Poids idéal
30-40 kg
Utilisation
Chasse, compagnie

Sloughi

Le sloughi, ou lévrier arabe, est le chien des tribus bédouines, qui le considèrent comme un animal noble et l'utilisent pour la chasse à vue, mais aussi comme gardien de leurs tentes et comme chien de compagnie. Il a un aboiement typique, faible et prolongé qui évoque l'atmosphère du désert.

• Morphologie

Agile et mince, il a le corps inscrit presque dans un carré. Il est recouvert de poil très ras, compact et fin. Les couleurs admises sont : sable, sable clair, sable roux, sable anthracite, bringé, avec ou sans masque et selle noire. La tête est longue, cunéiforme, avec un stop léger. Le museau est allongé, avec le chanfrein droit et la truffe noire. Les yeux sont grands, foncés. Les oreilles sont triangulaires, attachées haut, et pendent tout contre la tête. La queue, longue et fine, est portée au-dessous de la ligne du dos.

• Histoire

Il est originaire du Moyen-Orient. Il arriva en Europe avec les invasions des Maures en Espagne et puis avec les croisés, engendrant ensuite le galgo espagnol et le greyhound. La sélection fut entreprise en Grande-Bretagne vers le milieu du XIXe siècle. Considéré d'abord comme une variété du saluki, il a été reconnu comme une race autonome par le Kennel Club en 1972. Le Maroc en a revendiqué la nationalité en 1980.

Autrefois considéré comme une variété du saluki, le sloughi a été reconnu comme une race autonome en 1972.

• Tempérament

Il est attaché à son patron et à sa famille, dont il se considère comme un membre à part entière. Il est sensible, réservé, méfiant avec les étrangers. Il doit être élevé avec douceur, car il réagit immédiatement aussi bien aux reproches qu'aux caresses.

• Soins et habitat

Son alimentation doit être riche en protéines, mais pas trop abondante. Il s'adapte bien à la vie en famille, et à la maison, il est discret et silencieux. Il devient toutefois nerveux s'il ne peut pas se défouler en courant tous les jours.

ENFANTS
VÉHICULES
RENTRER AU PAS

Annexes

Le comportement du chien

Le chien a une intelligence supérieure à celle de bien des animaux, il est extrêmement sociable et doté d'une excellente aptitude à l'apprentissage. Ses habitudes grégaires le rendent particulièrement habile à interpréter les moindres signaux, y compris les signaux olfactifs émis par les autres chiens ou par les êtres humains. C'est grâce à ces caractéristiques qu'il réussit à instaurer avec l'homme un rapport de communication et d'amitié. Puisque le chien ne communique pas à travers la parole, mais à travers les signaux qu'il transmet avec son corps, il est très important que l'homme apprenne à reconnaître ces signaux pour y « répondre » de façon adéquate.

• Les signaux olfactifs et visuels

Pour communiquer, le chien utilise de nombreux signaux olfactifs : pour signaler les limites de son territoire, par exemple, il dépose des traces d'urine, ou bien il gratte la terre pour y laisser les traces de sécrétions émises par les glandes sudoripares de ses coussinets. Il a également l'habitude de se rouler dans des substances à l'odeur puissante, comme par exemple le fumier, pour exalter l'odeur de son corps. La communication visuelle aussi est très développée : à travers une grande variété de postures, d'expressions faciales ou de mouvements de la queue, le chien transmet des informations que les autres chiens, les autres animaux, et même l'homme, peuvent comprendre. Il s'exprime aussi à travers des signaux vocaux comme gémir, aboyer ou grogner.
Nous allons décrire et expliquer dans les paragraphes suivants les principaux comportements et attitudes que tout maître d'un chien doit connaître pour pouvoir établir une bonne communication avec son ami à quatre pattes.

• Renifler la zone anale et génitale

Le chien, qui possède un odorat considérablement plus développé que les autres sens, a l'habitude de « renifler » ses semblables dans les parties qui émettent les odeurs les plus marquantes : la zone anale et génitale. Là se trouvent des glandes cutanées qui sécrètent des substances odorantes très intéressantes pour le chien, qui, en les flairant, peut distinguer le sexe d'un autre chien, son âge, son état de santé et son humeur. De plus, chez le chien, l'attitude de flairer indique la position hiérarchique. À l'intérieur d'une meute, le mâle dominant a le droit de renifler l'anus et les parties génitales de tous les autres mâles inférieurs, des femelles et des jeunes chiens.
La rencontre entre deux chiens se déroule selon un rite invariable, en trois phases :
- se flairer réciproquement le nez ;
- se toucher la robe, généralement à l'épaule ;
- contrôler la zone anale et génitale, pour finir de faire connaissance.

Chaque chien, mâle ou femelle, contrôle souvent sa propre zone anale et génitale et la nettoie en la léchant soigneusement. Ce comportement, naturel et hygiénique, ne doit jamais être réprimandé. Si le chien flaire sa zone anale plus que d'habitude, il souffre probablement de troubles digestifs.

• Les messages de la queue

Les mouvements de la queue sont liés à l'odorat et aux glandes anales dont l'odeur est propre à chaque chien. Un chien gai frétille de la queue pour faire sentir son odeur, alors qu'un sujet peureux se couvre l'anus et les parties génitales pour se cacher. De plus, si le chien imprime à sa queue des mouvements rapides et s'il la porte basse (par rapport au standard), cela veut dire qu'il est de bonne humeur, mais s'il la remue lentement, en la tenant haute et raide, c'est pour « imposer » sa supériorité hiérarchique, et indiquer par ce mouvement son intention d'attaquer.
L'observation des mouvements de la queue permet de distinguer toute une série d'états psychiques, et divers états d'humeurs : par exemple, la queue des chiens de chasse au travail est très éloquente pour le chasseur. Tout maître d'un chien doit apprendre à interpréter la signification des mouvements de la queue de son chien, et même chez les sujets qui ont la queue écourtée, on peut « lire » les mouvements du moignon.

• La curiosité

Le chien manifeste constamment une grande curiosité, surtout lorsqu'il découvre un environnement nouveau. C'est cette curiosité qui permet à tout chien, même âgé, d'apprendre avec plaisir. Cette joyeuse curiosité naturelle doit être encouragée pendant le dressage. Très vite, le chiot exprime son envie de connaître l'environnement dans lequel il vit, flairant tous les objets qui l'entourent. Pour un chien, la promenade n'est pas seulement un moyen de se « dégourdir les pattes », mais aussi une occasion de mettre son nez partout et de connaître des odeurs nouvelles.
Chez le chien, la curiosité est une activité exploratoire. La curiosité visuelle aussi est très importante. La vue est le sens qui le trompe le plus facilement. Il faut toutefois remarquer qu'un regard fixé attentivement est le résultat de l'interaction de tous les autres sens (ouïe et odorat), qui dirigent l'œil dans la bonne direction en dépit de sa faiblesse notoire. Il ne faut pas non plus confondre le regard dû à la curiosité visuelle, avec l'expression, très différente d'une race à l'autre.

• Défécation et urine

Le chien utilise les selles et l'urine pour marquer le territoire. Il cherche longtemps l'endroit le plus adapté pour déféquer, et il en change souvent. Lorsqu'il trouve le bon endroit, il défèque, puis il remue la terre autour, non pas pour en effacer la trace, comme le font les chats, mais pour ajouter à l'odeur de ses selles celle de ses pieds. La défécation fait aussi partie du langage du chien. Lorsqu'il veut tout simplement uriner, le chien laisse sortir le liquide d'un seul jet jusqu'à ce qu'il ait vidé sa vessie. En revanche, lorsqu'il urine brièvement et fréquemment, par à-coups, c'est pour indiquer aux autres chiens les limites de son territoire. S'il se trouve en dehors de son territoire (comme cela arrive souvent aux chiens en ville), le mâle indique son passage en urinant sur les traces odorantes laissées précédemment par ses congénères. En levant la patte (ce qui est un acte volontaire, car il pourrait très bien uriner sans la lever), le chien veut montrer sa vigueur. Ces traces odorantes fournissent à tout autre chien de nombreuses indications sur son semblable qui l'a précédé sur le territoire dans lequel il est entré : sexe, âge, état de santé, etc. Les femelles et les chiots ne marquent jamais le territoire

pour montrer leur puissance. Au contraire, ils ont tendance à se cacher d'un éventuel adversaire. C'est pourquoi ils urinent à un seul endroit (la femelle trois à quatre fois par jour), préférant les endroits où la trace est peu évidente et disparaît vite : terre, herbe, feuilles ou sable.
Le chiot, qui n'a pas encore l'âge de marquer le territoire, apprend facilement à uriner en dehors de la maison. Cet apprentissage est moins facile pour un chien adulte, qui a déjà l'habitude de marquer les limites de son territoire. Un chien adulte, qui d'habitude ne salit pas, peut être amené à laisser sa marque, si un autre chien arrive à la maison. Surtout si la visiteuse est une chienne en chaleur. Les femelles et les chiots urinent souvent par soumission lorsque leur maître s'approche d'eux : il ne faut pas les réprimander, mais les rassurer.

• Le chien et les chats

Le comportement des chiens avec les chats est généralement hostile. Le conflit provient de la profonde différence qui existe entre les deux animaux : le chien est un animal sociable, le chat, un animal solitaire. Le langage des chiens est très différent de celui des chats. Lorsqu'un chien voit un chat s'enfuir, il lui court après, poussé par l'instinct atavique de la poursuite de la proie. Cependant, tout chien accepte la présence d'un chaton et finit par s'y attacher, et il en va de même d'un chat avec un chiot. Pour que les deux animaux puissent vivre ensemble pacifiquement, évitez de les mettre en concurrence quand il mangent, et de susciter leur jalousie (si vous tenez le chat sur vos genoux, offrez une friandise à votre chien), et apprenez-leur à jouer ensemble dès qu'ils sont tout petits.

• La hiérarchie

Le chien est un animal sociable, et quand il vit en meute, il est amené à respecter l'ordre hiérarchique. Dans les portées, dans les chenils, parmi les chiens qui vivent en communauté dans les villages ou dans les banlieues des villes, il y a toujours un chef, qui est généralement le mâle le plus âgé. Des gestes indiquent la reconnaissance de la supériorité hiérarchique d'un autre mâle : en signe de soumission, les sujets inférieurs se laissent inspecter la zone anale et génitale sans faire la même chose à leur tour, ils n'urinent pas sur l'urine de l'autre chien, ils frétillent de la queue si l'autre grogne, ils tournent la tête, ils invitent au jeu, ils reculent, ils s'assoient par terre, ils ne bougent pas pendant que le chef s'éloigne, ils acceptent que l'autre assume la position de saillie, ils s'étalent par terre et montrent leur ventre, c'est-à-dire une partie sans défense, ils glapissent. Dès que la supériorité hiérarchique est reconnue, l'hostilité cesse et les chiens deviennent amis. Des comportements analogues avec l'homme signifient que celui-ci a été reconnu par son auxiliaire comme le chef de meute.

• Le jeu

Tout au long de sa vie, le chien aime le jeu : c'est pourquoi on peut le dresser en jouant avec lui. Déjà à l'âge de trois ou quatre semaines, le chiot commence à jouer en simulant la lutte ou la chasse, en essayant d'attraper sa queue, en prenant des objets dans la bouche. Le jeu apprend au chiot les règles de vie, et libère le chien adulte des impulsions souvent refoulées dans sa vie avec l'homme. Jouer avec l'homme, coopérer avec lui, est pour le chiot une source de joie. De plus, à travers ces luttes badines, le chiot apprendra qu'il est impossible d'avoir le dessus sur son maître, et il l'acceptera donc volontiers comme son chef. Si en revanche, en jouant, le chiot se rend compte qu'il peut intimider son maître, il le tyrannisera quand il sera adulte, car il est dans la nature de chaque chien d'assumer la fonction de chef, si elle est vacante.

Le chiot qui est en train de jouer accepte sans problèmes que son maître arrête le jeu pour une raison ou pour une autre. En revanche, si on arrête brusquement de jouer avec lui pour le punir, cela provoquera chez lui un sentiment d'insécurité. Par exemple, si le chiot a mordu un peu trop énergiquement la main de son maître, on peut arrêter de jouer, mais on ne doit en aucun cas le frapper. On pourra lui dire d'un ton calme « Non ! », sans le gronder ni le maltraiter. Il apprendra ainsi à contrôler son agressivité naturelle et, lorsqu'il sera adulte, il deviendra un excellent auxiliaire.

Au-delà des spécialisations, le chien peut être utilisé en même temps comme chien de chasse, de garde et de compagnie. Le caniche poursuit le lièvre, surveille le mur d'un jardin, et joue avec les enfants.

Le jeu est la meilleure méthode de dressage. Dans la meute, les parents et les autres adultes apprennent au chiot comment il doit se comporter, en jouant avec lui, en le récompensant et en le reprenant, et en modifiant ainsi les comportements inadéquats.

• L'IMITATION

Pour apprendre, le chien se sert surtout de l'expérience, c'est-à-dire qu'il répète tout ce qu'il a vécu comme expérience agréable, et rejette tout ce qui a été désagréable.

Bien qu'il ne soit pas un imitateur dans l'âme, il peut apprendre en observant le comportement de ses semblables. Toutefois, ces facultés se fondent sur des impulsions profondes. Un chien qui en voit un autre ouvrir le loquet d'une porte ne l'imitera pas, mais un jeune chien copiera tout de suite le travail d'un bon berger. Chasser ou conduire un troupeau correspondent, chez de nombreuses races canines, à des impulsions profondes.

• Le léchage et le langage du museau

Depuis le moment de sa naissance, le chien est léché par sa mère. Le léchage est pour lui une méthode pour se maintenir propre. Les chiens aiment se lécher entre eux, et se nettoient tout seuls en se léchant les parties sales ou infectées. Lécher est un geste amical. Toucher aussi est un geste d'affection. Pour solliciter l'attention de la mère, le chiot cogne son nez contre le coin de la bouche de la mère, et la lèche. Lorsque le chien fait la même chose avec son maître, il demande de l'affection. Il ne faut jamais répondre à cette caresse avec irritation, car le chien serait troublé par ce comportement pour lui incompréhensible, et cela diminuerait ses capacités d'apprentissage.
Pendant la période de sevrage, la mère rejette de la nourriture qu'elle a déjà digérée, et l'offre à ses petits. Pour obtenir ce renvoi, les chiots tapotent avec leurs museaux les coins de la bouche de leur mère.
Ainsi, si le chien, après avoir été réprimandé, s'approche de son maître en le tapotant avec son museau, et essaie de toucher avec son nez le coin de sa bouche et de le lécher, c'est qu'il veut établir avec lui un rapport affectueux et qu'il le reconnaît comme chef.
Le chien utilise le même comportement pour saluer son maître lorsque celui-ci rentre à la maison. Il est bon de mettre une main sur sa bouche et de se laisser lécher : son effusion cessera tout de suite.
À chaque fois que le chien tapote son maître du museau, il exprime un désir de caresses et d'attention. Ce sont des signes d'amour et de dévouement, auxquels il faut répondre avec affection, car il est très important de montrer à un chien qu'on comprend son langage.
Souvent, dans une meute, les chiens se mordillent affectueusement le museau. Le chien affectueux fait la même chose avec la main de son maître pour l'inviter à jouer. Si, en plus, il tire la main, c'est qu'il veut l'inviter à faire sa promenade habituelle.

• La menace et l'attaque

L'attitude de menace commence par la queue qui se dresse, droite et immobile, et par les membres qui se raidissent. Le chien menaçant veut paraître plus gros et plus grand qu'il n'est en réalité : il élève le poitrail, il dresse les poils de la nuque et du dos. Si l'objet de son attitude menaçante est un autre chien, son regard sera droit et perçant. Parfois l'un des deux chiens se fait tout petit et renonce à la confrontation. Pour signifier son renoncement, il peut tourner la tête de l'autre coté, s'allonger par terre ou reculer, ou encore, s'éloigner la queue entre les jambes.
Parfois l'un des deux adversaires gratte le sol avec ses pattes postérieures, pour étaler sa sueur. Les deux adversaires couvrent leurs régions génitales avec la queue et ils s'approchent : leurs robes hérissées s'effleurent, et ce contact augmente la tension. Ils sont l'un contre l'autre, et soudain, ils passent de la menace à l'attaque.
Généralement, la lutte entre deux mâles est brève, la morsure se limite au poil et il n'y a pas de sang. Le canicide est rarissime et accidentel ; peut en être victime un chien de petite taille trop téméraire, écrasé par la force d'un chien beaucoup plus gros. Entre mâles de la même taille, il y en a souvent un qui reconnaît la supériorité de l'autre en faisant un geste de reddition, dont le plus éloquent est celui de s'allonger par terre en montrant le ventre, sa partie la plus vulnérable. Le chien le plus fort accepte toujours la reddition et renonce à attaquer.

Pour séparer deux chiens qui sont sur le point de se mordre, les deux maîtres doivent les détacher énergiquement en les tirant par les pattes postérieures. Généralement, les deux adversaires sont contents d'être séparés. Il faut toutefois détacher les deux chiens en même temps. En effet, si seulement l'un des deux était retenu, l'autre pourrait le mordre encore plus fort et le blesser grièvement. De plus, un chien qui, retenu, est mordu par son adversaire, perd toute confiance en son maître.
Quant aux femelles, leurs combats sont plus rares, mais soudains, sans préambules et cruels. La femelle ne défend pas comme le mâle son territoire ou sa position hiérarchique, mais elle protège une portée idéale (même si elle n'en a pas) ; c'est pourquoi ses attaques sont plus rapides. Cependant, de nombreuses femelles vivent ensemble pacifiquement toute leur vie et nourrissent leurs chiots et ceux des autres femelles, même dans une niche commune. Entre mâle et femelle, il n'y a pas de véritables combats ; parfois, le mâle irrité peut pousser la femelle, ou la surmonter avec son corps, mais il ne la mord pas vraiment. C'est plutôt la femelle qui peut laisser des traces d'agression sur la robe du mâle.

• La saillie

Le fait qu'un chien monte sur le dos d'un autre chien n'est pas réservé exclusivement à l'accouplement entre un mâle et une femelle. C'est un geste que l'on observe aussi chez les chiots, pour lesquels c'est un simple jeu impliquant la sphère génitale. Chez le chien, la sphère génitale est souvent sollicitée par la sphère affective. On remarque souvent, par exemple, un principe d'érection chez le chien, lorsque le maître rentre à la maison : c'est une manifestation de joie, dépourvue d'implications sexuelles. Deux mâles qui jouent peuvent également simuler une copulation sans qu'il y ait érection : dans ce cas, il s'agit d'une tentative d'établir sa supériorité sur son compagnon, qui souvent ne se laisse pas faire, grogne et essaye d'assumer à son tour la position de saillie. Lorsque l'autre mâle ne se révolte pas, cela signifie qu'il accepte une place inférieure dans l'échelle hiérarchique.
Les chiens, si agressifs lorsqu'il s'agit de défendre leur territoire, ne s'affrontent pas, en revanche, quand la femelle est en chaleur et donc prête pour la saillie. Généralement, ils lui font la cour tous ensemble, se mettent en file, et laissent le choix à la femelle. Certaines femelles acceptent plusieurs mâles à la suite, mais lorsqu'elles sentent qu'elles sont déjà fécondées, elles les repoussent en les mordant. Du reste, les mâles, en flairant la femelle, se rendent compte qu'elle n'est plus en chaleur, et s'en vont. La femelle en chaleur a aussi quelques gestes de « coquetterie » : elle se frotte contre le mâle, se place devant lui, immobile, la queue soulevée et, dernier geste d'incitation, elle monte sur le mâle pour l'inviter à la copulation finale.

• Le regard

Le regard du chien est riche de significations. S'il nous regarde droit dans les yeux, il a alors avec nous un rapport d'entente et de confiance. S'il ne nous regarde jamais dans les yeux, cela veut dire que nous n'avons pas su le comprendre et établir avec lui une bonne relation de collaboration. S'il déplace constamment son regard d'un point à un autre, c'est qu'il nous craint et ne nous aime pas. Si un chien qui ne nous connaît pas vient vers nous, l'air menaçant, en nous fixant du regard, il est sûrement prêt à nous mordre au moindre mouvement : mieux vaut rester immobile.

• **La sociabilité**

Le chien peut éprouver de la sympathie à l'égard de certaines personnes et de l'antipathie pour d'autres. Le chien ne se laisse pas caresser par tout le monde, et même dans la rue, il peut aboyer contre certains inconnus ou frétiller de la queue avec d'autres. Certains hommes célèbres ne faisaient confiance qu'aux personnes qui étaient sympathiques à leur chien.
La sociabilité d'un chien dépend en grande partie de ses premiers contacts avec l'homme, qui ont lieu entre vingt et cinquante jours. On appelle cette période, la période de l'*imprinting* (littéralement : de l'empreinte). Si le contact avec l'homme ne se fait pas durant cette période, le chien restera définitivement peu sociable. Pour le choix du chiot, pour son éducation et son dressage, il faut tenir compte de l'*imprinting*. Dans cette période, le chiot doit apprendre à jouer et à collaborer avec l'homme. Toutefois, il ne faut pas totalement le séparer des autres chiens (parents, frères) : il pourrait devenir méfiant et grognon avec ses semblables, ce qui diminuerait ses performances, surtout s'il s'agit d'un chien de travail qui doit collaborer avec d'autres chiens.
Un chien adulte, sociable et équilibré est un chien qui a connu depuis sa naissance les caresses et l'odeur de l'homme. Un chiot privé de la présence de l'homme devient triste. Pour le chien en général et pour le chiot en particulier, l'absence d'une présence humaine est un manque de nourriture psychique.

• **Le sommeil**

Quand il dort, le chien adulte préfère être seul. Le chiot, en revanche, a toujours besoin (en l'absence de sa mère ou de ses frères) d'être en contact avec quelque chose de duveteux, doux et chaud. Pour dormir, le chien se love afin de protéger les zones les plus sensibles de son corps : le thorax, l'abdomen, les parties génitales. Il y a toutefois des chiens, comme les épagneuls, les bulldogs ou les pékinois, qui préfèrent dormir dans la position de la grenouille, qui est celle du chiot nouveau-né : l'arrière-train écarté, le ventre appuyé contre le sol, la tête sur les pattes antérieures. Le chien rêve : le chiot a les pattes et les oreilles qui tremblent, le chien adulte s'agite, glapit ou grogne. Probablement, le chien rêve d'odeurs, comme nous d'images. Une chose est sûre : en dormant, tous les chiens émettent des sons différents de ceux qu'ils émettent en état de veille ; ce qui fait penser que, dans le rêve, le chien voit un monde différent de celui qu'il voit quand il est éveillé.
Avant de s'endormir dans sa niche, le chien se retourne plusieurs fois. D'après certains spécialistes, il cherche la bonne position de la colonne vertébrale, surtout si celle-ci est fatiguée ou courbaturée parce qu'il a marché beaucoup dans la journée. Dans le sommeil, le chien a également tendance à diriger la tête vers la porte de la niche ou de la chambre où il dort.

• **Le temps**

Le chien a un sens aigu du temps. Si on le nourrit à des heures précises, on le verra s'agiter lorsque le moment du repas s'approche. Le bouvier accompagne le troupeau au pâturage et va le chercher avec une grande ponctualité. Il en va de même du chien qui a l'habitude d'aller chercher un enfant à l'école, ou de celui qui vit dans un chenil et que l'on amène régulièrement au dressage. Selon certains cynophiles, le chien aurait même le sens du rythme hebdomadaire.

• **Le territoire**

Comme de nombreux animaux (oiseaux, félins, rongeurs), le chien a le sens du territoire. C'est ce qui fait de lui un bon gardien pour la maison et la propriété. Il n'admet pas d'étrangers dans son territoire, et il s'y place au milieu, en indiquant ses limites avec sa propre odeur. De même que l'oiseau chante et le lion rugit, le chien aboie pour signaler sa suprématie territoriale. Le territoire peut appartenir à un seul chien, à un couple ou à une meute. Lorsqu'un chien se trouve dans le territoire d'un autre chien, il est très circonspect, respectueux et évite de se battre avec le maître du territoire.

Si le chien se trouve dans une zone qu'il fréquente mais qu'il ne défend pas (le pré où il court, le jardin public où il se promène, ou même le terrain où il chasse), il pose ses marques à des endroits précis de son parcours habituel. Le chien qui se promène urine toujours près des mêmes arbres, réverbères ou murs. La femelle n'urine pas pour marquer son territoire, ni pour donner des indications, sauf quand elle est en chaleur : elle urine plus souvent pour signaler aux mâles des alentours qu'elle est prête à s'accoupler.

Notons que les mâles marquent beaucoup moins leur territoire quand il fait très froid ou quand il neige.

Il est aussi important de remarquer qu'un chien que l'on tient attaché, devient agressif parce que son territoire est réduit. La chaîne rend le chien déséquilibré, car elle l'empêche de suivre son instinct naturel, à savoir de vivre auprès de l'homme.

• **La voix**

Le chien émet des sons très variés qui ont des significations différentes, et que tous ses congénères comprennent, mais souvent pas les maîtres. Voici les principaux.

– *Aboiement* : Il varie suivant la race, et parfois il est très personnel. En aboyant, un chien transmet différents messages : il prévient de la présence d'un étranger ou d'un autre animal ; il montre sa joie quand son maître rentre à la maison ; il défie les autres chiens dans la rue ; il exprime sa crainte pour un danger, il demande à boire ou à manger ; il veut jouer, etc.
– *Glapissement* : C'est un appel au secours, chez le chiot comme chez le chien adulte.
– *Grognement* : Il peut être affectueux (bref et clair) ; ou menaçant (il est alors prolongé, hostile, profond, semblable à un râle, entre la gorge et les dents. Il est souvent accompagné par un grincement des dents).
– *Gueulement* : C'est un aboiement fort, hostile et long. C'est la voix typique des chiens qu'on laisse seuls dans le jardin ou dans la cour.
– *Gémissement* : Il est sourd et prolongé. Il indique malaise, mécontentement, impatience ou il veut apitoyer ou attirer l'attention. Il peut vouloir dire *ouvrez-moi la porte, partons d'ici, rentrons à la maison.*
– *Hurlement* : Il est haut et plaintif, le jour comme la nuit. C'est parfois une réaction à la musique ou aux carillons. Souvent, il suscite une réponse en chœur des chiens des alentours, comme chez les loups.

– *Soufflement* : C'est une sorte d'éternuement révélateur, un aboiement réprimé, à museau fermé, un premier avertissement de la présence d'étrangers ou de bruits suspects ; en soufflant, le chien tourne la tête vers l'endroit d'où le danger provient, pour l'indiquer.
Pendant la chasse, le chien, selon la race, émet différents sons, dont chacun est éloquent pour le chasseur. Les chiens de garde ou de recherche (avalanche, décombres) se comportent de la même façon.

L'alimentation

C'est une erreur de penser que les canidés sont une famille de purs carnivores. Le renard, par exemple, apprécie les larves, les rongeurs, les serpents, mais aussi les champignons, les glands et différents types de fruits, tandis que le chacal intègre aux repas à base de viande des légumes, des fruits et du sucre de canne. Le renard du désert mange les termites, et le chien sauvage du Chili, les mollusques.
Tout comme les canidés sauvages, le chien domestique a besoin d'autres aliments, en plus de la viande. Son alimentation doit contenir les éléments nutritifs suivants :
– protéines, indispensables pour entretenir le tissu musculaire ;
– glucides ou hydrates de carbone, comme source d'énergie ;
– lipides ou graisses, pour l'énergie et pour la santé de la peau et de la robe ;
– vitamines et sels minéraux, pour assurer certains processus chimiques essentiels ;
– fibres, pour le bon fonctionnement de l'appareil digestif ;
– eau, pour aider les processus de métabolisme, qui ont lieu dans chaque partie du corps.

Les quantités de calories quotidiennes nécessaires au chien, aux différents âges de sa vie, sont *grosso modo* les suivantes :
– chiot : 140 kcal par kg de poids corporel.
– adulte : 75 kcal par kg de poids corporel.
– vieux : 35 kcal par kg de poids corporel.
Ces quantités sont indiquées pour un animal qui a une activité physique modérée.
À part l'âge, le degré d'activité, l'environnement, la grossesse, l'allaitement et les maladies, qui sont évidemment des facteurs qui modifient les besoins de l'animal, il faut tenir compte du fait que chaque chien présente des caractéristiques individuelles, même dans l'alimentation. Il est très important de fournir au chien une alimentation adéquate, mais il ne faut pas lui donner des repas trop abondants, et il faut réduire les quantités de nourriture aux premiers signes d'obésité.
Par ailleurs, en plus des aliments dont il a normalement besoin pour se maintenir en bonne santé, on peut faire quelques exceptions selon les goûts personnels du chien.
C'est toutefois une très mauvaise habitude que de céder au regard suppliant d'un chien et de lui donner à manger ce qu'il veut. Lorsque le chien a eu sa ration quotidienne, il demande encore de la nourriture seulement par gourmandise. Si vous cédez, il refusera son repas (qui est vraiment utile pour lui), afin d'obtenir des friandises qui nuiront à sa santé.
S'il est habitué dès son plus jeune âge, le chien apprendra à ne pas tourner autour de la table de

ses maîtres. N'oubliez pas qu'une seule petite bouchée offerte exceptionnellement peut rendre vains des mois et des mois de dressage, et qu'il est inutile de gronder le chien pour qu'il reste à sa place si on lui concède de temps en temps quelques restes.
L'animal qui respecte les règles peut être « récompensé », à la fin du repas, quand toute la famille s'est levée de table, avec un biscuit pour chien : cette récompense l'aidera à garder un comportement correct.

• La viande

La viande contient moins de phosphore que de calcium. Un régime à base de viande maigre exclusivement fournit à l'animal une quantité insuffisante de graisses, et il n'est pas équilibré sur le plan nutritionnel. La quantité de foie administrée ne doit pas être supérieure à 5 % de la ration totale. Rappelons que le chien n'est pas aussi exclusivement carnivore que le chat.

• Le poisson

Il est très riche en protéines, en sels minéraux, et dans certains cas en graisses. Il doit être servi cuit de préférence. Les arêtes doivent être ôtées, car elle peuvent être très dangereuses pour le chien si elles se plantent dans sa gorge.

• Les fromages et les produits laitiers

Ils sont riches en protéines, en graisses et en sels minéraux. Cependant, le chien adulte les digère mal, car il est dépourvu de l'enzyme qui permet la digestion du lactose (sucre du lait). L'absorption de lactose provoque chez le chien diarrhée et parfois vomissement. Si ces symptômes se manifestent, il faut éliminer le lait de son alimentation.

• Les céréales

Elles constituent une source bon marché d'énergie, de fibres, de sels minéraux et de vitamines. Le riz cuit peut remplacer toutes les céréales. Il existe dans le commerce des céréales en flocons de toutes sortes, parmi lesquelles on peut choisir selon les goûts du chien.

• Les légumes

Choux, carottes et navets sont excellents pour le chien. Ils peuvent être servis crus en morceaux, ou cuits. On peut aussi lui donner des pommes de terre bouillies.

• Les fruits

Le chien produit lui-même de la vitamine C, il n'a donc pas besoin de manger des fruits. Toutefois, s'il en a envie, une petite quantité de fruits de temps à autre ne lui fera pas de mal.

• **Les œufs**

Ils doivent être cuits pour éviter l'effet nocif du blanc cru sur la vitamine B.

• **Les os**

Si le chien a l'habitude de mâcher et d'avaler de l'herbe, il ne faut pas le lui interdire, même s'il devait ensuite vomir. C'est un comportement absolument naturel. En revanche, il est faux que les os contribuent à maintenir les dents propres. Ils peuvent, au contraire, provoquer des problèmes de constipation, d'obstruction et même de perforation de l'appareil digestif. On peut donner des os crus et gros, type os à moelle, mais jamais des os cuits et surtout pas des os de poulet.

• **Comment préparer les repas**

Qu'il s'agisse d'aliments déjà prêts ou préparés à la maison, l'alimentation du chien doit toujours être équilibrée.
La « bouillie » classique, qui peut être composée, tour à tour, de viande, de restes et de pâtes ou de riz, est très répandue, car elle permet de varier les ingrédients et les goûts, et s'avère aussi plus économique ; toutefois, elle n'est pas toujours la meilleure solution sur le plan nutritif.
Un chien jeune a besoin de 30 g de viande par kg de poids corporel et par jour, et autant de céréales ; un chien adulte 20 g par kg. Les restes cuits, dont les légumes verts, peuvent manquer de vitamines, qui sont détruites par la cuisson ; il faut surtout éviter de les préparer dans des graisses cuites. Avant d'être servie, la viande fraîche doit être préalablement ébouillantée et mélangée à du riz soufflé ou à des flocons de céréales ; il convient d'intégrer au régime, en alternance, du fromage frais, du jaune d'œuf, des légumes verts cuits, etc.
On peut également administrer au chien des aliments tout prêts, vendus dans le commerce, qui sont généralement de bonne qualité. Pour leur bonne utilisation, il suffit de suivre attentivement les instructions. Ces aliments contiennent viande, glucides, graisses, vitamines et sels minéraux en quantités adéquates, ils sont pratiques et n'exigent pas d'autres apports.
Les aliments complets, déshydratés, sont composés de boulettes comprimées et de biscuits contenant des produits dérivés de la viande et/ou du poisson, des glucides, des sels minéraux et des vitamines. Il sont faciles à conserver et bon marché. Il ne faut pas les confondre avec les flocons de céréales ou les céréales soufflées, qui constituent un aliment pauvre en substances indispensables. Les aliments tout prêts peuvent être servis mouillés ou secs ; dans ce cas, le chien ne doit pas manquer d'eau fraîche.

• **Quelques conseils complémentaires**

Le repas doit être préparé au moment d'être administré, et il doit être servi dans des assiettes propres. Le chien doit toujours avoir de l'eau fraîche et propre à sa disposition. Le mieux est d'administrer deux repas par jour, un le matin et l'autre le soir ; ou un seul repas par jour vers 19 heures.

Il convient de rappeler que les chiens, et notamment les chiens de grande taille, peuvent souffrir de torsion de l'estomac s'ils courent ou s'ils sautent après le repas. Cette torsion peut s'avérer très grave, voire mortelle, si l'on n'opère pas tout de suite le chien. Il est donc plus prudent d'éviter que le chien ne joue ou ne fasse de l'exercice après avoir mangé.

Le toilettage

Le toilettage n'a pas seulement pour but de soigner l'aspect esthétique du chien, mais aussi de maintenir sa peau en bonne santé, et de le protéger des parasites. De plus, effectué régulièrement, il aide à établir une bonne relation avec le chien. Il exige temps, patience et il est parfois laborieux, mais ce doit être un moment agréable pour l'homme et pour le chien. Il faut commencer le toilettage quand le chiot a cinq ou six mois. Néanmoins, chez certaines races à poil dur, on peut couper les poils autour de la tête et de la queue à partir de l'âge de quatre mois environ. On peut donner le premier bain, si nécessaire, à trois mois, ou bien quand le chiot arrive à la maison, après avoir vécu au chenil.

• Le poil du chien

La robe du chien est constituée de deux types de poil : le poil superficiel, et un poil plus doux et court, secondaire, dit sous-poil. Les poils sont implantés dans des follicules reliés aux glandes sébacées qui sécrètent le sébum, une substance grasse qui confère au poil de la brillance, en même temps qu'il exerce sur lui une action de protection et d'imperméabilisation. Selon les caractéristiques, on distingue cinq types fondamentaux de poil : long, soyeux, lisse, frisé et dur. Presque toutes les races muent deux fois par an, au printemps et à l'automne. La mue consiste en un renouvellement total du poil, et elle est déterminée par la variation de température et par la quantité de lumière solaire, qui agissent sur les glandes produisant les hormones. Il peut arriver que le chien soit sujet à une mue presque permanente provoquée par des facteurs non naturels, tels que le chauffage ou la lumière artificielle, ou encore par une alimentation non équilibrée, ou par des troubles hormonaux.

• Les outils

Un peigne et une brosse peuvent suffire. Mais l'équipement complet comprend différents types de brosse (métallique, en soie, en caoutchouc), des brosses lustrantes, des peignes fins métalliques, à dents serrés ou larges, un gant à chien, un cardeur, des ciseaux à pointe ronde, un coupe-griffes, un peigne et un couteau pour tondre ainsi qu'un sèche-cheveux.

• Stripping et trimming (tonte et épilation)

Le poil rêche, comme celui de certains terriers ou des schnauzers, doit être tondu deux fois par an. Le poil mort est ôté avec les doigts, en passant la main dans la direction du poil. Si c'est effectué correctement, cela ne dérange absolument pas le chien. On utilise un petit couteau pas trop tranchant, mais qui permet que le poil reste coincé entre le pouce et le couteau. Exécuté par une main experte, avec les instruments adéquats, le « stripping » est absolument indolore pour le chien. Entre deux séances de « stripping » (à peu près trois mois), on pratique le « trimming » (épilation), sorte de traitement de « finition », qui sert à éliminer le poil qui a trop poussé, pour maintenir la robe propre et en ordre.

• Le bain

Quand il est sale ou qu'il sent mauvais, le chien a besoin de prendre un bain. Hormis les races qui ont des pellicules – comme certains terriers écossais, qui doivent être lavés tous les mois – on ne doit pas laver le chien trop souvent : deux ou trois bains par an suffisent.
Pour un nettoyage rapide, si le poil n'est pas trop sale et malodorant, un shampooing sec est excellent : en poudre ou en mousse, il doit être appliqué à fond entre le poil et à la brosse. Il est particulièrement conseillé pour les races à robe huileuse.

• Couper les griffes

Vous pouvez confier cette tâche à un vétérinaire ou à un toiletteur professionnel. Toutefois, si vous voulez l'exécuter vous-même, demandez au vétérinaire de vous montrer comment faire. Il y a des coupe-griffes, en guillotine, plus adaptés que les coupe-griffes normaux. Pour ne pas provoquer de blessures au chien, coupez au moins deux centimètres au-delà de la partie rose de la griffe. En cas de doute, coupez le moins possible.
Les griffes du chiot doivent être coupées à l'âge de deux ou trois semaines pour qu'il ne griffe pas le ventre de la mère quand il tète. Il faut habituer le chien à la coupe des griffes dès son plus jeune âge, pour éviter qu'il ne se rebelle plus tard.

La niche

Dès son arrivée dans la maison de son maître, le chiot doit être mis en contact avec sa niche, qu'elle soit sur la terrasse ou dans la cour. La niche est son abri. Si le chien doit vivre en appartement, il faut prévoir une corbeille ou une caisse qui lui rappelle une tanière : pour cela, elle doit avoir une partie supérieure en guise de toit, ou être placée sous une table. Elle doit être assez grande pour que le chien puisse s'y allonger. Au sol, on mettra une couverture en tissu lavable, ou un petit matelas également lavable. Sa couche doit être placée dans un endroit bien abrité – sans courants d'air, loin de la cuisine, des poêles, des cheminées et des radiateurs – et calme, où le chien puisse se sentir en sécurité et se réfugier quand il le veut. N'oubliez pas que les chiots, mais aussi les chiens adultes, ont besoin de dormir dans la journée. Le manque de sommeil peut rendre un chien malade, et peut même lui être fatal.
Si notre ami à quatre pattes doit passer la plupart de son temps dehors, il faut lui construire un enclos avec une grille métallique, assez grand pour qu'il puisse jouer et courir, et dans lequel on placera une niche construite en tenant compte des conditions climatiques du lieu. L'idéal, c'est une

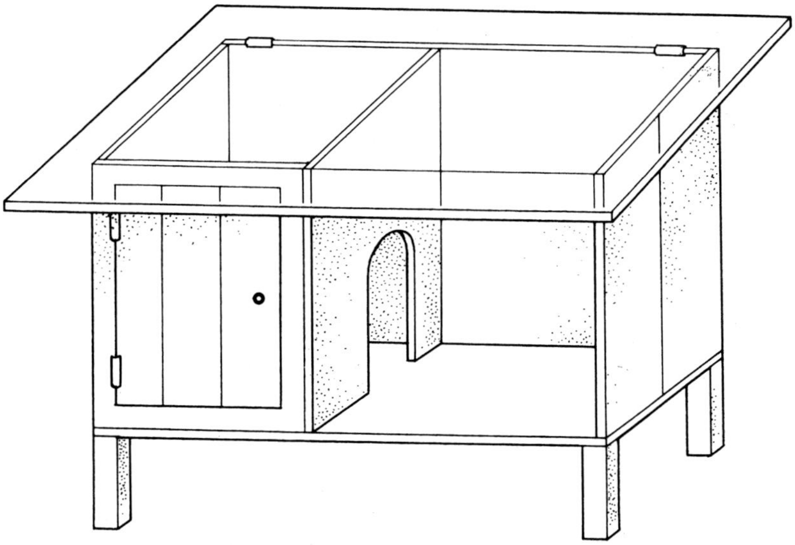

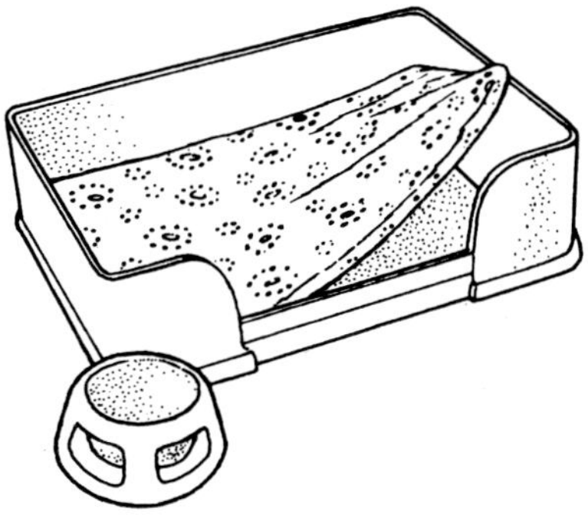

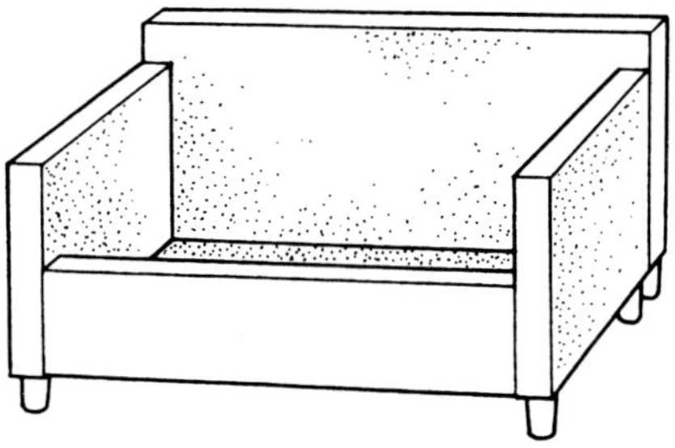

En haut, une niche démontable, idéale pour le jardin. En bas, deux types de niche d'intérieur.

niche en bois, démontable car plus facile à nettoyer, sans fissures, et peinte à l'intérieur et à l'extérieur pour éviter les parasites. Pour l'isoler de l'humidité, il faut la soulever de 30 cm du sol. Le toit doit être imperméable, légèrement incliné et ouvrant, pour faire pénétrer l'air et le soleil à l'intérieur. L'entrée doit être assez petite, mais elle doit permettre au chien de s'y introduire sans difficulté. L'hiver, on la fermera avec une vieille couverture pour protéger l'intérieur du froid. Le chien qui vit dehors est généralement en meilleure santé et vit plus longtemps que le chien qui vit toujours à l'intérieur.

Le chien en ville

Un chien en ville n'est pas forcément malheureux, encore faut-il suivre un certain nombre de règles pour son bien-être et, bien entendu, respecter les lois en vigueur.

Tout d'abord, le chien est un animal sociable : il ne faut pas le laisser seul trop longtemps, surtout quand il est petit. Si on travaille toute la journée, il vaut mieux avoir deux chiens de taille naine qui se tiennent compagnie.
Pendant le week-end, le chien doit pouvoir courir en toute liberté et recevoir de la part de son maître les attentions qui lui ont manquées pendant la semaine.
Le chien doit sortir au moins trois fois par jour pour faire ses besoins, voire quatre fois. À défaut d'endroits prévus à cet effet, chaque maître doit toujours apporter avec lui une petite pelle et un sachet hygiénique pour ramasser les excréments. On se plaint souvent de l'absence de lieux où pouvoir promener son chien. Il est vrai qu'il y a de nombreuses interdictions, mais cette tentative d'exclusion des chiens de la société est la conséquence de l'incivilité de certains maîtres.

Le chien en voyage

• En voiture

Pour éviter que le chien ne soit malade et ne vomisse en voiture, il est bon de l'habituer à voyager dès son plus jeune âge. Des voyages en voiture fréquents mais qui aboutissent régulièrement à une activité agréable, comme une promenade à la campagne, peuvent l'aider à affronter avec plaisir les longs parcours en quatre roues ; toutefois, certains chiens auront le « mal des transports » toute leur vie, et devront alors prendre des médicaments prescrits par le vétérinaire avant de se déplacer.
Les chiens de grande taille doivent être placés derrière une grille de protection, à l'arrière de la voiture. Pour les chiens de petite taille, une cage en fibres de verre ou en osier est suffisante. Pour les voyages ponctuels et courts, le chien peut rester couché sur une couverture du siège arrière, de préférence en compagnie d'une personne qui le surveille. Les chiots peuvent être transportés dans une boîte en carton ou dans un panier, bien rembourrés à l'intérieur.
Il ne faut jamais laisser le chien trop longtemps seul dans la voiture, surtout s'il fait très chaud : un coup de chaleur – qui arrive plus souvent que l'on ne pense – peut lui être fatal. Les grilles de protection réglables, que l'on applique aux vitres ouvertes, permettent une bonne ventilation, et maintiennent le chien en sécurité, mais elles ne sont pas toujours suffisantes.
Avant de commencer un voyage, le chien doit avoir fait ses besoins et avoir bu ; deux heures avant le départ, il peut aussi prendre un en-cas. Pendant le voyage, il faut faire une pause toutes les deux ou trois heures pour qu'il puisse boire et se dégourdir un peu les jambes. Si le voyage est long (dix, douze heures), le chien prendra son repas quand son maître s'arrêtera pour manger.

• En avion

Sur les longues distances, le voyage en avion présente des avantages car il est moins cher et moins long. De même que pour les autres voyages, il faut faire boire le chien et lui donner un en-cas deux heures avant le départ.
Le chien doit voyager dans une caisse dont la structure est conforme aux normes établies par l'International Air Transport Association (IATA). Certaines compagnies aériennes ont leurs propres

normes. Le mieux, c'est de s'informer à l'avance sur les normes et la législation en vigueur dans le pays de départ et dans le pays d'arrivée.

La IATA prévoit également ce qui suit :

– au moment du départ, les chiens à museau plat (boxers, bulldogs, pékinois, carlins) ne doivent pas souffrir de troubles respiratoires ;

– la caisse où voyage le chien doit avoir sur le devant des barres entièrement séparées de haut en bas ;

– il faut éviter d'emmener en avion des femelles en chaleur ;

– les femelles qui allaitent et les chiots pas encore sevrés ne sont pas acceptés ;

– il est déconseillé de transporter des chiots sevrés de moins de deux mois ;

– les chiots peuvent généralement voyager ensemble, mais dans certains pays, ils doivent être transportés dans des caisses individuelles ;

– il est conseillé de mettre un objet familier dans la caisse pour rassurer le chien ;

– il faut marquer à l'extérieur de la caisse le nom du chien.

• Voyages internationaux

Si vous désirez emporter votre chien à l'étranger, il vous faudra vous renseigner sur la législation qui régit l'importation des animaux dans le pays de destination. On vous demandera sûrement un certificat de bonne santé, signé par un vétérinaire agréé, et un certificat de vaccination, attestant que le chien a bien reçu les vaccins obligatoires, y compris celui contre la rage. Dans certains pays, une période de quarantaine est prévue. Il est toutefois conseillé de se renseigner, longtemps avant le départ, auprès des ambassades, consulats ou offices du tourisme.

La santé

Chaque maître doit veiller à maintenir son chien en bonne santé, ce qui n'est pas difficile car le chien est un animal robuste et résistant. Il suffit d'un petit contrôle chaque matin pour se rendre compte si le chien est en forme : robe brillante, nez froid, yeux limpides, bon appétit, humeur gaie et vive. Au moindre signe de malaise, il est bon de consulter le vétérinaire.

Voici quelques règles très simples pour maintenir son chien en bonne santé.

Ne laissez jamais le chien s'allonger près d'un poêle ou d'un radiateur allumé. Évitez de lui mettre une cape (sauf pour les races naines ou délicates, et pour les chiens convalescents) quand vous l'amenez faire sa promenade : le chien possède naturellement un poil plus dense qui le protège du froid. En hiver, choisissez un régime plus abondant, à base de viande, pour favoriser la croissance du poil. En rentrant d'une promenade sous la pluie ou sous la neige, n'oubliez pas de sécher soigneusement son poil en l'essuyant avec une serviette : si sa robe est foncée, vous pouvez même utiliser du papier journal. Pour les chiens à poil long, séchez seulement le ventre et les pattes. Le chien se libère de l'humidité sur le poil extérieur en se secouant : si vous le frottiez trop, l'humidité s'étendrait à la peau. Souvenez-vous que le chien en bonne santé aime la neige.

De nombreux chiens aiment tellement l'eau qu'ils ne renoncent pas à se baigner même en hiver, et ils sont capables de plonger dans l'eau glacée. Il s'agit généralement de chiens très résistants,

et on peut bien leur accorder ce petit plaisir : après la baignade, il faut bien sécher le chien et lui faire faire de l'exercice.
Lors des jours torrides de l'été, n'exposez jamais votre chien aux rayons du soleil, mais tenez-le dans un endroit à l'ombre où il peut s'allonger. Pendant la saison chaude, laissez-le se baigner et nager à souhait, car ceci l'aide à se rafraîchir. Lorsqu'il a très chaud, ne lui donnez pas de l'eau froide : il vaut mieux le laisser tremper ses pattes dans un cours d'eau ou dans une fontaine.
L'été, le chien (dont la peau n'a pas de glandes sudoripares) transpire abondamment à travers les muqueuses de la bouche : son abondante salivation ne doit pas vous inquiéter. Faites plutôt attention à ne pas le laisser trop longtemps au soleil, ce qui pourrait lui être fatal.
Si vous vous trouvez en rase campagne, sans ombre, mouillez la tête de votre chien dès que vous trouvez une fontaine ou un cours d'eau et laissez-le s'y baigner pour se rafraîchir.

• La lutte contre les parasites

L'été, c'est le paradis des insectes et donc des parasites. Tiques et puces constituent pour le chien un tourment et un danger. C'est pourquoi il faut l'en débarrasser, dès qu'on remarque leur présence.
Les tiques sont de petits insectes gris, jaunâtres ou brunâtres, de la grosseur d'un petit pois, qui s'implantent avec leur tête dans la peau du chien pour lui sucer le sang. Il ne faut en aucun cas les arracher, car ce faisant on ôte seulement le corps, tandis que la tête reste enfoncée dans la peau, provoquant souvent une grave inflammation. La solution la plus efficace est de laisser tomber sur le corps de l'insecte une goutte de pétrole, ou d'huile de térébenthine, ou d'eau salée tout simplement. Au contact avec ces substances, la tique se rétracte progressivement et après quelques heures elle se détache de la peau et tombe.
La puce est l'un des parasites les plus fréquents chez le chien. Toutefois, elle ne se transmet pas à l'homme, car c'est une variété exclusivement canine. Les puces sont très dangereuses pour le chien. Il lui suffit d'en écraser une avec les dents pour avaler des œufs de ténia *(Dipylidium caninum)*, dont la puce est l'hôte intermédiaire. Inspectez donc régulièrement votre chien derrière les oreilles, sur le ventre, sur la poitrine et dans le creux des aisselles, surtout aux mois d'août et septembre, où les puces abondent.
Leur présence est révélée par des traces noires typiques sur le poil. Ces parasites préfèrent les chiens à poil long, dans la robe desquels ils sont tellement à leur aise que seul le recours à des antiparasites peut les déloger. Pour débarrasser le chien des puces et des tiques, il existe aujourd'hui dans le commerce d'excellents produits qui éloignent les parasites pendant plusieurs semaines, sans être nocifs pour l'animal.
Puisque les puces ne se reproduisent pas sur le corps de l'animal, mais dans les fissures et les fentes de la niche ou du sol, il faut procéder également à un nettoyage minutieux de la niche, de la caisse ou du panier où le chien couche, ainsi que de la pièce où la niche est située. Lavez le sol avec de l'eau à laquelle vous aurez ajouté un produit désinfectant. Les couvertures et les tapis sur lesquels le chien dort doivent être lavés à l'eau chaude et éventuellement désinfectés avec un antiparasite conseillé par le vétérinaire.

• Les vers

Chez les chiots, les parasites les plus communs sont les ascarides, vers cylindriques blancs, de quelques centimètres de long, qui s'installent dans l'intestin. On repère les vers et leurs œufs dans les excréments. Le chiot touché par ces parasites présente des symptômes tels que l'abdomen gonflé et la diarrhée. Pour éliminer les vers, il est bon de donner au chiot un vermifuge. Évidemment tous les chiots ne sont pas infectés par les ascarides : s'ils sont nés d'une mère qui n'avait pas de vers dans son intestin et s'ils ont été élevés dans un lieu propre, ils ont peu de chance d'être touchés.

• Le ténia

Le ténia transmis généralement au chien est le *Dipylidium caninum*, qui ne provoque pas de troubles particuliers, hormis un peu de diarrhée. Ce parasite est facilement reconnaissable par ses proglottis (les anneaux du corps du ténia) blancs et mobiles qu'on peut observer dans les excréments et près de l'anus du chien.

Il suffit d'administrer un ténifuge pour détruire ce parasite. Cependant, pour éviter que l'animal en soit à nouveau infecté, il faut le débarrasser de ses puces, qui transmettent le ténia. En revanche, le chien ne peut pas transmettre à l'homme ce ténia, car pour être infecté, l'homme devrait avaler des puces.

• Les symptômes à surveiller

Des symptômes de maladie peuvent apparaître même chez les chiens les mieux entretenus. Puisqu'il n'est pas toujours possible de consulter immédiatement un vétérinaire, il nous paraît bon de donner ici quelques conseils, qui doivent toutefois être considérés comme des actions de premier secours.

– Le manque d'appétit peut être tout simplement dû à une suralimentation. Un ou deux jours de jeûne ne feront pas de mal au chien. Cette période de jeûne est particulièrement indiquée pour les chiens âgés qui ont tendance à devenir obèses.
– Chez certains chiens, l'habitude d'ingérer des restes avariés peut leur gâcher l'appétit et provoquer des vomissements. Dans ce cas, il est bon de surveiller le chien et d'éviter qu'il n'avale des substances avariées, ou des excréments d'autres animaux.
– Les maladies des yeux sont très fréquentes. S'il s'agit d'une simple inflammation, il suffit de les nettoyer le matin avec du thé ou de la camomille, ou en mettant du collyre. Si ces remèdes n'ont aucun effet, il faudra consulter le vétérinaire.
– Le rhume, avec sécrétions nasales, doit être attentivement surveillé, car il peut être un symptôme de la maladie de Carré. La première chose à faire est de garder le chien au chaud et d'appeler le vétérinaire.
– Les maladies de la peau sont généralement la conséquence d'une mauvaise alimentation. Des repas à base de riz et d'aliments trop assaisonnés peuvent provoquer des eczémas : on écartera donc

du régime du chien ces aliments ainsi que les saucisses, les charcuteries et les gâteaux (surtout le chocolat). En cas de démangeaisons persistantes chez des chiens nourris correctement et non infectés par des parasites, consultez un vétérinaire.
– Si le chien secoue constamment la tête et s'il se gratte derrière les oreilles, il est probable que son conduit auditif est infecté par des acariens. Demandez au vétérinaire de vous prescrire un produit spécifique à instiller dans l'oreille avant de la nettoyer soigneusement. L'infestation par les acariens est très répandue chez les sujets qui vivent dans des chenils, mais elle peut également toucher un chien d'appartement. Ce n'est toutefois pas un problème difficile à résoudre.
– Si le chien a de la diarrhée, il peut tout simplement avoir ingéré des aliments avariés ou des restes de toutes sortes, trouvés quelque part. Ce peut être également un symptôme d'infestation par les vers (voir page précédente) ou encore d'une infection intestinale due à des bactéries ou à des virus. Si la diarrhée est abondante, et si elle dure plus d'un jour, il est nécessaire de consulter le vétérinaire. En ce qui concerne la diarrhée provoquée par la parvovirose, voir page 256.

• La maladie de carré

C'est une maladie très grave pour le chien, elle cause souvent la mort ou bien la paralysie. Elle est due à un virus et se manifeste par des symptômes tels que rhume, sécrétions oculaires, diarrhée, fatigue générale, puis par de graves troubles du système nerveux. Elle frappe généralement les chiots ; il est donc très important que la mère ait eu le rappel annuel du vaccin, et que les petits n'entrent pas en contact avec d'autres chiens ou avec des milieux où vivent des chiens non vaccinés, jusqu'à ce que le cycle des vaccinations ait été complété (voir page 256). En tout cas, si le chien manifeste les symptômes décrits ci-dessus, tout en ayant été vacciné, il est toujours bon de le faire contrôler par un vétérinaire.

• La torsion de l'estomac

C'est un cas clinique très grave, provoqué par une contraction de l'estomac plein de nourriture, suite à des mouvements trop brusques de l'animal. En peu de temps, l'estomac, étranglé, se remplit de gaz, développés par la fermentation et la forte pression qui obstrue les vaisseaux sanguins qui l'irriguent. Il faut tout de suite appeler le vétérinaire et pratiquer une intervention chirurgicale. Un petit retard peut provoquer la mort de l'animal.
Cette opération consiste à ouvrir l'estomac et à le vider pour atténuer la pression qui obstrue les vaisseaux.
Les torsions de l'estomac frappent surtout les chiens de grande taille, quand ils font de l'exercice tout de suite après un repas abondant. Pour les prévenir, il faut diviser la ration quotidienne en deux ou trois repas, et éviter que le chien ne coure ou ne joue pendant deux à trois heures après les repas.

• Le coup de chaleur

On ne répétera jamais assez qu'on ne doit pas laisser, en été, son chien dans une voiture garée (pire encore, au soleil), avec les vitres fermées et sans eau à sa disposition. Les coups de chaleur ou les insolations peuvent également frapper les chiens tenus attachés au soleil. Même sur la plage, s'il ne peut pas s'abriter sous un parasol, le chien est en danger. Un chien victime d'un coup de chaleur apparaît fatigué et faible, il a des difficultés à respirer, il bave, il a la langue et les lèvres d'abord rouges, puis bleuâtres. Si sa température rectale continue de monter, l'animal peut subir un collapsus, tomber dans le coma et mourir. Il faut donc intervenir immédiatement en éloignant le chien de l'endroit surchauffé, et en le plongeant dans l'eau froide, de façon à faire tomber la température, en tenant évidemment la tête en dehors de l'eau. On peut aussi verser tout simplement de l'eau sur le chien. Généralement, en cinq ou dix minutes, on remarque que le chien commence à respirer presque normalement et qu'il reprend ses sens. Il faut faire attention à ce que la température ne baisse pas excessivement. Si vous avez un thermomètre rectal, veillez à ce que la température ne descende pas en dessous de 39,2 °C. On peut stimuler la circulation en massant les pattes pendant le traitement. Si nécessaire, il faut pratiquer aussi une respiration artificielle. Il faut ensuite sécher le chien et le laisser se reposer dans un endroit frais, en mettant à sa disposition de l'eau potable. Parfois, la température recommence à monter, bien que le chien semble complètement rétabli : dans ce cas, il faut tout de suite appeler un vétérinaire.

• La toxoplasmose

L'homme peut contracter la toxoplasmose à travers les excréments du chat (en maniant sa litière et en ne se lavant pas soigneusement les mains ensuite), en mangeant de la viande crue ou peu cuite, provenant d'animaux malades, ou des légumes crus pas bien lavés. Les chiens aussi peuvent attraper cette maladie en mangeant de la viande infectée, ou les excréments du chat : la toxoplasmose n'est toutefois pas une maladie transmissible, ni du chien à l'homme, ni de l'homme à l'homme.

• La rage

S'il respecte certaines normes hygiéniques très simples, l'homme n'attrapera jamais les maladies de son chien. Le chien mal soigné ne peut transmettre à l'homme que deux maladies : la rage et l'échinococcose.

En ce qui concerne la rage, il nous semble important d'expliquer ici quelques notions élémentaires :

– La rage ne se manifeste pas spontanément chez un chien comme la maladie de Carré, le typhus ou d'autres maladies infectieuses. Un chien contracte la rage seulement s'il est mordu par un autre animal infecté : il peut s'agir d'un autre chien, d'un chat, d'un loup, d'un renard, d'une chauve-souris, d'un rat, etc.

– Si l'on soupçonne un chien d'avoir la rage, il ne faut en aucun cas l'abattre (cette pratique est malheureusement encore assez courante). Si le chien est mort, il est très difficile de savoir s'il avait la rage ou pas. En revanche, c'est très facile, s'il est vivant.

– Si une personne est mordue par un chien soupçonné d'avoir la rage, l'animal doit être isolé et surveillé dans un lieu sûr, d'où il ne peut pas s'échapper. S'il vit encore quinze jours après la date de la morsure, cela veut dire qu'il n'était pas infecté par la maladie. S'il meurt, le vétérinaire qui l'a surveillé pourra établir s'il est mort de la rage ou pas.

– Chez un chien mordu par un autre animal infecté, la maladie ne se manifeste pas immédiatement, mais après une période d'incubation qui dure généralement de douze à quinze jours, mais qui peut aussi se prolonger pendant un ou deux mois. Pendant la période d'incubation, la maladie n'est pas transmissible. Le chien ne peut la transmettre que les dix derniers jours, lorsque le virus a atteint la salive.

– Si on a été mordu par un chien, qui ensuite s'est échappé, il faut immédiatement faire un traitement antirage.

– Le vaccin antirage protège le chien de la maladie et contribue à limiter sa diffusion. Dans certains pays, la rage a complètement disparu.

• L'échinococcose

C'est une maladie provoquée par un ver transmis au chien par les ruminants et les porcins, et par laquelle l'homme aussi peut être contaminé. Le chien peut contracter cette maladie en mangeant les abats crus d'animaux (notamment les ovins) infectés ou morts de cette maladie, et abattus clandestinement, car les contrôles vétérinaires aux abattoirs prévoient la destruction des entrailles présentant des traces d'échinocoques. Pour éviter que le chien ne contracte cette maladie, il suffit de ne pas lui servir de la viande crue, et, en aucun cas, des abats (en particulier le foie) crus. L'homme doit éviter le contact avec les excréments du chien et, le cas échéant, se désinfecter soigneusement les mains.

• Les vaccinations

À l'âge de cinquante jours, le chiot reçoit son premier vaccin contre la maladie de Carré, la parvovirose et l'hépatite infectieuse ; à l'âge de quatre-vingts jours, on fait le rappel du premier vaccin et on lui administre le premier vaccin contre la leptospirose. Celle-ci est une maladie très grave, transmise par les rats à travers l'urine : le chien peut la contracter en se baignant dans un cours d'eau où des rats ont pu uriner, ou en buvant de l'eau infectée dans un caniveau ou une flaque.

La parvovirose est une maladie récente, très grave et souvent mortelle : elle se manifeste sous forme de maladie cardiaque ou de gastro-entérite grave chez le chiot à partir du sevrage, et sous forme d'une gastro-entérite classique chez les chiens adultes, avec vomissements et diarrhée abondante.

Le rappel de ce vaccin tétravalent doit être effectué trente jours après la première vaccination.

La vaccination antirabique doit être effectuée à six mois. Les rappels de tous les vaccins doivent être faits tous les ans. Un chien ne peut être admis à l'étranger, en chenil, aux expositions et aux compétitions que s'il est en règle avec les vaccinations.

La reproduction

Si l'on possède une femelle, on peut avoir envie qu'elle se reproduise : une ou deux portées dans sa vie peuvent être positives pour la santé de l'animal.

Lorsqu'on n'est pas un éleveur professionnel, on doit tenir compte de quelques règles très simples. Si on a envie d'avoir une portée, on ne doit pas ensuite s'énerver parce qu'on ne sait pas « que

faire des chiots ». Le chien est un ami qui nous aime, ne le faisons pas venir au monde pour le faire souffrir. Si l'on n'a pas la possibilité d'accueillir les petits, mieux vaut ne pas faire reproduire la femelle, et la faire stériliser.
Dans le cas d'une saillie imprévue, et si l'on ne peut pas garder les petits, on peut appeler le vétérinaire qui pourra faire à la femelle une piqûre « du lendemain », pour éviter la grossesse.
Il est vrai qu'il est plus facile de placer des chiots de race que des chiots bâtards : en général, en mettant une annonce dans une revue spécialisée, on trouve facilement un bon maître pour chaque petit.
Trouver un maître à un chiot est un problème qu'il ne faut pas sous-estimer, si l'on veut être sûr que le chien soit traité selon les exigences de sa race. Il est important de s'assurer que le nouveau maître connaît les caractéristiques de la race qu'il a choisie ; sinon, il sera bon de l'informer sur les exigences du chien et de le conseiller.
Pour avoir une portée qui puisse être inscrite au L.O.F., il est nécessaire que les deux parents y soient inscrits, et qu'il n'y ait pas entre eux une consanguinité trop étroite. Pour trouver un mâle adapté à sa femelle, on peut mettre une annonce dans des revues spécialisées ou s'adresser au vétérinaire ou à un éleveur qualifié.

• Chaleur et accouplement

La femelle est en chaleur deux fois par an (à six mois d'intervalle). Ses premières chaleurs apparaissent souvent entre sept mois et un an. Généralement, on ne fait pas saillir une femelle à ses premières chaleurs, car son organisme est encore immature (hormis les bulldogs anglais et français, chez lesquels il est bon, en revanche, que la femelle mette bas au plus tôt).
Aussi, est-il conseillé de ne faire saillir la chienne qu'à partir des deuxièmes chaleurs ; en tout cas, avant l'âge de trois ans. La période des chaleurs est précédée par une augmentation du volume de la vulve qui dure quatre à cinq jours, suivie par une perte sanguinolente d'abord pâle, puis rouge foncé. L'ovulation survient entre les douzième et dix-septième jours, période à laquelle on doit effectuer l'accouplement. Si, au douzième jour, la femelle refuse le mâle, il faudra essayer régulièrement toutes les douze heures, jusqu'à ce que, mettant la queue de côté, elle semble apprécier les attentions du mâle. Après l'accouplement, le mâle et la femelle doivent rester encore unis, croupe à croupe, pendant une période qui varie entre quinze et cinquante minutes. Durant cette période, il faut veiller à ce qu'il n'y ait pas de séparation violente.
Certains chiens ne s'accouplent pas en présence d'étrangers, mais seulement de leurs maîtres ; d'autres ne désirent aucun spectateur.
Pour l'accouplement, on amène en général la femelle chez le mâle (c'est-à-dire dans son territoire), mais il n'y a pas de règle établie : il vaut mieux évaluer chaque situation et la personnalité des « fiancés ».

• La gestation

Quelques jours après que la femelle a été fécondée, les chaleurs cessent et l'animal reprend une vie normale. La grossesse peut être détectée à partir de la quatrième semaine en palpant la

femelle : on couche la chienne sur un côté et on lui met une main sur et l'autre sous l'abdomen ; en faisant glisser les doigts, on peut sentir la présence des petits. On constate une augmentation du volume des mamelles sept semaines après la saillie. Il y a des mises bas précoces, à cinquante-huit jours. Après le soixante-cinquième jour sans parturition, il est bon d'appeler le vétérinaire. À partir de la cinquième semaine de grossesse, il faut interdire à la chienne tout exercice physique violent. Il est nécessaire de lui faire faire des promenades deux à trois fois par jour, en la faisant marcher lentement pendant huit cents mètres (à l'allée et au retour), en la tenant en laisse. À partir de la septième semaine, on ne lui permettra pas de jouer avec d'autres chiens.
La femelle pleine doit être traitée avec attention et soin, mais sans exagération. Elle doit être nourrie principalement de viande maigre, et abondamment (deux à trois fois par jour : il est préférable qu'elle fasse plusieurs repas légers, plutôt qu'un seul repas abondant, qui pourrait provoquer une dilatation de l'estomac). On peut intégrer au régime du pain complet, du foie et du cœur de bœuf. Il est également conseillé de lui administrer beaucoup de lait frais, si la femelle aime le boire et si elle n'a pas de diarrhée.

• La mise bas ou parturition

La chienne met bas généralement la nuit. Avant de mettre bas, elle est souvent agitée et cherche son maître ou sa maîtresse. Elle doit rester avec une personne qu'elle aime bien et qui puisse l'aider. Les éleveurs restent toujours auprès de la reproductrice, sortent le petit de l'enveloppe, aident la mère à couper le cordon ombilical, puis ils sèchent le chiot et le mettent dans une corbeille, bien réchauffé, en posant à côté de lui ses frères et sœurs au fur et à mesure qu'ils sortent. La corbeille doit rester à côté de la mère. Les petits peuvent aussi rester avec leur mère qui les lèche, en activant leurs fonctions; mais lorsqu'un nouveau petit sort, il faudra veiller à ce que la chienne n'écrase pas les autres.
Chez certaines races (bullodgs, pékinois, petits griffons, les races naines), les parturitions sont particulièrement difficiles. Toutefois, la mise bas présente des problèmes chez toutes les races : travail long, placenta retenu, etc. Certaines reproductrices souffrent beaucoup et ont des mises bas très longues, avec plusieurs heures d'intervalle entre l'apparition de chaque petit.
Lorsque la mise bas est terminée, on laisse la mère tranquille avec ses petits, en veillant à ce qu'elle ait de l'eau fraîche à sa disposition. Pendant les 24 ou 48 premières heures, la chienne ne quitte ses petits que pour faire ses besoins ou pour manger, puis elle commencera à s'éloigner pendant des périodes plus longues. Il est bon que le vétérinaire voie la femelle au moins une fois après la mise bas, pour vérifier son état de santé et celui des petits, et pour contrôler également que la femelle ait assez de lait pour les allaiter tous. Dans le cas contraire, il donnera des instructions pour administrer le biberon aux chiots. N'oublions pas que les besoins alimentaires d'une chienne avec une portée de 7 à 8 petits sont beaucoup plus importants que d'habitude : il faut donc se renseigner auprès d'un vétérinaire ou d'un éleveur pour connaître les doses exactes pour la nourriture et les intégrateurs.
Si la mère repousse avec force un petit en dehors de la couche, celui-ci est peut-être infirme. Pour le sauver, il faut l'éloigner de la mère, le nourrir et le soigner séparément. Il est important de savoir que les 10 premiers jours, la mère nettoiera la couche des excréments des petits.

Quatre phases de la croissance d'un chiot.

4 jours.

28 jours.

56 jours.

156 jours.

• **Le sevrage**

Dès le vingt-cinquième jour, on peut commencer le sevrage des petits, d'abord avec de la viande passée au mixeur (ou en petit pots), diluée dans du lait pour chiots. Puis, on passera progressivement à la bouillie de viande hachée, au riz cuit et lavé (pour enlever l'excès d'amidon) et aux intégrateurs. Lorsqu'on commence à sevrer les petits, il est bon de leur parler pendant le repas, pour qu'ils associent le son de la voix humaine à l'idée de la nourriture. Ainsi, à chaque fois qu'ils entendront une personne parler, ils iront vers elle, et ils apprendront à se socialiser avec les hommes. Il est également bon que l'éleveur s'assoit par terre parmi les chiots et qu'il les laisse se promener sur ses jambes, qu'il se laisse mordiller et qu'il joue avec eux.
Les chiots doivent bien digérer, ne pas avoir de diarrhée ni de vers dans leurs excréments.
Il est plus facile d'élever une portée en été qu'en hiver. Au printemps et en été, les petits peuvent plus facilement courir à l'air et au soleil. Évidemment, il ne faut pas les laisser en plein air sans protection : il faudra prévoir une niche transportable, avec un petit enclos fermé par une grille métallique. Pour éviter qu'il ne soit déplacé ou renversé, le récipient de l'eau sera posé dans une boîte accrochée à la grille de l'enclos.

En hiver, les chiots doivent rester dans un endroit chaud et sec, sur un parquet en bois de préférence. Il est conseillé de ne pas utiliser de sciure pour la niche des petits : ils l'avaleraient, attrapant ainsi une gastrite. Les vieux cartons (sans agrafes en métal) sont une bonne solution. Chez le chiot sain, la prise de poids est régulière depuis la naissance jusqu'à l'âge adulte. S'il y a diarrhée, vers, poussée des dents, le poids reste stationnaire, ou peut parfois diminuer. Pour contrôler l'augmentation régulière du poids, il est bon de peser le chiot toutes les semaines, dès la naissance jusqu'à huit mois. Pour chaque race, il existe des tables de croissance qu'il faudra consulter. Certaines races précoces atteignent leur taille adulte à l'âge de huit mois. Quelle que soit la race, tout chien bien nourri doit avoir atteint sa taille adulte à l'âge d'un an environ.

• Calendrier de la portée

– *63 jours avant la naissance*, a lieu la saillie, que l'on peut répéter 24 heures plus tard.
– *58 jours avant,* on commence à donner à la reproductrice la nourriture adéquate.
– *20 jours avant*, on peut vermifuger la mère, si l'on observe des vers dans les excréments.
– *14 jours avant,* il est conseillé de faire visiter la femelle par le vétérinaire et de prévoir avec lui son éventuelle intervention lors de la mise bas.
– *1 jour avant la naissance*, on vérifie que la perte vaginale est normale ; dans le cas contraire, il faudra consulter le vétérinaire.
– *Le jour de la mise bas*, il est bon que le maître assiste sa chienne, sans s'agiter. Si l'on pense que la parturition est imminente, on peut prendre la température rectale de la reproductrice ; quelques heures avant la naissance, la température descend de 38,5 °C à 37 °C environ. Si elle descend à 36,5 °C, des piqûres d'huile camphrée deviennent nécessaires.
– *3 jours après la naissance,* si les nombrils des chiots sont encore humides, on y appliquera une poudre cicatrisante.
– *À 6 jours*, on coupe la queue, si la race l'exige. Examinez le rectum des petits pour vous assurer qu'il n'est pas dur, et que les évacuations se font aisément.
– *À 8 jours*, vérifiez que les mamelles de la reproductrice sont vidées et qu'elles ne sont ni dures ni gonflées : si c'est le cas, appelez le vétérinaire.
– *À 10 jours*, certains chiots commencent à ouvrir les yeux et les oreilles.
– *À 21 jours,* si l'on observe la présence de vers (ascarides), on peut administrer au chiot une dose très légère de vermifuge (une dose trop forte tue les vers et provoque la mort du chiot).
– *À 28 jours*, les dents commencent à pousser et la mère réduit ses attentions. On peut alors commencer le sevrage avec les aliments conseillés par le vétérinaire. N'oubliez pas qu'il faut peser les chiots tous les jours pendant les trente premiers jours de leur vie, et une fois par semaine ensuite.
– *À 45-50 jours,* le sevrage, réalisé progressivement, doit être presque terminé. On effectue la première vaccination polyvalente contre la parvirose, l'hépatite infectieuse et la maladie de Carré.
– *À 60 jours,* on peut administrer à tous les chiots le premier vermifuge contre les ascarides.
– *À 70 jours,* on peut effectuer le tatouage, le deuxième vaccin polyvalent contre la parvirose, l'hépatite infectieuse et la maladie de Carré, et le premier vaccin contre la leptospirose.
– *À 80 jours,* les chiots sont prêts pour déménager dans leur nouvelle maison.
– *À 100 jours,* on effectue le rappel du vaccin tétravalent.

Les expositions canines

Elles ne sont pas exclusivement réservées aux éleveurs professionnels ; tout maître d'un chien présentant les qualités nécessaires peut l'inscrire aux compétitions.

Seuls les chiens inscrits au *Livre des origines* français peuvent participer aux expositions reconnues par la SCC (Société centrale canine). Dans ces manifestations, chaque chien est enregistré comme appartenant à une race et jugé en fonction du standard de cette dernière. Les épreuves d'« Agility », ou les épreuves d'obéissance, sont ouvertes aussi bien aux chiens de race qu'aux bâtards. Il existe aussi des épreuves sur le terrain pour les chiens de chasse, et d'autres spécifiques aux chiens de berger.

Toutes ces manifestations exigent un dressage patient, mais souvent les chiens sont très heureux de participer, surtout aux épreuves d'« Agility » et de travail : ils exultent quand ils gagnent et se montrent plus déçus que leur maître s'ils commettent une erreur.

Toute manifestation a sa réglementation ; toutefois, les procédures fondamentales sont identiques tant pour les expositions de championnat que pour les manifestations locales. Pour participer, le chien doit être en bonne santé et avoir eu tous les vaccins exigés. L'aspect général doit être parfait et le toilettage conforme au standard de la race. Le chien doit savoir se tenir dans le ring, marcher à côté de son maître et ne pas se quereller avec les autres chiens.

Pour l'évaluation de l'allure, les chiens défilent sur le ring, tenus en laisse par leur accompagnateur. Les chiens sont ensuite jugés individuellement, par un ou plusieurs juges selon le standard de la race. Aucun sujet ne possède exactement les caractéristiques requises par le standard, mais les juges évaluent véritablement les chiens qui s'en approchent le plus. Chaque sujet est donc jugé par rapport au corps, à la tête, aux membres, à la robe et ainsi de suite ; à la fin, on attribue des points en tenant compte des pénalités infligées pour d'éventuels défauts.

Après avoir examiné tous les chiens d'une catégorie, le juge nomme le gagnant. Les vainqueurs de chaque catégorie participent ensuite au championnat pour le titre de *Meilleur de race* ; tous les **Meilleurs de race** concourent à la fin pour le titre de *Best in show*, qui revient au chien le plus beau de toute l'exposition. Le chien qui a obtenu trois CAC (Certificat d'aptitude au championnat) par trois juges différents gagne le titre de champion.

Adresses utiles

Société centrale canine (SCC)
Pour tous les renseignements concernant les adresses des clubs de race, de dressage et d'agilité, la liste des portées disponibles par race dans votre département, le tatouage, le pedigree et ses modalités d'inscription au LOF (*Livre des Origines Français*)
155, Avenue Jean Jaurès
93535 Aubervilliers Cedex
Tél: 01 49 37 54 00

Fichier Central des Chiens identifiés par tatouages
Tél. : 01 49 37 54 54
http://www.scc.asso.fr/

Bureau d'information des chiots disponibles
(chiots de race dans la région de votre choix)
Tél. : 01 49 37 54 01

Dispensaire - Assistance aux animaux
23, avenue de la République
75011 Paris
Tél. : 01 40 21 96 14

Conseil supérieur de l'ordre des vétérinaires
34, rue Bréguet
75011 Paris
Tél. : 01 53 36 16 00

Service des urgences des Écoles vétérinaires
Paris (Maisons-Alfort), tél. : 08 36 67 20 82
Lyon, tél. : 04 78 87 07 07
Toulouse, tél. : 05 61 19 38 00
Nantes, tél. : 02 40 68 78 98

SOS Véto
Paris, tél. : 01 47 45 18 00

SPA
39 bd Berthier
75017 Paris
Tél. : 01 43 80 40 66
http://www.spa.asso.fr/

Centres anti-poison
Tél. : Paris : 01 42 05 63 29
Tél. : Lyon : 04 78 54 14 14

École Nationale Vétérinaire d'Alfort
7, avenue du Général De Gaulle
94700 Maisons Alfort Cedex
Tél. : 01 43 96 71 00

École Nationale Vétérinaire de Lyon
1, avenue Bourgelat
BP 83
69280 Marcy-L'Etoile
Tél. : 04 78 87 25 25

École Nationale Vétérinaire de Nantes
Route du Gachet
Case postale 3013
44300 Nantes Cedex 03
Tél. : 02 40 68 77 77

École Nationale Vétérinaire de Toulouse
23, chemin des Capelles
31300 Toulouse Cedex
Tél. : 05 61 19 38 00

Syndicat National des Professionnels du Chien et du Chat
Rue du Castel
63390 Saint Gervais d'Auvergne
Tél : 04.73.85.83.67
http://accescanin.free.fr/syndicat_national_des_professionnels_du_chien_et_du_chat.htm

Fédération Nationale des associations et Écoles de Chiens Guides d'Aveugles.(F.F.A.C.)
71 rue de Bagnolet
75020 Paris
Tél : 01 44 64 89 89
http://www.chiensguides.com/

Association Nationale pour l'Éducation des Chiens d'Assistance pour Handicapés (A.N.E.C.A.H.)
151-161, rue Nationale
75013 Paris
Tél. : 01 45 86 58 88

En France, le nombre des associations d'adeptes de chiens de race est important. En raison d'un manque de place, nous nous sommes limités aux adresses qui concernent toutes les races. Elles devraient vous permettre d'obtenir les coordonnées d'autres associations, plus spécialisées.

Association Française des Amateurs d'Attelages Canins
1 rue de Montcontour
22600 Loudéac
Tél.: 02.96.26.05.19
http://www.ifrance.com/educanin/sport/attelages.html

Commission nationale d'éducation et d'agility
http://www.cnea.net/

Fédération Canine Internationale
14 rue Leopold II
63530 Thuin
Belgique
Tél. : 00 32 71 59 12 38
http://www.fci.be/

Glossaire

Acariens auriculaires
Parasites qui s'installent dans les conduits auditifs provoquant une irritation.

Albinisme
Anomalie congénitale et héréditaire due à une dépigmentation partielle ou totale de la peau, des poils et des yeux. Elle est caractérisée par une robe blanche et l'iris rouge.

Allure, mouvement
Chaque race a une allure particulière, en fonction de son ossature, de sa musculature. L'allure est l'un des caractères typiques et peut parfois révéler des caractéristiques psychiques.

Aplombs
Ils indiquent la direction des membres par rapport à un sol horizontal.

Arrière-main
Partie postérieure comprenant la croupe et les membres. Il peut être droit (chow-chow), angulé (lévriers), très angulé (berger allemand). Le chien cagneux (jarrets tournés vers le dedans) et le chien panard (arrière-main arquée avec les jarrets tournés vers le dehors) sont considérés comme des défauts.

Beauté
Dans les expositions canines, la beauté n'est pas jugée sur la base de canons esthétiques, mais sur la correspondance des caractéristiques physiques avec l'utilisation à laquelle la race est destinée : utilité, défense, arrêt, course, compagnie.

Caractéristiques générales
C'est l'aspect de chaque race, reconnaissable à première vue ; elles concernent les traits physiques ou psychiques, la démarche, le tempérament, etc.

Carré et rectangle
La structure du corps, du garrot à la croupe, peut être inscrite dans un carré ou dans un rectangle, avec un côté horizontal au sol. Les deux lignes verticales descendent respectivement du garrot et de la croupe.

Chaleur
Période du cycle sexuel où la femelle recherche le mâle.

Chanfrein
Synonyme de nez. C'est la partie de la tête qui va du stop à la truffe. Chez les graioïdes et les lupoïdes, le chanfrein est long, chez les molossoïdes, plus ou moins court.

Classification
Les fédérations cynophiles des différents pays établissent des classifications officielles, qui peuvent parfois être modifiées. La classification actuellement en vigueur figure dans le présent ouvrage aux pages 30 à 38.

Collier antiparasitaire
Collier imprégné de produit antiparasitaire.

Collier élisabéthain
Collier en plastique en forme de cône tronqué qui empêche le chien de lécher ses blessures ou ses pansements.

Cou
Il va du garrot au crâne. Il peut être court (molossoïdes), moyen (lupoïdes), long (graioïdes).

Croisements sélectifs
Croisements réalisés pour améliorer ou conserver certaines caractéristiques physiques.

Croupe
Partie du dos qui s'étend des reins à l'origine de la queue.

Cynophilie
Sentiment d'affection de l'homme envers le chien, et donc étude et recherche sur les chiens de race ou également les bâtards.

Dentition
Le chiot naît sans dents. Autour de la troisième semaine apparaissent les incisives et les canines supérieures, et vers la quatrième semaine les inférieures. À un mois, les chiots ont les prémolaires et les molaires. On compte 32 dents caduques de la première dentition, et 42 à 44 dents définitives. Chez le chien (privé d'une ou plusieurs prémolaires à cause de la domestication), il n'y a pas de véritable mastication : la denture sert pour mettre en pièces et hacher. Certains graioïdes peuvent avoir des dents en plus par rapport à la norme.

Dos
Il va du garrot à la croupe et, selon les races, il peut être droit, ensellé ou arrondi.

Entropion
Rotation ou renversement des paupières vers le globe de l'œil : les cils provoquent alors une irritation de la cornée.

Ergot
Ongle placé sous les pieds postérieurs, comme chez le coq. Il peut être simple ou double. Il est obligatoire chez peu de races (beauceron). Chez d'autres, il est admis, et chez d'autres encore, il doit être enlevé. Dans la plupart des races, il est absent.

Expression
Ensemble des traits de la tête, vue de front, typique de chaque race.

Fanon
Repli de peau abondant qui pend sous le cou, semblable à celui des bovins. Chez certaines races, le fanon est demandé (mâtins), chez d'autres, il est considéré comme un défaut.

Flanc
Partie du corps comprise entre la dernière côte et les fesses.

Franges
Longs poils typiques des oreilles, de la queue, des jambes et du corps.

Garrot
Point de jonction des épaules et de la base du cou. C'est le point où l'on mesure la hauteur des chiens, des chevaux et des bovins.

Hauteur
Elle est mesurée au garrot. Le standard établit pour chaque race une taille minimale et une taille maximale.

Hématome du pavillon auriculaire
Épanchement de sang dans le pavillon auriculaire, qui provoque des secousses incessantes de la tête.

Implantation de la queue
Point de la croupe où est située la queue, qui peut être attachée haut, à hauteur moyenne ou bas.

Implantation des oreilles
Point du crâne où les oreilles sont attachées (haut, bas...).

Jarret
Chez le chien, le cheval et les quadrupèdes en général, partie de la jambe située derrière l'articulation du genou.

Juge
Expert en cynologie et cynotechnique, qui juge les chiens des différentes races dans les expositions et dans les épreuves.

Lèvres
La forme et les dimensions des lèvres varient selon les races : il s'agit donc d'un caractère établi dans le standard.

Maladie de Carré
Maladie infectieuse d'origine virale, souvent mortelle.

Masque
Pigmentation plus ou moins accentuée qui s'étend sur le museau. Elle peut être rougeâtre, marron ou noire.

Meilleur de race
Meilleur chien, mâle ou femelle, de la race, présenté à une exposition.

Panard
Se dit d'un sujet dont les pieds sont tournés en dehors (seulement les pieds, pas les membres). Généralement, c'est considéré comme un défaut, mais parfois ce caractère est demandé (par exemple, chez le bulldog).

Pedigree
Document personnel des chiens inscrits au *Livre des origines* français, où figurent le numéro d'inscription et la généalogie du sujet, remontant jusqu'à ses arrière-grands-parents.

Pied
On distingue trois formes de pied : pied de chat (ramassé et compact), pied de lièvre (ovale et allongé), et pied mou (avec les doigts écartés).

Pigmentation
Accumulation de pigments autour des lèvres, des yeux, du nez, des coussinets, des ongles, et qui donne à ces parties une coloration marron, roux, rouge-brun ou noir. Chez certaines races, une faible pigmentation est considérée comme un défaut.

Poids
Pour certaines races naines, le standard n'indique pas la hauteur, mais le poids, élément indispensable pour les juger.

Portée
Ensemble des chiots nés de la même mise bas. Leur nombre varie selon la race.

Qualification
Définition donnée par le juge, dans les expositions ou les épreuves, pour résumer la valeur du sujet (bon, très bon, excellent).
Bon, pour le sujet qui respecte le standard de la race, malgré quelques défauts.
Très bon, pour le chien vraiment typique présentant des défauts très légers.
Excellent, pour le sujet typique et sans défaut. Dans les compétitions, un chien peut obtenir le certificat d'aptitude au championnat (Cac), ou au championnat international (Cacib ou Cacit, c'est-à-dire de beauté, dans une exposition, ou de travail, dans une épreuve). Certains certificats donnent droit aux titres de champion de beauté ou de travail ; champion absolu est le chien qui obtient les titres pour la beauté et pour le travail.

Quarantaine
Période d'isolement imposée aux chiens avant d'entrer dans certains pays, afin d'éviter la diffusion de la rage.

Queue
Appendice postérieur du corps du chien.
La queue peut avoir les formes les plus variées, propres à chaque race.
Elle protège l'appareil génital et l'anus.
Elle constitue également un important moyen de communication, par lequel le chien exprime ses sentiments et ses intentions. Pour certaines races, le standard prévoit l'amputation de cet organe et prescrit la longueur de la partie qui doit rester. L'amputation diminue le risque de lésions à la queue, parfois graves, chez les chiens de travail et de chasse.

Race
Groupe canin caractérisé par des traits physiques et psychiques communs et héréditaires.

Rage
Maladie virale très grave qui frappe le système nerveux. Le sujet devient fou et l'on est obligé de l'abattre. Elle est transmissible à l'homme par morsure de certains animaux, dont le chien.

Robe
Ensemble des poils qui recouvrent le corps du chien.

Sevrage
Passage graduel de l'allaitement à l'alimentation solide.

Sous-poil
Ensemble de poils courts et denses qui servent à protéger du froid.

Standard
Description des caractéristiques d'une race, établie par une association reconnue dans le pays d'origine de la race, ou dans le pays d'adoption. Les éleveurs sélectionnent, et les juges donnent leurs avis, en se basant sur le standard. Il y a également des standards de travail qui déterminent les caractéristiques de travail d'une race.

Stop
C'est l'angle formé entre la fin du front et le début du chanfrein. La présence ou l'absence de cet angle, plus ou moins accentué, sont d'une importance considérable pour la typicité.

Thorax
Il peut être haut (ne descend pas jusqu'au coude), descendu (jusqu'au coude), très descendu (au-delà du coude).

Tiques
Parasites qui s'accrochent à la peau et sucent le sang. Certains d'entre eux transmettent des maladies très graves.

Truffe
Partie terminale du nez, généralement noire, mais aussi marron, brun-rouge, carné, selon la couleur de la robe.

Ventre
Il peut être très rentré (lévriers), assez rentré (caniches), ou non rentré (mâtins).

Zoonoses
Maladies infectieuses ou parasitaires transmissibles entre les différentes espèces animales, dont l'homme. La rage est la plus redoutée, car la plus dangereuse.

Index

Imprimé en France par ***Partenaires-Livres®*** (JL)